주한미군 비무장지대 강철부대

임진스카웃

Imjin Scouts 1965-1991

문 관 현

도서
출판 정음서원

● **표지화: 권용만 화백**
프랑스 외인부대(Légion étrangère) 출신 권용만 화백이 비무장지대를 정찰하는 미
제1기병사단 수색중대 활동장면을 그렸다. 권용만 화백은 프랑스 국방부에서 발간하
는 각종 홍보서적과 외인부대에서 발간하는 월간 잡지 「Kepi Blanc」 등에 주옥같은
작품들을 게재하였다. 치열한 경쟁을 뚫고 프랑스 육·해·공군, 헌병대 및 항공우주군
의 공식 화가로 임명돼 프랑스군의 다양한 군사 활동을 화폭에 담고 있다.
현재 프랑스 파리에 거주한다.
https://www.yongmankwon.com(presentation of artworks)
Wikipedia: https://fr.wikipedia.org/wiki/Yong-Man_Kwon(with list of
exhibitions, works and prizes)

● **표지 디자인: 전석우**

"칼을 쳐서 보습을 만들고 창을 쳐서 낫을 만들 것이며
이 나라와 저 나라가 다시는 칼을 들고 서로 치지 아니하며
다시는 전쟁을 연습하지 아니하리라."

(미가서 4장 3절)

마지막 임진스카웃
(The Last Imjin Scout)

문 관 현
- 전남 진도 출생
- 서울대 국어국문학과 학사
- 국방대 안보정책학 석사
- 고려대 북한학 박사
- 일본 조치대학 객원연구원
- 미국 하버드대학 펠로
- 미2사단 72전차2대대 수색 소대 복무
- 카투사 명예의 전당 헌액
- 대한민국카투사전우회 초 대 사무총장
- 한국기자협회 부회장

저자 문관현은 전남 진도에서 초등학교 교 사의 막내아들로 태어났고, 빛고을 광주에서 청소년기를 보냈다. 대학시절 문학청년의 꿈 을 접고 카투사로 입대해 동두천 미군부대에 서 복무하였다. 유엔군사령부 민정경찰(DMZ POLICE) 요원으로 선발돼 비무장지대에서 임 진스카웃 임무를 수행하였다.

군복을 벗고 민간인이 되자 카투사 예비역 들을 소집해 사단법인 대한민국카투사전우회 (KVA: KATUSA Veterans Association)를 설립하고 초대 사무총장을 역임하였다. KVA 는 카투사의 위상정립과 명예회복, 공공외교 강화 등을 목표로 활동 중이며 가입회원이 1 만여 명에 달한다.

예를 들면 부산 유엔기념공원에 안장된 무 연고 카투사들의 유해를 가족 품에 돌려주었

고,[1] 북한 장진호 전투에서 희생된 카투사들이 60년 만에 조국으로 돌아오는 계기를 마련하였다.[2]

국내 공중파방송 최초로 카투사를 주제로 한 다큐멘터리 제작에 참여하였고,[3] 충남 태안 기름유출 사고현장에서 봉사활동을 벌였다. 전투병 출신 예비역들이 현역 카투사들을 격려하기 위해 40km 무장행군, '만추마일(Manchu Mile)'에 동참하였다.[4]

한국전쟁 당시 카투사 참전활동을 주제로 국방대 석사학위를 받았고, 유엔군사령부 위상과 역할 변화를 주제로 고려대 박사학위를 취득하였다. 일본 조치대학(上智大學)과 미국 하버드대에서 한일관계와 한미동맹 등 국제 문제를 연구하고 탄탄한 인맥을 구축하였다.

연합뉴스 편집국 민족뉴스부와 남북관계부, 북한부, 통일외교부 등에 근무하면서 주로 국방부·외교부·통일부 외교안보 분야를 취재하였고, 보도채널 연합뉴스TV에서 인기 프로그램 '문관현의 통일열차'를 진행하였다.

---

1) 『연합뉴스』 2013년 6월 5일자
2) 한국기자협회 http://www.journalist.or.kr/news/article.html?no=28874 (검색일: 2020.10.24)
3) OBS 2008년 국군의 날 특집 다큐멘터리 '카투사'
   https://www.youtube.com/watch?v=9A8vaNs9w2g (검색일: 2020.10.1)
4) ibid.

〈그림 1〉임진강 상류 발원지 마식령
서설(瑞雪)이 내린 북한 마식령에 장엄한 일몰 광경이 펼쳐진다.
눈이 녹으면서 600리 임진강 물줄기를 형성한다.

사진=연합뉴스

■ 들어가는 글

북한의 스키장으로 유명한 함경남도 마식령에서 발원해 남한 경기도 평야지대를 지나 서해로 흘러가는 임진강. 임진강은 북한 함경남도 덕원군과 강원도 법동군, 판교군, 이천군 그리고 남한의 강원도 철원군, 경기도 연천군, 파주시, 김포시 등을 차례로 지나간다. 임진강은 남북한을 관통하면서 총연장 254km를 흐르기 때문에 구글 지도에서 '임진강'(남한)과 '림진강'(북한)으로 모두 검색될 정도로 남북한 분단과 대결을 상징한다.

임진강 하구에는 안보상 이유로 둑을 설치하지 못해 하루 두 번 조수간만의 차로 서해 바닷물이 멀리 경기도 연천까지 역류한다.[1] 이처럼 강물은 이념과 체제의 장벽을 자유롭게 넘나들며 임진강이 림진강으로, 다시 림진강이 임진강으로 순환되는 사이클을 끝없이 반복한다. 림진강 지류인 사천강은 황해북도 장풍군 자라봉에서 발원해 판문점 남측 대성동을 지나 북측 기정동 방향으로 선회해 황해북도 개풍군 림한리에서 합류한다.[2]

---

1) 한국전쟁 이전까지 농산물 집산지였던 고랑포(현재 경기도 연천군 장남면 고랑포리)까지 배가 다녔으며, 유량이 많을 때는 소형 선박이 안협(북한 지역 철원군 중북부 일대)까지 운항하였다. 파주시, 『파주이야기: 한권으로 읽는 파주』(파주문화원, 2009), p.53.

2) 림한리는 림진강과 한강이 합수되는 물목에 있는 마을이라는 뜻이다. 남북한이 마주보는 가장 짧은 거리가 450미터이며 썰물 때 강바닥이 보이기도 한다. 강 건너 이남에는 서쪽으로 흐르는 한강과 북동쪽에서 흘러오는 임진강이 만난다는 의미에서 유래한 파주 교하리(交河里)가 있다. 림한리 유래에 대해 평화문제연구소, 『조선향토대백과2 남포시·개성시·라선시』(서울: 신흥 P&P, 2005), p.241.

〈그림 2〉 호로고루에서 바라본 고랑포 일대 　　　　사진=나기성 사진작가

　　임진강 유역은 토지가 비옥하고 교통의 요충지이기 때문에 삼국
시대부터 영토분쟁이 잦았고, 임진왜란과 한국전쟁 시기에는 주요
격전지로 자리 잡았다. 천혜의 요새로 유명한 경기도 연천 호로고
루(瓠蘆古壘)와 은대리성, 당포성 등이 대표적이다.

　　호로고루는 조수간만의 영향을 받는 감조구간 상류에 위치해
배를 타지 않고 직접 걸어서 건널 수 있는 여울목에 접하고 있다.
고구려군이 백제 수도 한성을 공격하기 위해 평양을 출발해 호로
고루 여울목을 말을 타고 건너갔다. 한국전쟁 시기에는 북한군 전
차부대가 개성을 출발해 문산으로 직진하지 않고 우회해 연천 호
로탄(瓠蘆灘)을 도하한 뒤 곧바로 남진하였다.

특히 1960년대 냉전체제가 본격화되면서 임진강 일대에서 치열한 저강도 분쟁(LIC: Low Intensity Conflict)이 벌어졌다. 임진강 유역에는 하루가 멀다하고 비상 사이렌이 울렸다. 남북한 병사들의 개인화기에서 화약 냄새가 가실 날이 없었다. 전쟁의 그림자가 임진강 물줄기를 따라 짙게 드리워졌다. 임진강 이북에서 군사분계선 이남까지 비무장지대는 '한반도 뇌관'으로 떠올랐고, 평화체제가 아닌 정전상태에서 무력충돌은 언제든지 전면전 양상으로 비화될 수 있었다.

임진강 유역을 벗어난 다른 지역에서도 전쟁을 방불케 하는 메가톤급 무력도발들이 잇따랐다. 1968년 1월 북한군 특수부대원 31명이 청와대 기습공격을 시도하였고, 미 해군의 정보수집함 푸에블로호가 원산항 인근 공해상에서 나포되는 상황이 발생하였다. 대규모 특수부대가 같은 해 11월 울진·삼척 지역에 침투하였고, 이듬해 4월 미 공군의 정찰기 EC-121이 동해상에서 격추 당하는 등 북한이 육·해·공군을 총동원해 입체공격을 퍼부었다.

임진스카웃(Imjin Scouts)은 이 같은 지리적, 역사적, 군사적 상황을 배경으로 1965년 가을 경기도 파주에서 탄생하였다. 임진스카웃은 주한미군 미2사단 전투병 가운데 선발돼 수색교육을 마치고 비무장지대 임무를 완수한 요원들을 지칭하였다. 미2사단 4개 보병부대들이 3개월 단위로 비무장지대 유엔군사령부 관할구역을 수색 정찰하였다. 비무장지대 투입시 왼쪽 어깨에 임진스카웃 완장을 차며 임무를 마치고 인증서를 수여받았다.

냉전체제 갈등이 고조되었던 1960년대 후반에는 비무장지대에

〈그림 3〉 캠프 그리브즈에서 바라본 임진강 중류
"자유는 공짜가 아니다(Freedom is not free)"…임진강 자유의 다리.　　사진=필자 촬영

서 수많은 교전이 발생하였고, 후방지역까지 넘어온 북한군 침투
조들을 쫓는 과정에서 희생이 적지 않았다. 임진스카웃은 이 과정
에서 미2사단이 자랑하는 전사 중의 전사, 전투보병의 꽃으로 자
리 잡았다.

　북한은 대남공작과 비정규전을 수행할 특수부대[3]를 양성해 비
무장지대를 중심으로 군사적 모험주의를 감행하였다. 미국의 베트

---

3)　한국군은 북한군 특수부대를 특작부대 또는 특작군이라고 부른다. 북한군 특수부
　　대는 2017년부터 '특수작전군'이라는 별도의 군종으로 독립하였다. 하지만 이 책에
　　서는 특수부대라는 용어로 지칭한다.

남전쟁 전략을 흔들어놓기 위해 북한은 한반도에서 정규전 대신 게릴라전 모드로 도발효과를 극대화하려고 발악하였다. 북한의 천인공노할 각종 무력도발의 중심에는 북한군 최정예 부대이자 유일한 전위부대로 평가된 특수8군단이 존재하였다.

하지만 북한이 야심차게 출범시킨 특수8군단은 이렇다 할 성과를 내지 못하고, 14년 만에 경보교도지도국[4]에 통합되는 수모를 겪었다. 북한은 비정규전 게릴라 전략을 포기하지 않았고, 오히려 정규전과 비정규전을 배합한다는 군사교리 아래 더욱 강화해나가는 움직임을 보였다. 북한군 특수부대는 이후에 제11군단(일명 폭풍군단)을 거쳐 현재의 특수작전군(특작군)으로 편성되는 등 특수8군단의 명맥을 이어가고 있다.[5]

한반도 냉전체제는 주한미군 임진스카웃과 북한군 특수8군단 대결구도로 압축되었다.[6] 북한이 비정규전을 위한 게릴라부대를 침투시키고, 유엔군사령부는 비무장지대 방어 임무를 수행할 임진스카웃 제도를 탄탄하게 구축하였다. 도발자 특수8군단 '창'과 수호자 임진스카웃의 '방패' 대결에서 임진스카웃이 결국 판정승을 거두었다.

---

4) 경보교도지도국은 1978년 창설되었으며, 모든 특수부대에 대한 교리적인 훈련을 시행하는 임무를 맡았다. 총 22개 여단과 25개 대대 그리고 규모 미상의 부대전력으로 편성되었다. 이민룡, 『김정일 체제의 북한군대 해부』(서울: 황금알, 2004), p.151

5) 국방부는 북한의 특수부대 규모를 20만 명 규모로 추산하였다. 국방부, 『국방백서 2020』(서울: 국방부, 2020), p.25

6) 게릴라전과 비정규전을 담당한 한국군 특수전사령부는 기존의 1공수특전단과 동해안 경비사령부 예하 1·2 유격여단 등을 통합해 1969년 8월 18일 창설되었다.

세계적으로 악명 높은 북한군 특수8군단[7]에 비해 주한미군 임진스카웃의 존재와 역할은 여전히 베일에 가려져 있다. 임진스카웃은 1991년 가을 한국군 1사단에 비무장지대 서부전선 경계 임무를 넘겨주고 26년 만에 역사의 뒤안길로 사라졌다.[8] 사반세기 동안 비무장지대 일대를 호령하였던 임진스카웃의 존재감이라곤 좀처럼 찾아보기 힘들다. 그야말로 잊혀진 전쟁(한국전쟁)에 이어 잊혀진 전투들(제2의 한국전쟁)이 벌어졌고, 잊혀진 전사들(임진스카웃)만 남았다.

승리자보다 패배자가 존재감을 과시하는 웃지 못할 상황이 벌어졌다. 이 같은 임진스카웃 홀대의 배경으로 세계여론이 온통 베트남전쟁에 집중되었고, 주요 도발사건을 군사기밀사항으로 분류해 국내 언론의 취재망을 통제한 결과로 풀이된다.[9] 국민의 알 권리는 법전 속에만 존재하였다.

---

7) 북한군 특수부대에 대해 Joseph S. Bermudez Jr., North Korean Special Forces(Naval Institute Press, 1998) 참조.

8) 미2사단은 1991년 10월 1일자로 군사정전위원회 본부지역(MAC Headquarters Area) A에 대한 경계임무를 UNC Security Force-Joint Security Area에, MACHA B에 대한 경계 임무를 한국군 1사단에 각각 이양하였다. Narushige Michishita, "Signing a Peace Agreement: Issues for Consideration", International Journal of Korean Unification Studies, Vol. 19, No. 1, 2010(Seoul: KINU, 2010), p.46.

9) 대표적인 사례가 청와대 1·21 기습사건 때 발생하였다. 1968년 1월 19일 오후 서울 종로구 동아일보사 편집국 데스크에는 "법원리 삼봉산에 북괴 무장간첩 30명 가량 출현"이라는 충격적 뉴스가 현지 지국으로부터 날아들었다고 한다. 그 순간 편집국은 발칵 뒤집혔고, 최종판 신문 1면 톱을 바꾸는 비상 작업이 진행되었다. 그러던 중 수사 당국이 전화를 걸어와 "작전상 절대 필요하니 사건보도를 보류해 달라"고 요청하였다. 바빴던 일손들이 갑자기 멈춰지고, '뜨거운 빅뉴스'는 사흘간의 '차가운 겨울잠'을 강요당하였다. 치안국이 22일 오전 7시 50분 사건 전모를 발표하고서야 8시부터 제1보 뉴스가 나가게 되었다. 『동아일보』 1968년 2월 14일자 3면.

무엇보다 한국군이 작전통제권을 행사하지 못하는 상황에서 북한군 침투도발 사건들이 우리나라 땅에서 벌어지는 '남의나라 일'처럼 느껴졌기 때문으로 분석된다. "적대행위 상태가 계속되는 동안" 유엔군사령관이 대한민국 육·해·공군의 모든 지휘권을 행사하기로 약속한 합의는 여전히 유효한 것이었다.

　역사학자이자 미2사단 작전장교 출신 대니얼 P. 볼거[10]가 임진스카웃의 무용담과 주한미군 작전일지 등을 바탕으로 1991년 '끝나지 않은 분쟁의 현장: 한반도 저강도 분쟁, 1966-1969', 「Scenes from an unfinished War: Low-Intensity Conflict in Korea, 1966-1969」 제목의 보고서를 발표하면서 세간의 관심을 끌었다. 가물가물 사그라지던 비무장지대 분쟁사에 대한 관심의 불꽃을 살려낸 것이었다.

　또 많은 세월이 흘러 미2사단 부사관 출신 마크 히스코[11]는 4일 주기의 임진스카웃 라이프를 소개한 '호출부호: 퍼플3'(Call Sign: Purple Three)를 2018년 출간하였다. 히스코는 전투부대 백전노

---

10) 대니얼 볼거는 2사단에서 5보병1대대 작전장교(S-3)를 비롯해 2여단장, 참모장 등을 역임하였고, 제1기병사단장과 연합치안전환사령관으로서 이라크전쟁과 아프가니스탄전쟁에 각각 참여하였다. 2013년 육군 중장으로 예편해 현재는 노스캐롤라이나주립대학의 역사학과 특별교수로 재직 중이다.

11) 마크 히스코(Mark Heathco)는 1978년부터 1991년까지 주한미군 2사단에서 38보병연대 TOW중대와 31기계화보병연대 1대대 전투지원중대, 17기계화보병연대 1대대 A중대, 38보병연대 1대대 TOW 3소대, 5기계화보병연대 1대대, 506공중강습연대 1대대 전투지원중대 그리고 2사단 작전과(G-3) 등에서 복무하였다. 소속 부대는 매번 달랐지만 비무장지대 미군 담당 구역을 총 385차례 수색정찰한 자타가 공인하는 기록보유자다. 아울러 1986년부터 1990년까지 3여단 상황실(TOC)에서 교대팀장으로서 근무하는 등 그야말로 2사단 DMZ 수색정찰 임무의 산 증인이었다.

장 출신답게 다소 거친 언어들을 구사하였지만, 저서의 행간에는 최전방 병영생활에 대한 애정과 자부심이 배어 있다.

주한미군 장교와 부사관에 이어 이번엔 대한민국 육군 병장 카투사 출신이 임진스카웃 스토리를 출간할 차례가 되었다. 이 책은 비무장지대 대결의 역사를 미군이 아닌 우리의 시각에서 새롭게 접근해 조명하고자 하였다.

책을 저술하는 과정에서 우리가 몰랐던 현대사 분단현장의 진실들이 서서히 모습을 드러내기 시작하였다. 주한미군 그늘에 가려졌던 한국군 이야기들이 음지에서 양지로 나왔다. 이 책 출간을 계기로 우리 입장에서 접근하는 미군부대 이야기가 많이 나왔으면 하는 바람이다.

이 책은 2020년 여름 어느 카투사 휴가병을 둘러싼 정치적 논란을 지켜보면서 집필을 시작하였다. 카투사 제도와 운영에 대해 정치인들의 무책임한 막말이 쏟아졌다. 수많은 카투사 예비역들이 분노하였고, 대부분 카투사 현역들이 좌절하였다. 예비역과 현역 모두 카투사에 대한 오해와 편견이 선을 넘었다고 판단하였다.

개인적으로 카투사 예비역과 현역들이 스스로 존재를 알리기 위해 무엇을 하였는지 뒤돌아보았다. 무엇보다 막말 정치인들에게 일독해 보라고 권장해볼 만한 카투사 주제의 서적이 없다는 게 아쉬웠다. 대한민국 엘리트 군인을 자부하는 카투사들이 침묵의 늪에 빠져 있었다. 이제 할 말은 해야 한다는 결론에 도달하였다.

그래서 무엇을 말해야 할까를 놓고서 고민하다 휴가병 카투사와 대척점에서 활동한 전투병 카투사에게 시선이 꽂혔다. 카투사

⟨그림 4⟩ 임진강 하류 관산반도 황금들판
개성 송악산이 멀리 보이는 황해북도 개풍군 림한리 강변 마을에 결실의 계절이 찾아와 황금들판을 이루고 있다. 똑같은 강줄기를 이용한 남쪽 김포평야도 풍요로운 수확을 앞두고 있다. 분단과 대결을 상징한 임진강이 평화와 협력의 공간으로 거듭 태어나 우리 민족 삶의 젖줄이 되어야 한다.　　　　　　　　　　사진=권영철 CBS 노컷뉴스 대기자

들의 다양한 보직과 역할[12]을 모두 알릴 필요는 없지만, 전투병 카투사 가운데 비무장지대에서 수색정찰 임무를 수행한 임진스카웃 X파일을 꺼내들게 되었다.

　누구나 좋아하는 책보다 누군가 좋아하는 책을 만들고 싶었다. 비록 소수이지만 누군가의 노력과 희생이 한 톨의 밀알이 되었고, 그 밀알이 싹을 틔워 한반도에서 평화와 번영이라는 풍성한 벌판

---

12) 카투사들은 주한미육군부대에서 전투와 헌병·공병·정비·어학·전산·행정·통신 등 15개 병과, 40종류 군사주특기(MOS)에 따라 복무한다. 문관현, "한국전쟁 시기 카투사제도 실태와 특성", 국방대 석사논문, 2008, p.4 참조.

을 만들었다. 그들의 이름 없는 희생이 헛되지 않기 위해, 그들에게 부끄럽지 않은 세상을 후손에게 물려주기 위해 노력하지 않으면 안 된다.

이 자리를 빌어 낙동강전투에서 산화한 1기 카투사 반봉영 일등병을 비롯해 대간첩작전을 수행하다 전사한 미2사단 대간첩중대 박만득·김상훈 병장, 판문점 총격전에서 숨진 공동경비구역(JSA) 경비대대 장명기 상병, 비무장지대 임무수행 중 희생된 임진스카웃 전사자, 1950년 8월 15일 이후 이 땅에서 카투사라는 이름 아래 스러져 간 청춘들의 넋을 위로하고자 한다.

긍정적이든, 부정적이든 카투사의 어제와 오늘을 있는 그대로 받아 주었으면 한다. 한국전쟁을 배경으로 탄생한 카투사는 주한미군과 함께 70년 넘도록 한반도 방어 작전에 기여하고 있다. 미력하나마 『임진스카웃』 출간이 카투사 위상 정립과 역할 제고, 명예회복 등에 도움이 되었으면 한다.

마지막으로 어려운 여건에도 불구하고 『임진스카웃』 출간을 위해 소중한 기회의 문을 열어주신 박기병 대한언론인회 회장님과 볼품없는 원고를 절차탁마해주신 정음서원 박상영 대표님에게 고개 숙여 감사의 말씀을 전하고 싶다.

2022년 1월 21일

광화문에서 마지막 임진스카웃 문 관 현

주한미군 비무장지대 강철부대

임진스카웃

Imjin Scouts 1965-1991

사진=구와바라 시세이(눈빛출판사)

■ 표지화: 권용만 화백; 표지디자인: 전석우 / 2
■ 저자 소개 / 4
■ 들어가는 글 / 7

제 1 장 비극의 재탄생

1. 제2의 한국전쟁 ···27
2. 본스틸-러스크 한반도 라인업 ·····························35
3. 비무장지대 철통 방어망 구축 ·····························40
4. 한국형 특공대 임진스카웃 도입 ·························47

제 2 장 제2의 한국전쟁 시대적 배경

1. 중공군 철수와 베트남 파병 ·································53
2. 4대 군사노선 채택과 군사적 모험주의 ···············63
3. '인간병기 공장' 특수8군단 탄생 ·························72
4. 북한의 특수부대별 도발 양상 ·····························89

제 3 장 북한군 특수부대의 도발사례

1. 제2의 한국전쟁 첫 희생양 ·································103
2. 1·21 청와대 기습 미수 사건 ···························110
3. 울진·삼척 무장공비 침투 사건 ·························139
4. "원산항에서 대동강까지" – 푸에블로호 미스터리 ·····148
5. EC-121 격추사건 – 미그기 분해·조립·격추 작전 ·····162
6. 가장 짧은 전쟁 – 판문점 총격사건 ·················169

제 4 장 카투사의 어제와 오늘

1. 전장에 핀 꽃 – 카투사 제도 ···························179
2. 카투사 프로그램 제도화(1953-1970) ···············193
3. 미2사단 전투병 카투사 – 군사외교관 역할 ·········195
4. 김치카투사·보리카투사 ····································199

임진 스카웃 차례

제 5 장 임진스카웃 도입과 운영 실태
1. 임진스카웃 이전의 수색정찰(1953-1965)····················209
2. 미2사단 임진스카웃 시대(1965-1991)····················217
3. 임진스카웃 주요 부대····················233
4. 비무장지대 수색일지····················279

제 6 장 대간첩중대(Counter Agent Company)
1. 미군부대 한국군 별동대 탄생····················297
2. '올라운드 플레이어' 대간첩중대····················304
3. 임진강 갈대밭의 전설 – 9·19대첩 압승····················314

제 7 장 눈물 젖은 임진강
1. 쪼개진 장단군·흩어진 강릉김씨····················329
2. 고엽제 피해보상 사각지대····················346
3. 버림받은 영혼들의 안식처 – 파주 적군묘지····················359

제 8 장 맺음말
■ 임진스카웃과 CAC의 재평가를 위한 제언····················371

〈부록〉
1. 본스틸 장군 회고록····················387
2. 북한의 도발 연표(1966-1969)····················411
● 참고문헌····················416
● 인터뷰 대상자 명단····················424

■ 표 목차

〈표 Ⅰ-1〉 연도별 비무장지대 사건발생 추이 ···························· 29
〈표 Ⅱ-1〉 미 2·7사단 무장능력 비교 ······························· 62
〈표 Ⅱ-2〉 4대 군사노선 ··· 65
〈표 Ⅱ-3〉 북한·미국·소련 특수부대 비교 ························ 86
〈표 Ⅱ-4〉 북한군 특수부대 규모 ······························· 87
〈표 Ⅳ-1〉 한국전쟁 시기 미군부대 카투사 배치 현황 ··········· 187
〈표 Ⅳ-2〉 버디 시스템 도입 현황 ······························· 188
〈표 Ⅳ-3〉 미군과 카투사 병력 추이 ····························· 194
〈표 Ⅴ-1〉 비무장지대 부대 배치표 ····························· 236
〈표 Ⅶ-1〉 주한미군 고엽제 노출 부대 ··························· 355
〈표 Ⅶ-2〉 적군묘지 북한군 안장 실태(2018년 4월 기준) ········· 361
〈부록1-표〉 비무장지대 무력충돌 회수 ························· 393

■ 그림 목차

〈그림 1〉 임진강 상류 발원지 마식령 ························· 6
〈그림 2〉 호로고루에서 바라본 고랑포 일대 ··················· 8
〈그림 3〉 캠프 그리브즈에서 바라본 임진강 중류 ··············· 10
〈그림 4〉 임진강 하류 관산반도 황금들판 ····················· 15

〈그림 Ⅰ-1〉 미 육군 전투보병휘장 ························· 31
〈그림 Ⅰ-2〉 비무장지대 방문한 미국 대통령 ················· 33
〈그림 Ⅰ-3〉 케네디 면담하는 '그린베레' 야보로 ············· 39
〈그림 Ⅰ-4〉 박정희 대통령의 정조준 ······················· 43
〈그림 Ⅰ-5〉 비무장지대 4단계 방어망 배치도 ··············· 44
〈그림 Ⅰ-6〉 남북을 가로막은 철책선 ······················· 45
〈그림 Ⅰ-7〉 72전차2대대 임진스카웃 ······················· 48

〈그림 Ⅱ-1〉 중공군 비무장지대 경계 근무 ··················· 54
〈그림 Ⅱ-2〉 남북한 국방장관 파안대소 ····················· 56
〈그림 Ⅱ-3〉 박정희 7개국 마닐라 정상회담 참석 ············· 59
〈그림 Ⅱ-4〉 헬리콥터 중대 창설식 ························· 60

〈그림 Ⅱ-5〉 망치와 모루 전술····································· 69
〈그림 Ⅱ-6〉 무장공비 소탕작전 ·································· 70
〈그림 Ⅱ-7〉 북한군 특수부대 훈련모습 ······················ 74
〈그림 Ⅱ-8〉 북한군 특수부대 철조망 통과··················· 75
〈그림 Ⅱ-9〉 북한군 124군 침투장비 ·························· 85
〈그림 Ⅱ-10〉 북한군 특수부대 훈련 모습···················· 91
〈그림 Ⅱ-11〉 캠프 월리 폭파 사건···························· 95
〈그림 Ⅱ-12〉 "124군이여 귀순하라"·························· 96
〈그림 Ⅱ-13〉 무장공비 상륙용 선박 전시···················· 97
〈그림 Ⅱ-14〉 187공수연대 평양 인근 공수작전··············· 99
〈그림 Ⅱ-15〉 북한군이 사용하는 안둘기(An-2) ·············· 100

〈그림 Ⅲ-1〉 박정희-존슨 대통령 26사단 시찰 ·············· 105
〈그림 Ⅲ-2〉 제2의 한국전쟁 첫 희생양 ···················· 106
〈그림 Ⅲ-3〉 박정희 대통령 중부전선 시찰 ················· 113
〈그림 Ⅲ-4〉 고랑포 일대 목책선···························· 117
〈그림 Ⅲ-5〉 임진강 침투현장 방문 김신조················· 118
〈그림 Ⅲ-6〉 나라를 구한 우씨 4형제 ······················ 120
〈그림 Ⅲ-7〉 최규식 종로서장 묘지 ························· 123
〈그림 Ⅲ-8〉 백악산 무장공비 총탄 자국··················· 126
〈그림 Ⅲ-9〉 김신조 일당 소탕 작전도 ····················· 132
〈그림 Ⅲ-10〉 124군 출신 김신조 목사 ······················ 135
〈그림 Ⅲ-11〉 무장공비 경계 해안경비초소················· 141
〈그림 Ⅲ-12〉 주문진 무장공비 침투현장 검증 ·············· 145
〈그림 Ⅲ-13〉 41년만의 참회 ································ 146
〈그림 Ⅲ-14〉 북한군 푸에블로호 관람······················ 149
〈그림 Ⅲ-15〉 푸에블로호 전경 ····························· 150
〈그림 Ⅲ-16〉 '동에 번쩍, 서에 번쩍' 푸에블로호··········· 153
〈그림 Ⅲ-17〉 북한 노동신문 ······························· 154
〈그림 Ⅲ-18〉 푸에블로호 나포 지점 ························ 156
〈그림 Ⅲ-19〉 돌아오지 않는 다리·························· 159
〈그림 Ⅲ-20〉 어색한 경례 - 성탄절 귀환 ·················· 160

〈그림 Ⅲ-21〉 EC 121 격추 사건의 '공군 3인방' ························ 163
〈그림 Ⅲ-22〉 북한 미그 21 전투기 ······························· 166
〈그림 Ⅲ-23〉 북한의 방송화면 ······························· 167
〈그림 Ⅲ-24〉 소련인 망명사건 상상도 ························· 171
〈그림 Ⅲ-25〉 판문점 전투현장의 총탄 자국 ··············· 172
〈그림 Ⅲ-26〉 장명기 상병의 생전 근무모습 ··············· 173

〈그림 Ⅳ-1〉 이승만 대통령과 맥아더 사령관 ··············· 180
〈그림 Ⅳ-2〉 63년 만에 극적인 부자상봉 ··················· 183
〈그림 Ⅳ-3〉 유엔기념공원 ································· 191
〈그림 Ⅳ-4〉 "서부전선 이상 없나" – 주한미군 배치도·········· 197
〈그림 Ⅳ-5〉 대간첩중대 출동 ····························· 200
〈그림 Ⅳ-6〉 99연대가 구축한 구파발 벙커 ··············· 203
〈그림 Ⅳ-7〉 미2사단 미군과 카투사 스나이퍼 ············· 205

〈그림 Ⅴ-1〉 파주 하포리 소재 캠프 웬젤과 민정경찰중대 ·········· 210
〈그림 Ⅴ-2〉 미 해병1사단 민정경찰 ······················· 212
〈그림 Ⅴ-3〉 대성동 미1기병사단 인식표 ··················· 214
〈그림 Ⅴ-4〉 부대마크 교체하는 제1기병사단 ··············· 215
〈그림 Ⅴ-5〉 임진스카웃 창시자 글레저 장군 ··············· 218
〈그림 Ⅴ-6〉 경기 파주 소재 캠프 싯먼의 전경 ············· 219
〈그림 Ⅴ-7〉 ACTA 정문 ································· 220
〈그림 Ⅴ-8〉 베트남전쟁의 영웅 돈런 소령 ················· 221
〈그림 Ⅴ-9〉 ACTA 훈련모습 ····························· 223
〈그림 Ⅴ-10〉 존 레논 임진스카웃 군복 입고 열창 ············· 226
〈그림 Ⅴ-11〉 워리어 베이스 정문 ························· 230
〈그림 Ⅴ-12〉 워리어베이스 내부 모습 ····················· 231
〈그림 Ⅴ-13〉 Agent Brown 처리 요령 ····················· 232
〈그림 Ⅴ-14〉 미2사단 열병식 ··························· 234
〈그림 Ⅴ-15〉 한·미 군사 책임구역 ······················· 235
〈그림 Ⅴ-16〉 9보병2대대 용마크 ························· 239
〈그림 Ⅴ-17〉 중국 지도자 양성의 산실 청화대학 ··········· 241
〈그림 Ⅴ-18〉 마이클 라훗 9보병2대대장 ··················· 243
〈그림 Ⅴ-19〉 판문점 일대 만추마일 ······················· 245
〈그림 Ⅴ-20〉 한국전쟁 초기 M26전차 ····················· 249
〈그림 Ⅴ-21〉 72전차대대 참전 기념비 ····················· 250
〈그림 Ⅴ-22〉 전설의 스나이퍼 장현근 병장 ··············· 252
〈그림 Ⅴ-23〉 스나이퍼 영점사격 '다임 적중' ··············· 253
〈그림 Ⅴ-24〉 미군과 카투사 보병 ······················· 255

〈그림 Ⅴ-25〉 블랙호크 다운 ·· 255
〈그림 Ⅴ-26〉 임진강 보트 상륙훈련 ································ 257
〈그림 Ⅴ-27〉 '카투사의 전설' 박성용씨 ···························· 258
〈그림 Ⅴ-28〉 라이언 일병의 후예들 ································ 261
〈그림 Ⅴ-29〉 506대대장 출신 육군참모총장 ····················· 262
〈그림 Ⅴ-30〉 캠프 리버티벨 ·· 264
〈그림 Ⅴ-31〉 카투사 군복 민정경찰 마크 ························· 265
〈그림 Ⅴ-32〉 506보병 참여 한·미 연합 상륙훈련 ··············· 266
〈그림 Ⅴ-33〉 7기병연대 2대대 낙동강 전투 장면 ··············· 268
〈그림 Ⅴ-34〉 미군 포로가 된 문인석 ······························ 269
〈그림 Ⅴ-35〉 판문점 경비병들의 풍경 ····························· 272
〈그림 Ⅴ-36〉 판문점 공동경비구역 ································ 274
〈그림 Ⅴ-37〉 판문점 군사분계선에 집결한 참전 16개국 대표단 ········· 275
〈그림 Ⅴ-38〉 지구상에서 가장 위험한 골프장 ····················· 278
〈그림 Ⅴ-39〉 비무장지대 상용 출입증 ····························· 281
〈그림 Ⅴ-40〉 비무장지대 수색정찰 ································ 285
〈그림 Ⅴ-41〉 "출동준비 끝" ·· 286
〈그림 Ⅴ-42〉 대성동 마을 수색정찰 ································ 289
〈그림 Ⅴ-43〉 어룡리 기념비 ·· 291
〈그림 Ⅴ-44〉 스타라이트 조준 완료 ································ 293

〈그림 Ⅵ-1〉 윤필용 방첩부대장 ·································· 299
〈그림 Ⅵ-2〉 미2사단 조직도 ····································· 301
〈그림 Ⅵ-3〉 이춘근 생도와 이춘근 대위 ························· 305
〈그림 Ⅵ-4〉 대간첩중대 깃발 ····································· 306
〈그림 Ⅵ-5〉 헬리콥터 출동 훈련 ································· 307
〈그림 Ⅵ-6〉 "근무 중 이상무" – 민간인 복장 근무 ············· 308
〈그림 Ⅵ-7〉 대간첩중대 훈련 모습 ······························ 309
〈그림 Ⅵ-8〉 대간첩중대 여가생활 ································ 310
〈그림 Ⅵ-9〉 CAC 후예들 – JSA 기동타격대 ···················· 312
〈그림 Ⅵ-10〉 대간첩작전 지휘 이성근 중위 ······················ 315
〈그림 Ⅵ-11〉 '무장공비 전멸' 보도 ······························· 316
〈그림 Ⅵ-12〉 9.19 대간첩작전 현장 ······························· 319
〈그림 Ⅵ-13〉 무장공비 소탕 시상식 ······························· 324
〈그림 Ⅵ-14〉 김상훈·박만득의 동작동 묘지 ······················ 325

〈그림 Ⅶ-1〉 장단군 행정구역 변천도 ····························· 328
〈그림 Ⅶ-2〉 대성동 마을 공회당 자유의 집 ······················ 330
〈그림 Ⅶ-3〉 초기의 대성동 마을 ································· 331

〈그림 Ⅶ-4-1〉초기의 대성동 태극기 ································· 334
〈그림 Ⅶ-4-2〉대성동 태극기와 기정동 인공기 ····················· 334
〈그림 Ⅶ-5〉 북한 기정동 마을 풍경 ····························· 336
〈그림 Ⅶ-6〉 대성동 민사과 사무실과 직원 ······················ 341
〈그림 Ⅶ-7〉 대성동 출신 대성동 근무 김상래 상병 ················ 343
〈그림 Ⅶ-8〉 초기 대성동 초등학교 풍경 ························· 344
〈그림 Ⅶ-9〉 무시무시한 고엽제 후유증 ························· 347
〈그림 Ⅶ-10〉 한국 비무장지대 고엽제 노출화면 캡처 ·············· 351
〈그림 Ⅶ-11〉 고엽제 환자 증명서 ······························ 357
〈그림 Ⅶ-12〉 북한을 바라보는 적군묘지 전경 ···················· 360
〈그림 Ⅶ-13〉 눈처럼 꽃처럼 지는 운명 ························· 365
〈그림 Ⅶ-14〉 북한의 성묘 풍경 ······························· 366
〈그림 Ⅶ-15〉 파주 적군묘지 ·································· 367

〈그림 Ⅷ-1〉 경의선 철도 연결 ······························· 372
〈그림 Ⅷ-2〉 이승만 대통령 한미연합군 부대 시찰 ················ 375
〈그림 Ⅷ-3〉 1·21 역사공원 ································· 383

제 1 장

비극의 재탄생

사진=연합뉴스

제2의 한국전쟁

1950년 6월 25일 발발한 한국전쟁은 3년 동안 한반도 전역을 잿더미로 만들었고, 남북한 군인과 민간인을 가리지 않고 총 137만여 명의 목숨을 앗아갔다.[1] 정전협정은 분단체제를 관리·감독하는데 태생적 한계를 드러내고 13년 만에 또 다른 한국전쟁으로 이어졌다.

바로 1966년 10월 5일부터 1969년 12월 3일까지 '소(小)전쟁' 혹은 '제2의 한국전쟁(The Second Korean War)', '한반도 비무장지대 분쟁(The Korean DMZ Conflict)', '비무장지대 전쟁(DMZ War)', '조용한 전쟁(The Quiet War)' 등이 발생한 것이었다.[2]

---

1) 박동찬, 『통계로 본 6·25전쟁』(국방부 군사편찬연구소, 2014), p.200. 251. 265. 283. 449. 475 필자 재구성

2) 조성훈, 『군사분계선과 남북한 갈등』(국방부 군사편찬연구소, 2011), p.135; Daniel P. Bolger, 「Scenes from an Unfinished War: Low Intensity Conflict in Korea, 1966-1969」,Leavenworth Papers Number 19(Fort Leavenworth, Kansas:

분쟁의 지역적 범위가 한국전쟁 당시 낙동강에서 압록강까지로 부터 비무장지대 분쟁 시기에는 임진강 일대로 압축되었고, 분쟁의 군사적 주체가 유엔군에서 한미연합군으로, 북·중 동맹군에서 북한군 특수부대로 각각 제한되었다.

유엔군사령부가 유엔 안전보장이사회에 제출한 보고서에 따르면 1966년 50건에 불과하였던 정전협정 위반사례가 1967년 열 배가 넘는 566건으로 급증하였고, 1968년에는 761건으로 정점을 찍었다가 1969년 99건으로 크게 줄어들었다.[3]

1968년 한 해 동안 가장 치열한 무력충돌이 빚어졌고, 가장 많은 인명과 재산 피해가 발생하였다. 한국군은 정전협정이 체결되고 1991년까지 대북군사작전을 벌이다 사망한 군인의 84%, 민간

Combat Studies Institute United States Army Command and General Staff College, 1991), p.Preface ix; Glen Martin, "All Quiet on the DMZ: The history of the Cold War Didn't Always Make History", California Magazine, Spring 2016.
https://alumni.berkeley.edu/california-magazine/spring-2016-war-stories/all-quiet-dmz-history-cold-war-didnt-always-make-history(검색일: 2021.10.1);
Graham A. Cosmas, The Joint Chiefs of Staff and The War in Vietnam 1960-1968 Part3(Washington DC: Office of Joint History Office of the Chairman of the Joint Chiefs of Staff, 2009), p.152; Michael Anderson, "Shadows of War: Violence along the Korean Demilitarized Zone", Military Review, NovemberDecember 2019, p.92; Mitchell Lerner, "Mostly Propaganda in Nature: Kim Il Sung, The Juche Ideology, and the Second Korean War",
http://www.wilsoncenter.org/sites/default/files/NKIDP_WP_3.pdf(검색일: 2021.10.1).

3) 군경과 민간인 사망자는 1966년 35명에서 1967년 153명, 1968년 197명, 1969년 (7.31 기준) 21명으로 증감하였다. Office of Public Information United Nations, Yearbook of the United Nations 1968 Volume 22(New York: United Nations, 1971), p.170; United Nations Security Council 31 October 1969. A/9493 English Appendix B p.1.

<표 I-1> 연도별 비무장지대 사건발생 추이

출처: Mobley, Richard A., Flash Point North Korea: The Pueblo and EC-121 Crises(Naval Institute Press, 2003), p.149.

인 58%가 해당 3년에 집중되었을 정도다.[4]

제2의 한국전쟁 당시의 인명피해 상황을 구체적으로 살펴보면 해당 기간에 한국군 299명이 숨지고 550명이 다쳤으며, 미군은 75명이 희생되었고 111명이 부상당하였다. 북한군 역시 397명이 전사하고 12명이 생포되었으며, 33명이 귀순하였는가 하면 무장간첩 2천462명이 체포되었다.[5]

미군 입장에서 보면 비무장지대 분쟁 39개월이 제2차 세계대전 이후 아프가니스탄전쟁과 베트남전쟁에 이어 3번째 오래된 군사작

---

4) Bolger, p.112.
5) Bolger, p.112. 해당 기간 인명피해 규모는 한국과 미국, 북한 등에 따라 동일하지 않지만 주한미군 자료를 기준으로 삼는다.

전이었고[6], 희생자 규모로는 베트남전쟁과 한국전쟁, 아프가니스탄전쟁, 베이루트 특공작전 다음으로 5번째에 해당하였다. 즉 우리에게 잘 알려진 도미니카 분쟁·그레나다 전쟁·파나마 침공과 제1차 걸프전쟁보다 더 오래 진행되었고, 더 많은 피를 흘렸다.

미 육군이 1943년 10월 이후 80년 가까이 지상전투에 참가한 군인에게 공식 착용을 허가하는 전투보병휘장(Combat Infantry Badge)은 제2차 세계대전과 한국전쟁, 베트남전쟁, 도미니카분쟁, 엘살바도르내전, 그레나다전쟁, 파나마침공, 서남아분쟁, 소말리아내전, 아프가니스탄전쟁, 이라크전쟁, 한반도 비무장지대 분쟁과 판문점 총격사건 등 총 13건에 국한시키고 있다.[7]

이 가운데 한국전쟁과 비무장지대 분쟁, 판문점 총격사건 등 무려 3건이 지금 우리가 살고 있는 한반도에서 벌어졌다. 종교분쟁이 극심한 중동지역보다, 정치혼란이 격화된 중남미지역보다 한반도가 전쟁의 소용돌이에 휘말릴 가능성이 크다는 것이다. 미군의 입장에서 보면 한반도는 여전히 위험한 분쟁지역으로 분류된다.

---

6) 미국은 1950년 6월 27일 백악관에서 개최된 제2차 안보회의에서 미 해·공군의 한국전쟁 참전을 결정하였다. 이날부터 휴전협정이 체결되는 1953년 7월 27일까지 1,127일 동안 참전하였다. 미군은 1966년 11월 2일 서부전선 피습사건에서 제2의 한국전쟁이 시작되었고, 1969년 12월 3일까지 계속되었다고 본다. 해당 기간을 1,128일로 보면 한국전쟁보다 하루(one day)가 더 길다. 이에 대한 자세한 내용은 R. Ernest Dupuy and Trevor N. Dupuy, The Encyclopedia of Military History: From 3500 B.C. to the present(New York: Harper and Row, 1986), pp.1199-1400.

7) Headquarters Department of the Army, Military Awards, Army Regulation 600-8-22(Washington DC, 5 March, 2019), p.106. https://armypubs.army.mil/epubs/DR_pubs/DR_a/pdf/web/ARN18147_R600_8_22_admin2_FINAL.pdf(검색일: 2021.10.1).

〈그림 I-1〉 미 육군 전투보병휘장　　　　　　　　　출처: 미 육군 홈페이지

　　실제로 미 국방부는 본스틸 사령관의 요청에 따라 1968년 4월 1일부터 1973년까지 임진강 이북에서 근무한 장병들에게 전투수당을 지급하였다.[8] 이에 따라 주한미군 전투부대 장교와 병사 모두 매월 전투수당으로 65달러를 손에 쥐었다. 당시 미군이 입대 이후 처음 받았던 기본급이 102달러였던 점을 감안하면 적지 않은 액수였다.[9]

　　한국전쟁이 종료된 지 70년 가까이 지났지만, 전쟁의 불씨가 꺼지지 않은 원인은 무엇일까. 근본적으로 한국전쟁의 평화적 해결을 위해 정전협정이 조인되고 효력이 발생하면 3개월 이내에 한 단계 높은 정치회의를 소집하고 협의해야 한다는 정전협정 제60항

---

8)　Army Times, 10 April, 1968.
9)　https://www.dfas.mil/Portals/98/MilPayTable1968.pdf(검색일: 2021.10.1).

규정을 이행하지 못한 탓으로 분석된다.[10]

전쟁에 대한 피로도가 높아진 탓에 서둘러 종지부를 찍었지만, 불안정한 평화 상태는 휴화산처럼 언제든지 폭발할 가능성을 배제할 수 없다. 한반도 안보시계는 1953년 7월 27일 오후 10시에 멈춰 섰고, 추가 조치가 제대로 이뤄지지 않은 채 그대로 60여 년이 흘러 왔다.

소련제 최신식 T34 탱크를 앞세워 북한군 10개 보병사단이 남침하였던 개성-파주 루트를 무대로 십년 만에 소수의 북한군 특수부대가 게릴라식 무력도발을 일삼았다. 북한이 전력을 총동원해 휴전선을 밀고 내려오는 전면비핵전쟁 양상에서 소수정예 게릴라부대를 투입한 혁명전쟁으로 군사전략을 급선회한 결과다.[11]

다시 말해 박정희 전 대통령 표현처럼 게릴라에 의한 파괴·폭력·학살, 전투가 아닌 복병, 침략이 아닌 침투에 의한 전쟁, 교전이 아닌 침식과 소모에 의해 승리를 추구하는 이른바 공산주의자들의 해방전쟁으로 양상이 달라졌다.[12]

---

10) 1954년 4월 26일부터 6월 15일까지 스위스 제네바에서 정치회의가 개최되었다. 유엔 참전 16개국과 남북한, 소련, 중국 등 20개국이 참가하였으나 성과 없이 끝났다. 한국 대표로는 변영태 외무부 장관, 북한 대표로 남 일 외무상이 각각 참석해 군사정전협정이 정부대표 간 정치회의로 격상되었다는 의미를 지닌다. 남북한 대표들이 처음으로 상대방 존재를 인정하고 서로의 통일방안을 논의하였다.

11) 새뮤얼 헌팅턴은 전쟁의 종류를 전면 핵전쟁(Total War), 전면비핵전쟁(General War), 제한전쟁(Limited War), 혁명전쟁(Revolutionary War) 등 4가지로 분류하였다. Samuel P. Huntington, "Guerrilla Warfare in Theory and Policy", Osanka,F. M.(ed). Modern Guerrilla Warfare: Fighting Communist Guerrilla Movements,1941-1961(New York, 1962), p.ⅩⅤ ff.

12) 박정희 도서관 홈페이지
http://library.presidentparkchunghee.org/search/detail/SPCTOT000000003850#se

〈그림 I-2〉 비무장지대 방문한 미국 대통령　　사진=U.S. National Archives

미국은 본토에서 인디언전쟁을 비롯해 필리핀 모로족·후크 게릴
라 진압[13], 중남미 바나나전쟁, 그리스내전 등에서 성과를 거뒀지
만, 1960년대 베트남전쟁을 치르면서 저강도 분쟁에 제대로 대처
할 수도 없고, 할 의지도 없으며, 해서도 안 된다는 논란에 휩싸였
다.

이 같은 주장은 엘살바도르내전과 파나마침공, 필리핀 반군소
탕작전을 치르면서 움직일 수 없는 진실로 굳어졌다. 미국이 저강
도 분쟁에 개입할 명분과 대처 능력을 제대로 확보하지 못하였다.
미국에 있어 저강도 분쟁은 잘못된 전쟁이며, 베트남전쟁이야말로
반론의 여지가 없는 증거물이었다.

또 다른 저강도 분쟁이 1960년대 후반 한반도에서 벌어졌다. 주

archInfoVideo(검색일: 2021.8.11)
13) 임동원, 『혁명전쟁과 대공전략: 게릴라전을 중심으로』 (탐구당, 1981), pp.152-
165

한미군이 고질적인 병력과 물자 부족에도 불구하고 한반도분쟁에서 승리를 거뒀다. 베트남과 한반도에서 미군의 맨 파워는 달라지지 않았지만, 한미연합 병력을 운용하는 방식에서 한국식 차별화에 성공하였다. 당혹한 북한은 저강도 분쟁에서 쓸 수 있는 도발카드를 최대한 동원하였지만 역부족이었다.

본스틸-러스크 한반도 라인업

한반도 저강도 분쟁을 승리로 이끌었던 주역으로서 미국의 외교안보 컨트롤타워를 주목할 필요가 있다. 미 국방부와 국무부 라인에서 한반도 정책을 주도한 찰스 H. 본스틸 3세와 딘 러스크[14]가 보기 드문 '환상의 콤비'를 이뤘다.

본스틸은 1931년 웨스트포인트를 졸업하면서 로즈 장학생[15]으로 선발돼 영국의 명문 옥스퍼드대학에 유학한 학구파 군인이었다. 본스틸은 동갑내기이자 옥스퍼드 유학동기인 러스크와 함께

---

14) 데이비드 딘 러스크는 1909년 미국 조지아주 체로키에서 태어났다. 데이비드슨대학에서 정치학을 전공하였고, 로즈장학생으로 선발돼 옥스퍼드대학을 졸업하였다. 러스크는 옥스퍼드대학 기숙사 룸메이트로서 본스틸을 처음 만났다. 1946년 국무부에 들어가 마샬 플랜과 나토 창설을 지원하였고, 한국전쟁 기간 동아태 담당 차관보를 맡았다. 케네디와 존슨 대통령 시절 8년 동안(1961.1-1969.1) 국무부 장관을 역임하였다.

15) 로즈 장학금은 학업성적과 품성, 지도력, 건강, 봉사활동 등을 고려해 19-25세 미국인 가운데 총 32명을 선발한다. 선발된 장학생은 영국 옥스퍼드대학에서 2년(1년 연장 가능) 동안 수학한다. 클린턴 전 대통령과 딘 러스크 전 국무장관, 블레어 전 영국 총리, 호크 전 호주 총리 등이 로즈 장학금을 받았다.

1945년 8월 10일 한반도 지도상에 처음으로 38선을 그었다. 당시 3부조정위원회(SWNCC) 산하 기획참모분과위원회에 파견된 전쟁부 정책과장 본스틸 대령과 정책과장보 러스크 대령의 합작품[16]이었다.

본스틸이 옥스퍼드에서 동문수학한 '30년 지기' 러스크와 언제든지 소통할 수 있는 핫라인 채널을 확보하였다. 이들은 유엔군사령관과 국무장관으로서 각각 공직을 마감할 때까지 한반도 업무를 긴밀하게 협의하면서 신속하게 처리하였다. 이로 인해 본스틸이야말로 한반도 상황이 필요로 하는 가장 적합한 인물이었다고 볼 거는 평가하였다.[17]

본스틸은 제2차 세계대전에 참전해 유럽 전구에서 활약하였고, 전쟁이 끝난 후에는 미 국무장관 특별보좌관을 역임하였다. 본스틸은 1945년 이후에는 합참의장의 전략기획 담당 특보를 맡았고 국무부 및 국가안전보장회의(NSC)와 함께 유럽 전후재건사업에 동참하였다.

1956년 한국 땅에 처음 도착한 본스틸은 비무장지대를 지키던 미제24보병사단(이하 미24사단)[18] 부사단장을 역임하였고, 미

---

16) 러스크는 본스틸과 함께 내셔널지오그래픽 지도를 사용해 서울 북쪽에서 평이한 분단선을 찾았으나 그럴듯한 지형지물을 찾지 못하였다. 대신 북위 38선을 추천하기로 결정하였다고 술회하였다. Dean Rusk, As I Saw It (New York: W.W. Norton & Company, 1990), p.124.

17) Bolger, pp.8-11

18) '하와이사단' 미24사단은 1950년 한국전쟁이 발발하였을 때 가장 먼저 태스크포스 스미스대대를 파견하였다. 하지만 오산 죽미령 첫 교전에서 밀렸고, 대전 전투에서 대패한 뒤에 딘 사단장이 포로가 되는 우여곡절을 겪었다. 1952년 1월 미 제40보병

24사단이 독일로 이주한 뒤 1961년부터 2년 동안 사단장을 맡았다.[19] 본스틸은 본국으로 돌아가 육군 참모총장의 특별연구국장을 지냈고, 유엔 안전보장이사회 상임이사국 참모총장들로 구성된 안전보장이사회 군사참모위원회(Military Staff Committee)의 미국대표 역할도 수행하였다.

1966년 9월 초 10년 만에 한국에 재부임한 본스틸은 유엔군사령관과 주한미군사령관, 미8군사령관 등 총 3개의 모자를 쓰고 제2의 한국전쟁을 총지휘하였다. 자신이 설정하였던 38선을 중심으로 비무장지대 철책선을 설치하고 경계태세를 구축하는 등 그야말로 한반도 분단체제의 형성과 유지, 고착화 프로세스에서 막중한 역할을 담당하였다. 사실상 비무장지대 분쟁사는 본스틸 육군 대령에서 시작해 본스틸 유엔군 사령관에서 끝났다.[20]

그러나 본스틸은 화려한 커리어에 비해 야전지휘관으로서 실무능력이 떨어진다는 혹평을 받았다. '군기반장'으로 유명한 조지 S. 패튼 장군 스타일과 달리 병사들을 엄격하게 통솔하는 문제에 관심을 기울이지 않았다.

그는 껑충 큰 키에 회색머리, 깡마른 체격이었고, 수정체 제거수

사단과 임무를 교대하고 일본으로 퇴각하였다. 정전협정이 체결될 무렵인 1953년 7월 1일 한국에 재투입돼 미국 해병대에 이어 비무장지대 서부전선 경계 임무를 수행하다 1957년 한반도에서 철수하였다.

19) New York Times Oct. 14, 1977

20) 본스틸 사령관은 1969년 10월 1일 존 허시 마이켈리스 미 육군 대장에게 임무를 인계하고 자리에서 물러났다. 마이켈리스 사령관의 첫 번째 임무는 북한에 억류된 OH-23 헬기 조종사들의 석방 협상이었다. 이들이 1969년 12월 3일 풀려나면서 제2의 한국전쟁은 종료되었다.

술 이후 왼쪽 눈에 안대를 비스듬히 썼기 때문에 '장군님' 카리스마와 무관해 보였다. 평소 자신의 헤어스타일에 전혀 신경을 쓰지 않았기 때문에 참모들에게 억지로 떠밀려 이발소에 들르곤 하였다.

본스틸 사령관을 보좌한 핵심참모 가운데 '그린베레 창시자'로 유명한 윌리엄 P. 야보로 중장이 1968년 의정부 소재 캠프 레드클라우드 미1군단장으로 근무하였다. 학구적 분위기를 풍기는 본스틸과 야전 경험이 풍부한 특수부대 출신 야보로는 보기 드문 조합을 이뤘다.

앞서 야보로는 1965년 판문점 유엔사 군정위 수석대표 시절 탁월한 언변으로 북한군 대표를 압도해 "보이스 오브 아메리카(Voice of America) 대변인 같은 얘기는 그만하라."는 비아냥을 받았다.[21]

야보로 중장은 제2차 세계대전 중 미 육군 공수부대의 창설을 주도하였고, 1961년 공수특전사령관에 해당하는 미 육군 특수전센터 책임자에 부임하였다. 마침 부대를 방문한 존 F. 케네디 대통령 앞에서 당시 금지된 그린베레를 쓰고 브리핑을 강행해 베레모 착용 허가를 얻어냄으로써 특수부대 상징으로 자리 잡았다. 지금도 미군들이 특수전 교육과정을 수료하면 그를 기리기 위해 제작된 '야보로 나이프(일명 람보 칼)'가 증정될 정도다.

야보로 중장이 지휘한 미 1군단은 한미 양국군의 혼합 병력을 통솔하였고, 미군 헬리콥터와 통신 부대들이 한국군 감독에 따라

---

21) 『연합뉴스』 2005년 12월 9일자

〈그림 I-3〉 케네디 면담하는 '그린베레' 야보로[22]
사진=존 F. 케네디 대통령 도서관 및 박물관

작전을 수행하였다. 재래식 무기와 핵무기로 무장한 미 1군단은[23]
미군 2개 보병사단과 한국군 3개 보병사단, 해병 1개 여단 등으로
구성되었고, 인원만 해도 총 10만여 명에 달하였다.

---

22) 케네디 대통령과 야보로 준장이 만나는 역사적 장면이 노스 캐롤라이나 포트브
래그 현장에 50년 만에 동상으로 세워졌다. https://www.army.mil/article/76701/
swcs_to_dedicate_kennedy_yarborough_statue(검색일: 2021.9.9)

23) 1918년 창설된 미 육군 1군단은 하와이를 포함한 태평양, 알래스카, 일본 지역을
관할하고 있다. 현재 산하 부대로는 제7보병사단과 제25보병사단, 알래스카 육군,
593 원정지원사령부, 17 화력여단, 201 증강정보여단, 42 헌병여단, 555 공병여단
과 1군단 전방기지 등으로 구성되었다. 제7보병사단과 제1군단이 1971년 미국의
베트남전쟁 파병인력 철수 방침에 따라 미국 본토로 복귀하였고, 대신 같은 해 7
월 1일 창설된 한미 제1군단이 명맥을 유지하였다. 이어 1980년 3월 14일 한미 제
1군단은 한미연합야전군사령부로 재편성되었고 1992년 7월 1일 서부전선 방어 임
무를 한국군 제30야전군에 이양하고 해체되었다. 1군단에 대한 자세한 내용은 군단
홈페이지 https://www.army.mil/icorps/(검색일: 2020.8.8)

비무장지대 철통 방어망 구축

유엔사는 1966년 9월 초 본스틸 사령관의 취임을 계기로 '한국 방위계획(Defense of the Republic of Korea)'에서 일대 전환점을 맞이하였다. 본스틸 사령관은 고리타분한 미 육군 교리로는 한반도에서 발생한 저강도 분쟁에 대응하는데 한계가 있다고 판단해 새로운 대응방안을 수립하도록 지시하였다.

본스틸 사령관은 산더미 같이 쌓인 기존의 보고서와 정보부대 감청기록들을 깡그리 무시해 버리고 김일성 수상의 최근 2년 동안 연설문을 입수해 탐독하였다. 김일성 수상의 연설문은 대부분 공개된 내용이 많았지만, 일부 비밀 자료들은 별도의 방법을 통해 찾아내었을 정도로 집요하게 파고들었다.

연설문을 탐독한 결과 김일성 수상이 미래에 대한 구체적 전략을 보여주면서 자신만의 '나의 투쟁(Mein Kampf)'을 완성해 간다는 사실을 발견하였다.[24] 무엇보다 본스틸 사령관은 1966년 10

---

24) 미국 CIA는 1966년 7월 중순 베트남 하노이와 하이퐁 일대 미군 공습을 계기로 김

월 5일 북한 노동당 대표자회에서 김일성 수상의 연설문을 주목하였다. 그는 "공산주의자 시각에서 해석하면 그들이 진행하거나 추구하는 것이 명확해진다"면서 "김일성이 향후 수년 동안 한국에 대한 전략을 제시하였다."고 의미를 부여하였다.

김일성 수상은 당시 '현 정세와 우리 당의 과업'이라는 주제 연설을 통해 정전체제가 변화될 필요가 있다면서 총체적 전략은 베트남 전쟁에 연관될 것을 시사하였다. 김일성 수상의 연설 내용은 다음과 같다.[25]

> "현 정세에서는 아세아와 구라파(유럽), 아프리카와 라틴 아메리카 그리고 큰 나라와 작은 나라 할 것 없이 세계의 모든 지역, 모든 전선에서 미제국주의자에게 타격을 주어 그들의 력량(역량)을 최대한으로 분산시켜야 하며, 미제가 발붙이고 있는 모든 곳에서 그들이 함부로 날뛸 수 없게 손발을 얽어매 놓아야 합니다(중략)...모든 사회주의 나라들과 평화애호 인민들은 미제의 웰남(베트남) 침략을 반대하며 웰남 인민의 정의의 해방전쟁을 백방으로 지원하여야 할 것입니다. 사회주의 나라들은 웰남민주공화국이 미제의 침략을 받고 있는 조건에서 미제와 더욱 날카롭게 맞서서 투쟁하여야 하며, 웰남 인민을 지원하기 위하여 모든 힘을 다하여야 할 것입니다. 여기에서는 어떠한 동요

일성이 비무장지대 미군과 한국군에 대한 공격을 결심하였다고 분석하였다. John Kerry King, "Kim Il-Sung's New Military Adventurism", 「Intelligence Report」(CIA DD/I Special Research Staff, 26 November. 1968), p.5. Approved for Release May 2007.

25) 조선로동당출판사, 『김일성저작집(20)』, pp.381-388.

와 소극성도 있을 수 없습니다(중략)... 사회주의 나라들은 웰남 인민을 지원하기 위한 더 적극적인 대책을 취하여야 합니다. 미제가 자기의 추종 국가 및 괴뢰들의 군대를 끌어들여 웰남민주 공화국에까지 침략을 확대하고 있는 조건에서 모든 사회주의 나라들은 사회주의 진영의 동남방 초소를 보위하며 아세아와 세계 평화를 수호하기 위하여 웰남에 지원병을 보내는 것을 반대할 수 없습니다."

김일성 수상의 이 같은 연설내용이 북한의 대남사업 일꾼들에 대해 "행동개시" 명령이었는지, 이미 대남전략을 수정하고 실천하는 과정에서 변화를 요구하는데 그쳤는지 여부는 확인되지 않았다. 하지만 한 달 동안 비무장지대에서 북한군 도발동향을 살펴보면 전투명령이 하달된 것은 분명하다는 결론을 내릴 수 있었다.[26]

10월 12일 북한 노동당 당대표자회가 폐막하고 이튿날 강원도 양구 한국군 21사단에서 발생한 무장괴한 총기사건을 필두로 다음달 2일 서부전선 주한미군 기습사건까지 22일 동안 휴전선 일대에서 총 17건의 총격사건이 발생하였다.

국방부는 북한군이 종전의 산발적인 총격사건에 비해 단시일에 걸쳐 집단적으로 유격전 스타일 매복공격을 가해 왔다며 우리 측에서 사망 26명과 부상 19명, 피랍 1명의 피해가 발생하였다고 밝혔다.[27]

---

26) 미국 CIA는 김일성 수상이 1966년 10월 5일 노동당 연설을 통해 최초로 게릴라 전법 승인을 시사하는 정책 성명을 내놓았다고 분석하였다. John Kerry King, "Kim Il-Sung's New Military Adventurism", p.31.
27) 국방부, 『국방백서 1968』, p.41.

〈그림 I-4〉 박정희 대통령의 정조준
박정희 대통령이 M2 Infrared Sniperscope 야간투시조준경이 장
착된 소총의 성능을 점검하고 있다.　　사진=대한민국 정부기록사진집

　　이에 따라 본스틸 사령관은 11월 6일 한국군과 미군 엘리트 장
교들을 위주로 특별근무단(Special Working Group)을 구성하
였다.[28] 그는 무엇보다 한국이 스스로 한국 방위를 책임져야 한다
고 생각하였다. 본스틸 사령관이 구체적 지침을 내리거나 자신의
의견을 제시한 뒤에 진행상황을 수시로 점검하였다. 이로 인해 특
별근무단이 도달한 결론이나 제시한 방안들이 알고 보면 대부분
본스틸 개인의 원래 구상을 구체화한 것에 불과하였다.

---

28) Bolger, p.40.

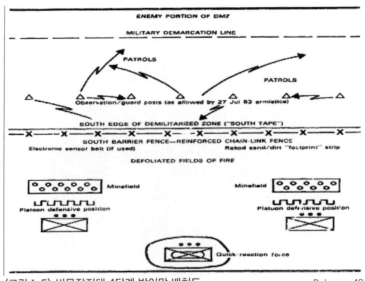

〈그림 I-5〉 비무장지대 4단계 방어망 배치도　　　　　Bolger, p.48.

　1967년 1월 완성된 유엔군사령부의 '대침투게릴라 개념요구계획(Counter Infiltration-Guerrilla Concept Requirements plan)' 보고서 초안과 한국의 대통령 훈령 18호는 북한의 비정규전 압박에 맞서는 미래연합작전을 보여주었다. 박정희 대통령은 간첩 식별 요령부터 지역사회 소요사태까지 일체의 사건을 담당할 지휘계통을 공식화하였다.

　본스틸 체제에서 탄생한 대침투계획은 북한군 지상군의 DMZ 침투도발을 저지하고, 해상 침투를 효과적으로 막아내며, 대간첩작전을 수행한다는 내용을 골자로 하였다. 북한을 겨냥한 공격보다 비무장지대를 중심으로 한 방어 위주의 전략을 구체화하였다.

　유엔사는 북한군 침투도발을 막기 위해 철책선과 백그라운드를

〈그림 I-6〉 남북을 가로막은 철책선 　　　　사진= U.S. National Archives

조합한 새로운 '4단계 방어망'을 도입하였다. 즉 ① DMZ 순찰활동
② 감시초소(Guard Post) 설치 및 운영 ③ 새로운 통합장벽시스
템 ④ 침입자를 탐색하고 저지시키며 섬멸하는 새로운 기동타격대
(QRF) 출범 등으로 요약되었다.

　미국 태평양사령부는 같은 해 11월 27일 본스틸 사령관이 준비
한 대침투계획을 승인하고 상부에 보고하였다. 해당 내용을 전달
받은 한국 정부는 12월 중순 미국이 통합장벽시스템 계획을 확실
히 이행한다면 베트남에 한국군 경(輕)사단 규모를 추가 파병할
수 있다는 입장까지 보였을 정도로 본스틸 대침투계획에 대해 관
심을 표명하였다.[29]

29) Walter S. Poole, The Joint Chiefs of Staff and National Policy

본스틸 사령관 지휘 아래 비무장지대 일대에 철통방어망이 구축되자 북한군이 지상으로 침투하는데 어려움을 겪게 되었다. 이에 따라 1968년 미2사단 방어지역의 철책선 하단을 파내고 침투한 사건이 적발되었고, 1970년부터 연천과 인제, 고성 지역에서 땅굴을 이용한 도발 사례가 잇따랐다.

북한군은 육상침투보다 잠수함과 잠수정을 이용해 침투조를 상륙시키는 해상침투 방식을 선호하였다. 아울러 스쿠버들이 강물을 따라 침투해 남한 주민들과의 접촉을 시도하는 등 이전과 다른 방식의 군사적 도발을 자행하였다.

1960년대 중반을 전후로 무장간첩의 수가 점차 늘어났는데, 이 시기 무장간첩들은 통상 어선으로 가장한 중무장 쾌속정이나 잠수정을 타고 침투하였으며, 대담하게 대한민국 국군이나 민간인 복장에 위조 신분증과 명함을 소지하고 있었다.

본스틸 사령관은 소규모 해군 부대와 해군·해병대 자문단 이외에 이렇다 할 해군 자원을 확보하지 못하였다. 한반도 주변 해역을 담당한 제7함대는 주로 베트남전쟁에 역량을 집중하였다. 그나마 한국 해군은 북한군 해군을 제압할 능력을 지녔고, 충분한 상륙작전 능력도 확보하였다. 하지만 북한군이 엄청난 침투능력을 보여주었는데 비해 한국 해군의 방어능력은 제 기능을 발휘하지 못하였다.

1965-1968(Washington, DC: Office of the Chairman of the Joint Chiefs of Staff, 2012), p.236.

한국형 특공대 임진스카웃 도입

주한미군과는 별도로 한강이북 방어작전을 담당한 미2사단 역시 자체적으로 임진스카웃이라는 명품 프로그램을 도입해 북한군의 DMZ 도발을 막아내는데 활용하였다. 미2사단이 비무장지대 일대에서 '인계철선(trip wire)' 역할을 수행하면서 북한군의 군사적 도발을 효과적으로 막아낸 배경에는 임진스카웃 프로그램이 있었다.

미2사단은 1965년 9월 한국형 특공대 조직인 임진스카웃 시스템을 도입하였다. 미2사단은 4개 보병부대에서 선발된 정예 병력들을 3개월 단위로 나눠 임진강 이북에서 군사분계선 이남까지 비무장지대를 방어하였다. 대표적인 분단의 상징물 임진강(Imjin River) 일대에서 수색정찰 임무를 완수한 전투병들(Scouts)에게 임진스카웃(Imjin Scouts)이라는 타이틀이 주어졌다.

북한군의 침투도발을 막아내는 과정에서 카투사와 한국군 부대들의 역할은 아무리 강조해도 지나치지 않았다. 미군부대에 배

〈그림 I-7〉 72전차2대대 임진스카웃   사진=U.S. National Archives

속된 카투사들의 개인적 활약은 물론 한국군 부대가 통째로 미군
사단장 작전지휘를 받으며 대간첩작전에 참여해 크고 작은 전과들
을 올렸다. 갈수록 악랄해지는 북한군 침투도발을 막기 위해 다양
한 형태의 한미연합 전력이 동원되었고, 기대 이상의 효과를 거둔
셈이었다.

무엇보다 이 책을 저술하는 과정에서 최초로 실체를 드러낸 미
2사단 기동타격대 역할을 담당한 대간첩중대(CAC: Counter
Agent Company)를 주목할 필요가 있다. 미2사단 CAC는 미군
부대 조직이었지만 특이하게 부대 전원이 한국군 카투사들로 구
성되었다. 중대의 구성과 위상, 역할 등이 일반 미군부대 조직과는
상당한 거리가 있었다.

임진스카웃과 CAC는 상호 보완적으로 기능하면서 북한군들의 침투야욕을 분쇄하는데 기여하였다. 즉 임진스카웃이 보병대대 단위별로 지역방어 임무를 수행하였다면, '리베로' CAC는 사단 관할구역 전체를 헤집고 다니면서 기동타격대 활동을 벌였다.

미2사단은 1991년 10월 1일 수색정찰 임무를 마지막으로 판문점 구역을 떠났지만, 수십 년 동안 임진스카웃이 구축한 비무장지대 경계 임무의 기본틀은 현재까지 지켜지고 있다. 한국군 위주로 구성된 판문점 공동경비구역 경비대대는 과거 미2사단이 운영하였던 임진스카웃의 전통을 계승한다는 의미에서 임진스카웃 인증서를 발급하고 있다.[30]

이처럼 임진스카웃의 성공신화는 꺼지지 않고 미군과 한국군 모두의 마음에 살아남아 '비무장지대 수문장'으로서 명맥을 유지하고 있다.

---

30) 미2사단의 임진스카웃 프로그램은 1991년 10월 1일 20보병5대대와 72전차2대대로 구성된 1여단 수색대가 순찰을 돌고나서 공식 종료되었다. 당시 필자가 마지막 임진스카웃 임무를 수행하였다. 판문점 공동경비구역 경비대대는 2002년 6월 임진스카웃 패치 착용과 인증서 수여 등 일부 임진스카웃 제도를 일부 부활시켰다.

제 **2** 장

'제2의 한국전쟁' 시대적 배경

사진=JSA 전우회

중공군 철수와 베트남 파병

유엔군이 인천상륙작전으로 한국전쟁의 전세를 뒤집고 압록강까지 전진해 궁지에 몰린 북한군은 괴멸 수준에 도달하였다. 하지만 중국인민지원군(이하 중공군) 참전으로 한국전쟁은 새로운 양상에 접어들었다. 한국전쟁이 절정으로 치닫던 1950년 12월 8일 조(북)·중 연합사령부가 창설된 이후 북한군은 군사지휘권을 일절 행사하지 못하였다.[1]

중국이 내세운 참전조건을 김일성이 받아들이지 않으면 안 되는 상황이었다. 세 가지 참전조건은 "(1) 중·조 연합군사령부의 장(長)은 중국 군인으로 한다. (2) 중국군의 동의 없이 북한은 어느 나라와도 전쟁종식에 관한 협정을 체결할 수 없다. (3) 북한 내의 중국군은 북한의 법률을 적용받지 않는다." 등이었다.[2]

---

1) 문관현, "한반도 평화체제 논의에 따른 유엔군사령부 변화에 관한 연구", 고려대학교 박사학위논문, 2020, pp.164-165.
2) 塚本勝一, 『超軍事國家: 北朝鮮 軍事史』(東京: 亞紀書房, 1988), p.48.

〈그림 Ⅱ-1〉 중공군 비무장지대 경계 근무　사진=연합뉴스

정전협정을 체결할 당시 북한군이 45만 명이었던 반면, 중공군은 3배 가까운 120여만 명에 달해 중공군이 압도적 비중을 차지하였다.[3] 북한군 대신 중공군이 휴전선을 지켰다고 해도 과언이 아니었다. 심지어 김일성이 중공군 사령관 팽덕회로부터 뺨을 맞는 수모까지 당한 적이 있었다고 한다.[4] 이처럼 비참한 상황에서 북한은 스스로 전쟁능력을 갖추지 않으면 안 된다는 결론에 도달하였다.

---

3) 이종석, "북한 주둔 중국인민지원군 철수에 관한 연구", 『세종정책연구』 2014-19(성남: 세종연구소, 2014), p.5 재인용.
4) 어우양선, 박종철, 정은이(역), 『중국의 대북조선 기밀파일』(서울: 한울, 2008), p.52.

정전협정이 체결된 이후에도 북한에 주둔한 중공군이 1958년 10월 북한에서 모두 철수하면서 김일성은 군사적 독자노선을 걷게 되었다. 중공군 철수는 한반도에서 정전체제를 관리하는 실질적 주체들이 '미국(유엔사)-중국'에서 '미국(유엔사)-북한'으로 전환된 것을 의미하였다. 북한은 이전에는 "모든 외국 군대의 철수"를 주장하였으나, 중공군 철수 이후엔 주한미군 철수를 중요한 대외전략 목표로 수정하였다.

북한은 각종 군사현안에 대해 미군과 직접 상대하면서 한국군의 주권적 존재를 인정하지 않으려 하였다. 한국군에 대한 작전통제권을 유엔군사령관이 행사한다는 점을 지적하면서 '통미봉남(通美逢南)' 입장을 유지한 것이었다. 북한이 남북미 3자간 전략적 삼각관계에서 한미(긍정)·북미(긍정)·남북(부정)의 낭만적 삼각관계(Romantic Triangle)를 형성해 주도권을 행사하려는 의도였다고 풀이된다. 이와 같은 기형적 남북 관계는 2000년 6·15 남북정상회담 이후 남북 군사회담이 개최될 때까지 무려 40년 가까이 지속되었다.[5]

한편으로 북한은 자체 전력만으로 한미연합 전력에 맞서야 한다는 부담을 떠안았다. 김일성은 독자적 군사전략을 가다듬어 1962년 12월 10일 노동당 제4기 5차 전원회의에서 4대 군사노선[6]을

---

5) 이종석, 앞의 책, pp.39-40.

6) 전 인민의 무장화와 전국의 요새화, 전군의 간부화, 전군의 현대화 등 4대 군사노선이 등장한 배경으로는 중소 대립과정에서 북한에 대한 태도 변화를 꼽을 수 있다. 당시 북한은 친중 노선을 유지하였으나 소련이 북한에 대한 군사와 경제 원조를 삭감하고 대표단을 홀대하였다. 이를 계기로 북한은 국방의 자위를 정책기조로

〈그림 II-2〉 남북한 국방장관 파안대소
김일철 북한 인민무력부장(좌)과 조성태 국방부 장관(우)이 분단이후 처음으로 2000년 9월 제주도에서 남북국방장관회담을 개최하였다.　　　　　　사진=연합뉴스

발표하였다. 이후 북한은 군사력 건설 목표를 독자전 수행능력 확보로 상정하고 매진하였다.[7]

또 경제건설과 국방건설을 병행한다는 병진노선을 채택했지만 사실상 군사력 건설에 박차를 가하였다. 노동당 군사위원회를 설치해 당이 군권을 장악하고 전쟁준비 및 국방정책 수립, 군에 대한 실질적 지휘권을 행사하도록 하였다.

북한 군사문제를 분석하는 다수의 전문가들은 한국전쟁 이후

채택하였다.

7) 이춘근, 『북한의 군사력과 군사전략: 위협현황과 대응방안』(서울: 한국경제연구원, 2012), p.109.

북한이 4대 군사노선을 발표하는 1962년까지를 대외 의존기 혹은 전후 군사력 회복기라고 구분한다.[8] 그리고 1962년부터 독자전 수행능력 건설기라고 말할 수 있다. 북한이 2012년 4월 15일 김일성 출생 100주년을 기념해 강성대국 건설을 완성한 날이라고 표현하였는데, 이는 독자전 수행능력 완성일로 해석할 수 있다.

1965년부터 2년 동안 조성된 국제정세는 갈 길 바쁜 김일성 수상을 더욱 초조하게 만들었다. 한국이 전쟁의 잿더미에서 일어나 아시아를 무대로 외교성과를 거둬 고도성장의 발판을 마련하였다. 한국과 일본이 1965년 6월 국교정상화 협정을 체결하면서 한·미·일 안보협력 체제를 구축하였고, 한국의 경제발전을 위해 일본의 자본과 기술을 대폭 끌어들였다.

북한은 주민들에게 북한만이 한반도에서 유일한 합법 정부라며 한국은 미제의 식민지 상태이기 때문에 정통성을 가질 수 없다고 선전하였다. 그러나 한국 정부와 일본의 국교 수립은 북한이 주장하였던 정통성 논리를 정면으로 부인하는 결과를 초래하였다.

이동원 외무부 장관은 한·일비준서 교환식에서 "극동에 자리잡아 다 같이 자유민주주의를 신봉하는 두 인접 국가는 비로소 정상적이고도 긴밀한 유대를 맺는 발판을 마련한 것이며 나아가서 자유 진영의 결속강화에 크게 기여할 수 있게 되었다"고 벅찬 소감을 밝혔다.[9]

한국은 이어 1966년 6월 서울 중앙청에서 대만과 일본, 말레

---

8) 서원식, 『북한전략사상 신론』 (서울: 도서출판 한울, 1990), 제5장 참조.
9) 외무부 외교연구원, 『韓國外交의 二十年』 (외무부, 1967), pp.197-198.

이시아, 필리핀, 남베트남, 태국, 호주, 뉴질랜드, 라오스 등이 참석한 가운데 '아세아 태평양지역 각료회의(ASPAC: Asian and Pacific Council)'를 개막하였다. 아태 각료회의는 이후 3일 동안 워커힐호텔에서 6차에 걸친 회의를 열고 공동성명을 채택하였다. 같은 해 10월 24-27일 필리핀 마닐라에서 베트남 참전 7개국 정상회의가 개최되었다.

비슷한 시기에 한국과 미국이 서울에서 한미행정협정(SOFA)을 체결하였다. 이로써 한미 양국은 처음으로 협상 테이블에서 동등한 위상을 확보하였다. 유엔사는 미국이 주도하던 양국의 군사 관계로부터 새롭게 변한 한국의 위상을 반영하는 방안을 검토하였다.[10]

한국전쟁 초기 1950년 7월 전시라는 절박한 상황에서 잠정 조건으로 대전협정을 체결한 바, 우리나라는 미군 당국에 미국 군대에 대한 배타적 재판권을 넘겨주었다. 이로 인해 미군 당국은 미국 군대 구성원, 군속 및 그들의 가족에 의한 각종 범죄행위 등에 대해 전속적인 재판권을 행사하였으나, 한미행정협정 체결을 계기로 한국 정부가 각종 재판권을 행사할 수 있게 되었다.[11]

미국이 1965년 3월 남베트남에 지상군을 파견해 가망 없는 베

---

10) Lyndon B. Johnson, The Vantage Point: Perspectives of the Presidency 1963-1969(New York: Holt, Rinehart, and Winston, 1971), p.358; James. Finley, The US Military Experience in Korea, 1871-1982: In the Vanguard of ROK-US Relations(San Francisco, CA: Command Historian's Office, Secretary Joint Staff, HQ, USFK/EUSA, 1983), pp.114-115.
11) 외무부 외교연구원, p.205.

〈그림 II-3〉 박정희 7개국 마닐라 정상회담 참석   사진=대한민국 정부기록사진집

트남전쟁의 서곡을 울렸다. 한국군은 같은 해 9월 베트남에서 미군에 합류하였고, 1966년 10월 15일 마지막 부대가 출항함으로써 육군과 해병대 4만6천여 명을 파병하였다. 파월한국군 전력은 미군의 전투력 증강에 실질적인 도움을 가져왔다.

북한의 김일성 수상 입장에서는 1953년 7월 27일 정전협정을 체결한 이후 최초로 미군의 관심이 한반도에서 외부세계로 돌려지는 절호의 기회를 맞이하였다. 그로 인해 9사단 백마부대 병력이 한반도를 빠져나가는 시점을 계기로 남한에 대한 군사작전에 돌입하기로 작정하였다.

미국은 베트남전쟁을 수행하는 동시에 한반도에서 '제2의 전선'

〈그림 II-4〉 헬리콥터 중대 창설식
본스틸 사령관(왼쪽 첫 번째)이 참석한 가운데 헬리콥터 중대 창설식이 열렸다.
사진=대한민국 정부기록사진집

이 형성되는 것을 막아내기 위해 주력하였다. 본스틸 사령관은 한반도 분단체제를 관리하는 과정에서 다수의 희생자들이 발생하더라도 '현상 유지(Status Quo)' 기조를 유지하려고 노력하였다. 이에 대해 한국 정부의 반발은 불을 보듯 뻔하였다.

하지만 비정규 게릴라전에서 침입자 몇 명이 더 죽고, 아군 몇 명이 덜 죽는다 할지라도, 호전적 국가와 국민들을 공격해봤자 이렇다 할 이득이 없다는 것을 그는 잘 알았다. 본스틸 사령관은 "사상자 수는 중요하지 않다"면서 애써 침묵을 지켰지만, 언젠가 현상 유지 정책이 한국 정부와 본스틸 자신에게마저 부메랑으로 돌아올 것을 알고 있었다.

군사용어에서 보면 결정적인 시간과 장소에 군사력을 집중하기 위해 상대적으로 비결정적 부분에 최소한 병력을 배치하는 것을 '병력절약(Economy of Force)'이라고 부른다.[12] 본스틸 사령관은 평소 "베트남에서 무기 하나라도 (한국으로) 가져오면 절대 안 된다."고 강조하였다. 즉 병력절약 차원에서 보면 한국이 베트남에 비해 비결정적인 부분에 해당된다고 믿었기 때문이었다.

주한미군과 한국군은 우선순위에서 베트남 전쟁에 밀렸기 때문에 질적인, 양적인 결핍에 시달려야만 하였다. 예를 들면 미제7보병사단(이하 미7사단)은 평상시 2개 전차대대를 보유하였으나, 당시에는 겨우 1개의 전차대대만 굴러다녔다.

더욱이 주한미군이 보유한 무기는 최신형이 아니었다. 이들은 최신형 M16 자동소총을 지급받지 못하였고, 대신 크고 무거운 M-14 소총을 들고 뛰어다녀야 하였다.[13] 기동력과 화력이 뛰어난 M48A3 디젤엔진 탱크 또는 UH-1 터빈형 헬리콥터는 보유하지 못하였다. 주한미군은 노후한 M48A2 가솔린엔진 탱크를 몰고 다녔고, 조종사와 탑승객이 각각 1명인 OH-23 레이븐을 기동해야 하였다.

베트남 전쟁의 인력과 물자 부족을 해소하기 위해 주한미군은

---

12) Bolger, p.12.

13) 베트남에 주둔한 미 제1기병사단에 1965년 7-8월 M16 소총이 지급되기 시작하였다. 주한미군 2사단 38보병1대대에는 1968년 10월 M16 소총이 처음 도입되었다. 박기수 카투사 예비역 병장 인터뷰. 2021년 10월 1일.

	미2사단	미7사단
인원	16,810(15,057)	16,810(11,300)
헬리콥터	88(20)	88(20)
전차	135(135)	135(81)
보병대대	8(5)	8(5)
기계화보병대대	0(2)	0(2)
전차대대	2(2)	2(1)
기병대대	1(1)	1(1)

( )밖은 정규 병력, ( )안은 실제 규모. 필자 작성

병력증강 실패에 따른 불이익을 감수하지 않으면 안 되었다. 작전 측면에서 보면 병력 절약은 제 2무대에서 반전을 각오해야 하였고, 병사 측면에서 보면 당장 구체적인 이익도 없는데 개인의 목숨을 내놓아야 한다는 의미로 해석되었다.

본스틸 사령관은 불만에 가득 찬 미군과 갈수록 공격적인 한국 군을 모두 만족시켜주기 위해 잠재적 사기진작 방안을 고안해 낼 필요가 있었다. 이로 인해 주한미군 역시 베트남과 마찬가지로 단기근무 시스템을 가동하였다. 부대가 아니라 개인 단위로 전입·전출이 이뤄졌다.

그러나 주한미군은 베트남보다 1개월이 더 긴 13개월 동안 근무하였다. 본스틸 사령관은 부대에서 없어서는 안 될 필수 인력의 경우 2개월 더 근무하도록 조치하였다. 심지어 유능한 일부 장교는 더 오랫동안 한국에 남아 있지 않으면 안 되었다.

4대 군사노선과 군사적 모험주의

1960년대 들어 쿠바 미사일 사태와 중·소 이념분쟁, 미국의 베트남전쟁 개입, 일본의 군국주의 음모 부활, 남한의 5·16 군사쿠데타 등으로 인해 북한이 '국방에서의 자위 원칙'을 제시하고 구체적인 행동강령으로서 4대 군사노선을 채택하였다.[14]

북한은 1962년 12월 10-14일 조선로동당 중앙위원회 제4기 5차 전원회의를 개최해 '조성된 정세와 관련하여 국방력을 가일층 강화할 데 대하여'(국방·경제 병진노선)를 토의하고 ① 전 인민의 무장화 ② 전 국토의 요새화 ③ 전 군의 간부화를 결정하였고, 1966년 10월 5-12일 제2차 노동당 대표자회에서 ④ 군 장비의 현대화를 채택해 마침내 4대 군사노선을 확립하였다.[15]

---

14) 국방군사연구소, 『대비정규전사 Ⅱ(1961-1980)』(군인공제회 제1문화사업소, 1998), p.8.

15) 1962년 등장한 4대 군사노선은 1992년 헌법 개정을 통해 최초로 명문화하였다. 신설된 헌법 제60조는 국가는 군대와 인민을 정치사상적으로 무장시키는 기초 위에서 전군 간부화, 전군 현대화, 전민 무장화, 전국 요새화를 기본 내용으로 하는 자

앞서 1962년 11월 김광협 내각 부수상을 단장으로 한 북한의 군사대표단이 소련을 방문하였으나 빈손으로 귀국한 데 따른 후속조치였다. 중·소 대립 과정에서 북한이 중도노선을 깨고 친중 외교정책을 취한데 대한 소련의 보복 차원이었다. 소련으로부터 외면받은 북한 지도부는 독자적 군사정책을 심각하게 고려하지 않을 수 없게 되었다.

"전원회의는 전체 인민이 무장하고 우리의 방위력을 철벽 같이 강화하며 우리의 온 강토를 난공불락의 요새로, 진지로 전변시킬 데 대하여 특히 강조하였다. 전원회의는 인민군대를 간부군대로 육성할 데 대한 당의 방침을 철저히 관철함으로써 인민군 대렬(대열)을 정치 사상적으로, 군사 기술적으로 더욱 강화할 데 대하여 강조하였다."[16)

김일성 수상은 제4기 8차 전원회의에서 또 3대 혁명역량을 강화해야 한다는 원칙을 제시하였다. 북한이 해방이후 추진한 민주

위적 군사로선을 관철한다고 명시되었다. 이민룡, 『김정일 체제의 북한군대 해부』, pp.38-39;
4대 군사노선에 대한 자세한 내용은 『김일성 저작집 18(1964.1-1964.12)』(조선로동당출판사, 1982), pp.256-258. 참조.
함택영, "경제·국방건설 병진노선의 문제점", 최청호 외, 『북한사회주의 건설의 정치경제』(서울: 경남대 극동문제연구소, 1993), p.137 참조.
16) 북한은 당시 김일성의 전원회의 연설문을 공개하지 않고 있다. 외교적으로 불편한 관계를 유지한 소련을 자극하지 않겠다는 의도로 해석되었다. 관련 내용은 노동당 기관지 보도 형식을 통해 일부 공개하였다. 북한이 수정주의라는 우회적 비난을 접고 1964년 6월 제3차 아시아경제토론회에서부터 정면 반박에 나섰다. 『로동신문』 1962년 12월 16일자.

〈표 II-2〉 4대 군사노선

구 분	내 용	세 부 정 책
전 인민의 무장화	전 주민의 전투요원화	노농·적위대 창설 교도대 붉은청년근위대
전 국토의 요새화	전 지역의 요새화	주요시설 요새화 갱도화 진지 구축
		주요 산업시설· 전략물자 지하화
전군의 간부화	한 등급 높은 제대 지휘능력 보유	간부화 정책
		정병주의 통한 전력증강 및 다병주의 보완
전군의 현대화	현대전 및 전면전 대비	최신 무기 및 기술 도입, 개발, 보강
		기갑화·기계화 및 핵투발 수단 보유 포병 자주화 및 사정거리 극대화

출처: 정성임, 「조선인민군: 위상·편제·역할」, 세종연구소 북한센터 편,『북한의·국가기구·군대』(서울: 한울아카데미, 2007), p.492

기지론을 발전시켜 북한과 남한, 국제적으로 통일의 객관적 환경을 조성해야 한다는 것이다.

"오늘 혁명이 승리하기 위하여서는 세 가지 혁명력량(역량)이 잘 준비되어야 합니다. 그 첫째는 북조선의 혁명력량이며, 둘째는 남조선의 혁명력량이며, 셋째는 국제적 혁명력량입니다."

북한은 대남혁명전략 3단계를 완성하였다. 제1단계(1953-1962)는 북한을 혁명기지로 삼고 정치·경제·군사적 역량을 강화해 나가기로 하였다. 제2단계(1962-1969)는 남한에서 혁명역량을 강화하는 방안이었다. 마지막 제3단계는 1970년 이후로 국제적 혁명역량 잠재력과 남한 주민의 혁명 잠재력을 결합시키고자 하였다.

김일성 수상은 "북반부의 혁명력량을 정치, 경제, 군사적으로 더욱 강화해야 한다"며 이 가운데 군사적 혁명역량 부분에 대해 혁명의 전취물을 보호하고 혁명의 승리를 보장하기 위해 4대 군사노선을 구현해야 한다고 강조하였다.

김일성 수상은 "조국해방전쟁 1계단 때에 인민군대가 정규전과 유격전을 잘 배합하였다면 부산까지 해방하였을 것"이라며 비정규전에 대한 아쉬움을 표시하였다.[17] 김일성 수상은 1966년 10월 5일 제2차 노동당 대표자회에서 남한에서의 혁명을 주제로 강연하면서 '배합작전과 2개전선'이라는 북한군의 새로운 교리를 소개하였다.

> "우리 조국의 통일과 조선혁명의 승리를 위하여서는 공화국 북반부에서 혁명과 건설을 적극 추진시키는 동시에 남조선에서 혁명 력량(역량)을 강화하고 혁명투쟁을 발전시켜야 합니다.
> 더우기(더욱이) 오늘 우리의 혁명기지가 불패의 력량으로 되고 있는 조건에서 조선혁명의 전국적 승리는 남조선에서의 혁명

---

17) 김일성, "현 정세와 인민군대 앞에 나서는 몇 가지 정치군사 과업에 대하여", 『김일성 저작집』 24권(평양: 조선로동당출판사, 1983), pp.282-283.

력량의 강화 여하에 크게 달려 있습니다. …(중략)… 남조선에서
는 이러한 좌·우경적 편향을 경계하면서 조성된 주·객관적 정세
에 맞게 정치투쟁과 경제투쟁, 폭력투쟁과 비폭력투쟁, 합법투
쟁과 비합법투쟁 등 여러 가지 투쟁 형태와 방법을 옳게 배합하
여 혁명운동을 발전시켜나가야 할 것입니다."[18]

폭력투쟁의 강조는 북한군 특수부대 대남무력도발로 나타났다.
이로 인해 김일성 수상의 해당 연설이 발표된 1966년 10월 5일을
제2의 한국전쟁 개시일로 보는 견해가 우세하다.[19]

앞서 북한 노동신문은 1966년 8월 "사상에서의 주체, 정치에서
의 자주, 경제에서의 자립, 군사에서의 자위"를 내세우면서 중국과
소련에 대한 중립적 태도를 표방하였다.[20] 북한은 군사·경제적 실
리를 위해 소련에 의존해야만 하였으나, 이념적으로 중국의 민족
해방투쟁노선을 지지하였다. 이로써 중·소 양국의 눈치를 살피면
서 등거리 외교정책을 추진하기에 이르렀다.

북한의 자주외교노선은 중국과 소련 양쪽으로부터 지원이 끊기
거나 줄어드는 결과를 초래하였다. 믿는 도끼에 발등이 찍힌 결과,
북한은 경제건설의 실패를 감수하지 않으면 안 되었다. 이에 따라

---

18) 조선로동당출판사, 『김일성저작집(20)』 (평양종합인쇄공장, 1982), pp.448-458.
19) 북한이 한반도에 주둔한 유엔군사령부를 상대로 선전포고하였다는 분석이 나왔
    다. Manny Seck, The Quiet Victory, The US Army in the Korean Demilitarized Zone
    1953-2004(Charles Town, West Virginia: American Public University System, 1
    June, 2011), p.15; John Kerry King, "Kim Il-Sung's New Military Adventurism", p.7
20) 『로동신문』 1966년 8월 12일자

김일성은 1966년부터 외교역량을 제3세계에 투입하였다. 북한이 제3세계를 위주로 국제적 지위를 향상시킴으로써 대남혁명에서 유리한 고지를 차지할 수 있다는 계산이 깔려 있었다.[21]

1960년대와 1970년대에는 전쟁발발 직전과 같은 초긴장 상태가 조성되었고, 남북대화 개최라는 화해협력 시도가 동시에 이뤄지는 등 역동적 안보상황이 연출되었다. 그 중심에는 김일성 수상의 군사적 모험주의(Military Adventurism)가 자리 잡고 있었다.

특히 1967년 북한 노동당 제4기 제15차 전원회의에서 갑산파 숙청을 계기로 북한의 군사적 모험주의는 본격화되었다. 항일유격대 출신 북한군 총정치국장 허봉학이 대남사업국장을 맡으면서 북한의 대남정책이 강경노선으로 전환된 것이었다.

북한의 침투전술은 '아무리 강한 쇠도 모루에 대고 망치로 두들겨대면 꺾인다'는 망치와 모루(Hammer and Anvil Tactic) 전술에서 비롯되었다. 모루는 저지하는 부대이기 때문에 보병들이 배치되고, 실질적인 타격을 가하는 망치는 전차부대 또는 특수부대를 투입한다. 정면에서 대치 상황을 벌이면서 측면과 후방을 공격해 상대방을 무너뜨린다는 전술이다.

1968년 1월 기준 북한군 입장에서 보면 비무장지대에 배치한 제6사단과 제8사단(이상 제2군단), 제15사단, 제45사단(이상 제7군단) 등이 모루부대(저지부대) 역할을 하였고, 제124군부대와 제

---

21) 북한은 이집트를 비롯한 34개국에 6,600명 군사요원을 지원하였고, 시리아를 포함한 39개국으로부터 6,100명의 군사요원 수탁훈련을 실시하였다. 북베트남에 군사장비를 지원하고 멕시코와 미얀마 등에는 폭력혁명을 수출하였다. 국방부 군사편찬연구소, 『국방사건사 제1집』, p.38

〈그림 Ⅱ-5〉 망치와 모루 전술
사진=반종빈 연합뉴스 그래픽뉴스팀장

283군부대, 제17정찰여단[22] 등이 망치부대(타격부대)로 활용된 셈이었다.

1960년대 북한의 무력도발 특징은 육상침투 도발이 빈번하였다는 점이었다. 비무장지대 전 지역에 걸쳐 매일 북한군 침투도발이 발생하였고, 미2사단이 맡았던 경기도 파주 지역에서 1일 평균 4회 침투도발 시도가 적발되었을 정도다.[23]

지역별로 살펴보면 경기도 파주 지역에서 297건이 발생할 정도로 압도적 결과를 보였다. 이는 파주 지역을 통과하면 짧은 시간에

---

22) 정찰총국 산하 최대 규모인 제17정찰여단은 공수침투와 게릴라전을 수행하기 위해 1961년 창설되었다. 해당 부대는 신속한 기동력을 확보하기 위해 최대 10명이 탑승 가능한 An-2 콜트기 30-50대를 보유하였다. Special Intelligence Estimate Number 14,2-69 「Confrontation in Korea」(United States Intelligence Board, 30 January 1969), p.7

23) 이윤규, 「북한의 도발사례 분석」, 『군사』 91호(2014.6), p.77

〈그림 II-6〉무장공비 소탕작전   사진= 국가기록원

수도권까지 침투할 수 있으며, 파주 일대에 주둔한 미군의 피해를 유발해 주한미군 철수여론을 조성하기 위한 차원으로 풀이되었다.

1965년 이후에는 단순한 침투도발 차원을 넘어 아군 지역에 침투해 막사와 감시초소 그리고 작업 인력과 식수 또는 보급 운반조, 수색 및 매복 작전 병력 등을 가리지 않고 무차별 공격하였다. 아군의 이동통로를 사전에 파악해 지뢰 또는 TNT를 매설해 인명을 살상하거나 차량을 파괴하는 행위를 일삼았다.

특히 1967년에 남파된 간첩들은 중무기를 소지하고 소조 또는 부대 형태로 활동하면서 베트콩식 전법을 사용하였다. 북한 당국이 소규모 특수부대를 침투시켜 국가 원수와 지도층을 살해하거나 특정 지역을 해방구로 만드는 공산화 방식을 채택한 것이었다. 이로 인해 정전협정이 체결된 이후 14년 만에 비무장지대에서 군

사적 충돌위험이 최고조로 증가하였다.[24]

심지어 4월 12일에는 북한군 침투조의 공격을 받은 한국군 7사단이 비무장지대에서 6시간 넘게 혈전을 벌이는 과정에서 비무장지대에 포격을 요청하였다. 이로 인해 1953년 7월 27일 정전협정 체결 이후 최초로 비무장지대에 대해 585발 포사격이 이뤄졌다.[25]

6월에만 전국 7곳에서 다수의 무장간첩이 경찰과 교전을 벌여 총 19명이 사살되고 3명이 생포되었고, 우리 측에서 민간인을 포함한 11명이 사망하고 9명이 부상하였다. 비교적 규모가 컸던 삼척대간첩작전의 경우에는 무장간첩선과 20여 명의 무장간첩이 숨어 있었고, 그 중 2명을 사살하고 1명을 생포하였다

수중 침투도발 역시 적지 않았으며, 1960년대 초반 한강과 임진강 하구를 이용하였고, 1965년 이후에는 경기도 연천군 임진강 상류를 침투 무대로 삼았다. 북한군이 강물에 수영하면서 침투하는 사례가 많았지만 소형 잠수정과 쾌속선 선박을 동원하는 경우도 적지 않았다.

---

24) Bernd Schaefer, "North Korean Adventurism and China's Long Shadow, 1966~1972, "CWIHP, Woodrow Wilson International Center for Scholars, Working paper Series#44, p.20

25) Manny Seck, "The Quiet War: The US Army in the Korean Demilitarized Zone in 1953-2004"(West Virginia: American Public University System, 1 June, 2011), p.22

'인간병기 공장' 특수8군단 탄생

한국전쟁이 끝나고 북한의 대남공작기구는 노동당 연락부, 민족보위성[26] 정찰국, 내무성 반탐정처 등으로 분류되었으나, 1961년 1월 노동당 연락국으로 통합 개편되었다. 초대 국장에는 노동당 중앙위원회 부위원장 이효순을 임명하였다.[27]

1964년 2월 노동당 제4기 8차 전원회의에서 대남전략을 무력통일전략으로 전환하였고, 노동당 연락국을 대남사업총국으로 바꾸었다.[28] 1967년 5월 노동당 제4기 15차 전원회의에서 대남사업 실패에 대한 책임을 물어 이효순 대남사업총국장을 숙청하였고, 허봉학 총정치국장이 대신 발탁되었다.

북한은 제283군부대와 제124군부대를 차례로 창설해 1968년

---

26) 우리 나라 국방부에 해당하는 북한의 민족보위성은 1948년 9월 내각 출범할 때 조직되었다. 1972년 12월 제5기 내각 때 인민무력부로 개편되었다.

27) 중앙정보부, 『북한대남공작사 제2권』 (1973), p.125.

28) 김일기·김호홍, 『김정은 시대 북한의 정보기구』 (국가안보전략연구원, 2020), p.25.

한 해 동안 청와대를 기습공격하고 울진·삼척지구에 대규모 침투작전을 전개하였다. 하지만 당초 기대와는 달리 대남침투공작이 처참한 실패로 끝남에 따라 북한은 이듬해 초 특수8군단을 새로 설립하기에 이르렀다.

특수8군단은 제124군부대에서 차출한 기간요원들을 주축으로 하는 동시에 제283군부대와 제17정찰여단을 해체하고 특수8군단으로 확대 재편한 것이었다. 다시 말해 기존의 제124군부대와 제283군부대, 제17정찰여단을 통합한 특수8군단이 북한군 비정규전과 대남특수작전을 총괄하는 컨트롤타워로 급부상하였다. 동시에 비군사 분야에 대한 정보작전은 노동당 연락부와 사회안전성이 담당하는 등 투트랙(Two Track)으로 운영되었다.

특수8군단은 모든 특수부대에 대해 행정적, 기술적 지원을 제공하였으며, 공수 및 상륙 경보병여단, 전방 군단지역에 소속되지 않은 정찰 및 경보병여단에 대해 평시 작전통제권을 행사하였다. 전방 군단지역 정찰 및 경보병여단은 평시에 해당 군단사령부의 작전통제를 받았지만 전시에는 특수8군단의 지휘를 받았다.

특수8군단 출범을 계기로 전방지역 집단군 사령부가 통제하던 경보병 연대들을 여단 규모로 증편하는 개편작업이 진행되었다. 정찰여단 중 4개 여단은 특수8군단에 예속되었고, 나머지 여단들은 뿔뿔이 흩어졌다.

후방지역 집단군들은 전방지역 집단군보다 훨씬 감소된 규모의 경보병 부대들을 인수하였다. 후방지역 집단군들은 경보병 대대를, 예하 사단들은 경보병 중대를 각각 인수하는데 그쳤다.

〈그림 Ⅱ-7〉 북한군 특수부대 훈련모습 　　　　　　　사진=연합뉴스

집단군 도보정찰소 역시 구조조정 칼날을 피해가지 못하고 특수8군단 또는 정찰여단에 각각 합류하였다. 이로 인해 1970년 기준으로 북한군 특수부대원은 약 1만5,000명에 달하였다.

김일성 수상이 1970년 11월 제5차 노동당대회에서 유격전 활용의 중요성을 적극 강조하였다. 특수8군단이야말로 북한군 최강의 정예부대이며 유일한 전위부대라고 추켜세웠다.

"우리나라는 산과 강하천이 많고 해안선이 긴 나라입니다. 우리나라의 이와 같은 지형조건을 잘 리용(이용)하여 산악전과 야간전투를 잘하고 대부대 작전과 소부대 작전, 정규전과 유격전을 옳게 배합하면 비록 최신 군사기술로 발톱까지 무장한 적이

〈그림 Ⅱ-8〉 북한군 특수부대 철조망 통과 　　　　　　　　 사진=연합뉴스

　라 하더라도 얼마든지 격멸할 수 있는 것입니다. 우리나라에서
의 지난 조국해방전쟁의 경험이 이것을 증명하여주며 오늘 웰남
(베트남) 전쟁의 경험이 또한 이것을 증명하여주고 있습니다."[29]

　북한군은 특수8군단을 중심으로 대규모 게릴라 부대로 탈바꿈
하였고, 게릴라식 비정규전 개념으로 편성과 교리를 발전시켜 나
갔다. 은밀한 침투와 신속한 이동을 보장하기 위해 휴대 무기를 소
형화·경량화하였고, 다용도 공작장비들을 개발하였다. 궁극적으
로 소련군 특수부대인 스페츠나츠 부대와 필적할만한 전투 능력을
갖춘 부대로 거듭난다는 것이었다.

---

29) 『김일성 저작집 25(1970.1-1970.12)』 (조선로동당출판사, 1983), p.294.

1) 북한군 태동과 전쟁 및 재건기(1939-1962년)[30]

북한군은 김일성을 중심으로 만주 또는 중국과의 국경지대에서 항일무장투쟁을 벌였던 빨치산파와 중국 공산당과 함께 항일운동을 전개한 연안파,[31] 소련으로부터 이주한 한인 2세들로 구성된 소련파, 조국광복회 갑산 지부에서 활동하였던 갑산파 등이 주요 인맥을 형성하였다.

북한군이 비정규전을 수행하는 과정에서 지휘관의 정치적 배경에 따라 접근 방법이 달라졌다. 예를 들면 조선의용군이나 연안파 출신이 지휘관으로 임명되면 마오쩌둥의 게릴라전술을 선호하였고, 갑산파 또는 소련군 출신 지휘관이 들어서면 유격전을 선호하는 경향을 보였다.

연안파는 중국 공산당 지도부가 자리 잡은 연안[32]을 중심으로 항일운동을 전개하면서 생겨났다. 주로 1942년 7월 산시성 태항산(太行山)에서 조직된 화북조선독립동맹과 조선의용군에서 활동하였다. 총사령 김무정이 지휘한 조선의용군은 중국 공산당과 손잡고 무장투쟁을 벌였고, 중국 공산당으로부터 무기와 탄약을 지

---

30) Bermudez Jr., p.13

31) 일제하 중국 연안 지방을 중심으로 중국 공산당 아래에서 항일투쟁을 전개하였던 세력이다. 조선인 좌파들은 1942년 화북조선독립연맹을 결성하고 그 산하에 조선의용군을 두었다. 이 조직이 연안파라고 불리는 연안독립동맹 계열의 본산이다. 독립동맹계열 인사들이 해방공간에서 투쟁경력이나 명망성, 인적자원이 가장 풍부한 집단이었다. 이종석, 『조선로동당연구: 지도사상과 구조변화를 중심으로』 (역사비평사, 1995), p.165.

32) 중국 공산당 2만5천리 장정(長征)의 종착지로서 혁명의 성지로 불린다.

급 받았다.

　김두봉은 1945년 8월 일본의 패망 직전에 조선의용군 4개 대대를 이끌고 압록강을 넘어 한반도 진출을 시도하였다. 하지만 소련 군정은 국경을 넘어온 조선의용군을 무장·해제시키고 추방하였다. 김두봉이 강력히 항의하였으나 허사였다. 중국 공산당은 조선의용군 2,000명을 만주에 진격시켰고, 조선의용군은 현지 조선인 청년들을 규합해 중국인민해방군 제164사단과 제166사단, 독립 15사단 등으로 확대·개편되었다.

　중국인민해방군이 1949년 중반 164사단과 166사단을 북한에 파견해 북한군 5사단과 6사단으로 각각 개편하기에 이르렀다.[33] 독립 15사단은 이듬해 4월 열차를 타고 원산에 도착해 북한군 12사단으로 탈바꿈하였다. 이밖에 조선의용군이 주축을 형성한 선양 혼성단과 철도병단 조선족부대 등이 가세해 북한군 전력이 크게 증대하였다.

　김일성과 최현이 지휘한 동북항일연군이 1937년 6월 조국광복회 협조를 받아 량강도 보천군 보천읍 경찰주재소 등을 습격하였다. 당시의 동북항일연군이 거둔 전과는 미미한 것으로 전해졌으나 이로 인해 '갑산파'가 생겨났다. 동북항일연군은 1939년까지 일본군을 상대로 활발한 무장투쟁을 전개하였다.

　김일성의 부대는 1940년 3월 홍기하 전투를 마지막으로 일제의 토벌작전을 피해 다녔고, 1940년 11월 소·만 국경을 넘어 소련 영

---

33) 중국 『연변일보』 2008년 10월 13일자.

내로 도주한 것이었다.[34] 김일성은 소련 극동군사령부 정찰국 소속 88여단 대위로 임관하였고, 1945년 9월 500여 명의 지지자들을 이끌고 북한으로 귀국하였다.

김일성은 이듬해 2월 북한 임시인민위원회를 설립하였고, 7월에는 북조선민주주의민족통일전선의 위원장으로 선출되었다. 1948년 9월 공산 정권을 창건하고 초대 수상에 올랐고, 이듬해 2-3월 모스크바를 방문해 소련과 군사와 경제, 문화 원조를 받는다는 내용의 협정에 조인하였다.

김일성은 한국전쟁 패배의 책임을 물어 박헌영을 비롯한 남로당파를 숙청하였고, 1950년대 중반 격화된 반종파 투쟁에서 연안파와 소련파등이 숙청되거나 당에서 쫓겨났다.

1960년대 말에는 김일성 후계구도 문제로 갑산파 역시 숙청의 칼날을 피해가지 못하였다. 갑산파 숙청 과정에서 부상한 김정일이 후계자로 자리 잡으면서 김일성을 우상화하는 개인숭배 작업을 가속화하였던 것이었다.

연안파 군사교리는 마오쩌둥의 '게릴라전' 서적과 중국의 공산혁명 과정에서 터득한 경험 등을 기반으로 하였다. 마오쩌둥의 비정규전 개념은 농민 계층에 대한 정치사상 주입, 교육, 대중동원에 초점을 맞춰졌기 때문에 전투보다 조직과 교육, 대중동원, 선전선동 등을 강조하였다.[35]

---

34) 이종석, 위의 책, p.233.
35) 마오쩌둥은 게릴라와 대중의 관계를 물고기와 물고기가 헤엄치는 물에 비유하였다. 만약 정치적 수온이 적절하면 물고기는 비록 그 수가 적더라도 생존하고 번식한다는 것이다. 따라서 모든 게릴라 지도자들이 관심사는 수온을 맞춰서 물고기를

연안파는 규모와 이념 및 사상교화, 군사경험 등에서 압도적 우위를 차지하였으나 김일성을 중심으로 한 빨치산파 등에 밀려 대대적인 숙청을 당하는 바람에 주요 입지를 차지하는데 실패하였다.

이에 비해 갑산파는 비정규전 개념에서 투쟁의 정치적 측면을 최소화하는 반면, 국가와 군대의 필요성에 입각한 군사작전에 무게를 실었다. 이러한 개념은 북한군 특수부대 작전의 표본이 되었고, 제2차 세계대전에서 소련군 유격전 교리를 바탕으로 하였다.

이들 유격부대는 야간 작전과 매복을 기본 임무로 삼았고, 차량화 보병종대와 집결지, 보급 집적소, 탄약수송 수단과 비행장 및 열차수송 수단 등에 대한 공격, 교량 및 도로 폭파, 전신전화선 파괴 등을 위주로 편성되었다.

김일성은 연안파 출신 군부대 하급 장교와 관리들까지 숙청하는데 주력하였다. 하지만 중공군이 존재하는 상황에서 효과적으로 숙청작업이 이뤄지지 않았으며, 1958년 연안파 출신 장평산 상장이 주도한 쿠데타 불발과 8월 종파 사건을 계기로 연안파들을 제거하는데 성공하였다.

중공군 철수를 계기로 북한군은 과거의 게릴라전과 유격전을 대체하는 독창적인 게릴라전을 확립하게 되었다. 북한은 한국전쟁에서 게릴라전과 유격전이 실패한 원인을 분석하고 소련군의 현대전 교리를 북한군에 적합한 교리로 발전시켜 북한군의 독창적인 교리를 만들어냈다.

유지하는데 두어야 한다는 논리다.

이를 위해 비정규전 및 정보작전 부대를 대대적으로 개편해 국가정보위원회와 내각 정보위원회, 조선노동당 연락부, 정찰국, 총정치국, 내무성의 안전국 등으로 재편하였다.

1960년 4월 이승만 정권에 항거한 학생시위와 1961년 5월 군사쿠데타로 인한 남한의 정국혼란 상황을 군사작전으로 연결하지 못하였다는 뼈아픈 반성은 북한의 정보기구 개편으로 이어졌다.

이로 인해 대다수의 비정규전 부대와 정보 부대는 해체되었고, 도보정찰여단과 경보병연대가 창설되었다. 과거의 지부와 게릴라 및 저격부대의 기간요원들을 중심으로 도보정찰여단을 편성하였고, 정찰국 예하 3개 도보정찰본부에서 3천 명 가량이 활동하였다.

또 해체된 군단 및 사단급 정찰 및 게릴라부대를 중심으로 경보병연대를 창설해 전방지역 집단군 사령부에 배치하였다. 북한은 1961년 9월 노동당 제4차 대회를 개최한 결과 남북협상이나 평화통일 같은 가면을 벗어던지고 노골적으로 '민족해방민주주의혁명' 전개를 결정하였다.[36]

2) 대남 게릴라전 전개기(1962-1968년)

북한은 대남혁명전략 3단계를 구상하였다. 제1단계(1953-1962)는 북한을 혁명기지로 삼고 정치·경제·군사적 역량을 강화하

---

36) 임동원, p.307 재인용

는 것이었다. 이어 제2단계(1962-1969)는 남한에서의 혁명역량을 강화하는 방안이었다. 북한은 1962년 12월 자위와 자존이라는 군사정책을 발표하였다. 마지막 제3단계(1970년 이후)는 국제적 혁명역량 잠재력과 남한 주민의 혁명 잠재력을 서로 결합시키는 것이었다.

북한은 1962년 베트남 분쟁과 남한의 정치상황 변화 등으로 인해 새로운 비정규전 교리를 개발하였다. 1965년을 전후해 남한에서 반정부 시위가 격화되고 한국 정부가 베트남전쟁에 전투부대를 파견하자 더 이상 간과할 수 없다는 판단을 내렸다.

이에 따라 1965년 6월 시점으로 소규모 게릴라부대를 남한에 침투시키기 시작하였다. 북한군은 한미 연합군의 4단계 방어망 가동으로 지상 침투가 어려워지자 공수 및 상륙 경보병 부대를 발전시키기 위한 주요 전력증강계획에 착수하였다.

북한은 1960년대 초 낙하산훈련을 시작하였고, 1968년 최소한 2개의 공수부대를 창설하였다고 한다. 이들 공수부대들은 제17정찰여단을 점진적으로 공정경보병여단으로 개편하면서 창설하였다.

또 1950년대 말부터 1960년대 초까지 제한된 상륙전 수행능력만 보유하였지만, 재래식 상륙함정을 도입하고 경보병부대를 상륙경보병연대로 점진적으로 개편해 나간 것이었다. 총참모부 직할부대인 제23보병여단을 해체해 상륙경보병 전력으로 충원하였을 가능성이 높다.

북한군은 1967년 3월 비정규전을 효율적으로 수행하기 위해 특수부대들을 창설하였다. 북한군이 도보정찰여단과 경보병연대에서 정예 요원을 선발해 제124군부대와 제283군부대[37]를 만든 것이었다. 두 부대는 각각 예하에 9개 부대들을 거느렸으며, 이들은 남한 9개 행정단위를 담당하도록 훈련 받았다.

하지만 이들 부대 사이에는 편성과 임무, 작전상 어떠한 차이점이 있는지 여부는 확인되지 않았다. 두 부대는 북한 지도부에 전략적 의미를 부여할 수 있는 특수 임무를 수행하기 위해 별도의 다른 조직으로 운영되었다

민족보위성 정찰국 직속부대인 제124군부대원들은 담당 지역에 대해 집중적인 숙지 훈련을 반복하였다. 침투요원들은 남한의 후방 지역에 침투해 정찰과 간첩 활동, 체제전복 시도, 태업 활동 등을 전개하고, 지방의 동조세력을 규합해 비정규전 부대를 조직하도록 훈련받았다.

제124군부대는 산악을 이용한 유격훈련을 집중적으로 실시하였다. 평지도 아닌 북한의 험준한 산악지형을 십분 활용해 한 시간에 8-10km를 돌파하도록 훈련받았다. 40kg이 넘는 완전군장을 메는 것은 기본이었고, 발목에 1kg 모래주머니를 차고 산악을 달렸다.

모래주머니를 발목에 차고 훈련한 결과 발목 힘은 단련되었지만

---

37) 제283군부대는 1967년 초 평안남도 강동군 내덕리에 훈련장을 설치하고 확보하고 비밀 아지트 건립과 요인 납치, 포섭공작, 사격훈련, 산악훈련, 격파훈련 등을 실시하였다. 제283군부대는 태백산맥에 4개소, 지리산 일대에 4개소 유격근거지를 설치해 남한에서 유격전을 전개한다는 방침이었다. 하지만 침투초기부터 아군의 대간첩작전에 의해 생포되고 사살되며 전멸되다시피 하였다. 제283군부대에 대한 자세한 내용은 김신조, 『실화수기 1·21의 증인』(대한승공교육문화사, 1971), pp.88-95 참조.

신체 균형이 무너진다는 지적이 나왔다. 그래서 30kg 모래주머니를 등에 짊어지고 뛰도록 훈련시켰다. 벼랑에서 추락해 하반신 마비가 되었거나 스스로 목숨을 끊는 사례도 빈번하였다.

산악훈련을 5개월 이상 매일 지속한 결과 부대원들이 시속 12km속도로 산악을 달리는 '인간 다람쥐'가 되었다. 탄알 30발을 지급받은 부대원들이 산악코스를 달리다 16개 목표물을 명중하는 훈련도 실시되었다. 갑자기 표적이 등장하지만 두 발 이상 총알을 쏘지 않도록 교육받았다.

이재영 초대 부대장은 "124군부대의 창설 목적은 첫째 1970년대에 남반부 적화통일을 위한 공작 임무이고, 둘째 남반부를 정치, 경제, 문화, 군사, 사회적으로 파괴방해하고, 셋째 남반부 후방을 교란시켜 민심을 공포에 몰아넣으며, 넷째 남반부 집약적 군사력을 분산와해시키며, 다섯째 국제정세를 우리에게 유리하게 유도하는데 있소."라고 부대의 활동목표를 제시하였다.

김신조씨는 제124군부대에서 상사로 근무하면서 월급 67원을 받았다. 일반 부대의 상사들이 3원20전 받는데 비하면 하늘과 땅 차이 수준이었다. 당시의 남한 화폐로 추산하면 6천700원에 해당하였기 때문에 군당위원장급에 해당하는 파격적 대우를 받은 것이었다.[38]

---

38) 김신조, 『실화수기 1·21의 증언』, p.127

3) 특수8군단 시대(1969-1983년)

제124군부대를 해체하고 특수8군단을 출범시키는 과정에서 북한군 정찰국 소속의 도보정찰소를 해체하고 해당 요원들을 특수8군단과 정찰여단에 흡수시켰다.

특수8군단에 대한 지휘 및 통제 체계는 김일성 수상으로부터 중앙인민위원회 및 국방위원회를 통해 인민무력부 및 총참모부, 특수8군단 그리고 예하부대들로 이어졌다. 특수8군단은 지휘부와 참모부, 정치과, 정치보위과, 후방근무과, 훈련대, 학교 및 훈련시설들로 구성되었다.

특수8군단의 주요 임무는 총참모부 또는 군단장이 필요로 하는 정보제공을 비롯해 한국의 정치요인 및 한미 양국군의 고급지휘관 납치 내지 암살, 한국 내 군사 및 정치 정보망을 구축, 비행장과 유류 저장시설, 병참선 등을 차단하거나 탈취해 다른 특수부대들을 지원 그리고 한반도 이외 지역에서의 특수작전, 외국 정부와 혁명조직, 테러집단에 대한 군사훈련 제공 등을 들 수 있다.

전방지역 군단 정찰여단은 평시에는 해당 군단사령부 정찰과(G-2)의 작전통제를 받으며, 전시에는 특수8군단의 지휘를 받는다. 5-10명으로 구성된 정찰팀 분대는 통상 북한군 해군과 공군의 지원을 받아 침투작전을 수행하였다.

특이사항은 북한군이 특수부대 대명사격인 공수부대를 이용한 침투를 시도하지 않았다는 점이다. 한국전쟁 당시 유엔군의 공군력이 워낙 막강하였고, 한미 양국이 그물처럼 촘촘한 조기경보시스템을 가동하였기 때문으로 풀이 되었다. 거기다 북한은 숙련된 조종사와 수송용 항공기가 절대적으로 부족하였고, 낙하 훈련과 공중 낙하 작전을 수행한 경험도 부족하였다.

이에 따라 북한군 공군은 방공과 공대지 공격에 주력하였을 뿐 특수작전을 추진할 여력이 없었다. 상대적으로 비무장지대와 해안지역을 통한 침투작전을 진행하였기 때문에 공중침투는 거의 드물었다고 볼 수 있다. 북한군은 한

〈그림 II-9〉 북한군 124군 침투장비
사진= 국가기록원

국전쟁 기간 규모가 크지는 않았지만, 유엔군의 공수작전과 공중 보급 능력에 허를 찔렸다는 반응을 보였다.

하지만 1950년대 공수능력을 향상시킬 계기를 마련하지 못하였다. 북한군은 1960년대 초부터 낙하산 훈련을 실시하였고, 1968년 최소한 2개의 공수부대를 창설하였다고 알려졌다.

한미 양국의 통합장벽시스템에 따라 지상침투가 힘들어지자 북한군은 공수 및 상륙 경보병부대를 창설하는 등 주요전력 증강계획에 착수하였다. 북한군은 1965년 말부터 12개 연대·여단 규모의 비정규전 부대를 양성하였다.

북한군은 1950년대 말부터 1960년대 초까지 제한된 형태의 상

〈표II-3〉 북한·미국·소련 특수부대 비교

북 한	미 국	소 련
경보병	유격대	Raydoviki
공수경보병	특전부대/유격부대	공정/Raydoviki
정찰	특수부대	Vysotniki/GRU
상륙경보병	해병대/SEAL	해병대/해군특공대

Bermudez, op cit, p.5.

륙전 수행능력을 보유하였다. 어선과 정크선, 삼판선 및 소수에 불과한 정규 상륙용 선박 등을 동원해 남한의 동해안과 서해안에 상륙침투작전을 실시하였다.

하지만 1960년대 중반에 들어서면서 북한군은 대남침투 목적의 상륙작전 수행능력을 배가시켰다. 재래식 상륙함정을 도입하였고, 일부 경보병부대를 상륙경보병연대로 개편하였던 것이었다. 한국전쟁 기간 동안 서해안 일대에서 도하작전을 실시한 제23보병여단을 해체하고 대신 상륙경보병연대를 창설한 뒤 다시 3개의 상륙경보병여단으로 발전시켜나갔다.

북한이 야심을 갖고 출범시킨 특수8군단 출신들의 귀순 사례가 늘어나면서 실체가 많이 노출되었고, 평안북도를 담당한 정규 8군단과 혼선을 초래하는 경우가 많았다. 이에 북한 당국은 1983년 특수8군단을 특수전 부대인 경보교도지도국에 통합시켰다.

경보교도지도국은 11군단을 거쳐 현재의 특수작전군으로 편성

〈표 II-4〉 북한군 특수부대 규모

시기(년)	1969	1978	1982	1988	2004	2008	2020
규모(명)	1만5천	4만1천	8만1천	10만	12만	18만	20만

출처: 국회 사무처, 제63회 국회 국방위원회 회의록 제4호 p.2; Joseph S. Bermudez,
North Korean Special Forces 2nd ed.(Naval Institute Press, 1998), p.7;『국방백서』
1988·2004·2008·2020 필자 재구성.

되었다. 대외적으로 제630대연합부대라는 단대호[39]를 사용한다. 특수작전군에는 525 특수작전대대를 비롯해 8개 항공육전대(우뢰), 2개 해상저격여단, 4개 정찰여단, 10개 경보병여단(번개), 4개 저격여단(벼락), 5개 혼성여단 등으로 구성된 것으로 알려졌다.

저격여단은 유사시 전선을 돌파해 후방교란을 목적으로 하는 침투부대로서 30세 미만의 청년 군관들로 편성되었다. 일명 '청년 돌격여단'이라고 불렀다. 전체 병력의 60% 정도는 부사관급으로 구성하였다. 특히 여성들로 구성된 '모란꽃' 소대는 후방에 침투해 유흥업소 접대부로 근무하면서 요인암살이나 포섭, 정보수집 등의 특수한 임무를 수행하는 것으로 알려졌다.[40]

북한군은 정전협정에 따라 비무장지대 안에 주둔할 수 있는 민정경찰중대로부터 최신 정보를 보고 받거나 침투조 안내를 맡도록 조치하였다. 북한군 침투조들은 고난도 훈련을 받은 뒤 반복적으로 연습하고 철저하게 세뇌된 탓에 폭파와 독도법, 소규모 부대 전

---

39) 대외적으로 부대 노출을 피하기 위해 숫자로 표시하는 부대명
40) 이민룡, 『김정일 체제의 북한군대 해부』, p.152.

술 등에 능수능란하였다.

그들은 도피 훈련도 받았다. 통상적으로 3-12명 단위 소규모 부대로 침투해 한국 후방에서 임무를 수행하였다. 노동당 연락부가 북한군 총정치국을 통해 침투 업무를 감독하였다.

북한군 침투조들은 아군과 조우하면 교활하고 공격적으로 맞섰다. 매복, 포위망에 걸리면 항복하는 경우는 거의 드물고 수류탄으로 자폭하는 사례가 많았다. 개인적으로 보았을 때 1966-69년 북한군 침투요원들이 미군이 전 세계에서 상대해야할 대상 가운데 가장 버거운 적수였을 것으로 판단된다.

북한의 특수부대별 도발 양상

1) 정찰여단

> "정찰여단은 평시에는 대남 침투와 정보수집 업무를 수행하기 위해 운영되며, 전시에는 주 전투지역 후방으로 침투해 한미연합군의 방어작전 노력을 교란하며 전술표적을 선별적으로 타격할 것이다."
>
> —미국 DIA—

북한군은 한국전쟁 당시부터 정찰부대를 운영하였고, 정전협정이 체결된 이후에는 정찰부대들을 통폐합하고 전투력 개선작업을 단행하였다. 이 과정에서 일부 정보 및 정찰부대를 해체하고 대신 저격부대를 창설해 1960년대 초반까지 운영하였다.

과거의 게릴라 및 저격부대의 기간요원들을 중심으로 3,000명 규모의 도보정찰여단을 편성하였고, 정찰국 예하의 3개 지역 사령부인 도보정찰소에 배치하였다.

민족보위성 노동당위원회 결정에 따라 전체 정찰병들은 1962

년 2월 중순부터 2천리 강행군을 실시하였다. 2천리는 한반도 남단에서 북단까지 전체길이에 해당한다. 김신조[41]가 소속되었던 제6사단 정찰중대는 황해북도 사리원시 마동군을 출발해 안악군과 재령군, 은천군, 신천군을 통과하였고, 장수산과 구월산 등 눈 덮인 고지대를 22일 동안 행군하였다. 쌀과 실탄이 들어있는 배낭에 탄띠와 수류탄, 방독면, 수통, 단도, 기관총까지 휴대하면 무게가 충분히 40kg은 되었다.

정찰병을 양성하는 과정에서 수영 훈련은 인간의 한계를 넘어서는 수준이었다. 대동강 상류 미림동에서 출발해 대동교까지 10km구간을 휴식 없이 단번에 돌파해야 하였다.

1960년대 도보정찰여단의 규모는 점점 불어났고, 몇 년 후에 공정경보병여단에 기간요원으로 투입되었다. 북한군은 1967년 3월 도보정찰여단과 경보병연대에서 정예요원들을 선발해 비정규전 전문부대로서 제124군부대를 창설하였다.

도보정찰소에서 특수8군단으로 소속이 바뀐 4개 정찰여단은 통상적인 정찰 업무를 뛰어넘어 남한에서 특수작전을 수행할 수 있는 특수부대로 변신하였다. 이들이 맡은 특수작전은 미국 국방정보국(DIA), 소련의 총참모부 정보총국(GRU), 우리나라 정보사령부와 맞먹는 수준의 전투기술과 장비, 전투능력을 추진하였다.

정찰여단의 작전은 중요한 성격을 띠고 있기 때문에 노동당 연

---

41) 김신조는 1961년 3월 입대해 제2집단군사령부 6사단 제3대대에서 기본군사훈련을 마치고 사단 직속 정찰중대에 배치되었다. 1967년 1월 상사로 진급한 뒤 평안남도 강동군 대덕리 소재 제283군부대로 전출되었고 7월말 제124군부대 6기지에 전속되었다.

〈그림 II-10〉 북한군 특수부대 훈련 모습

사진=연합뉴스

락부와 총참모부 정찰국, 총정찰국 그리고 정치보위부와 긴밀한 협조관계가 필수적이었다. 각 정찰여단은 직접작전(중대 단위)과 견제작전(대대 단위)을 수행할 몇몇 특정부대를 보유하였다.

직접작전은 요인 암살과 납치 등을 위해 노동당 연락부 또는 정치보위부와 협조체제를 구축하였다. 구체적인 사례로 1978년 영화배우 신상옥과 최은희 납치사건과 1983년 10월 버마 랭군에서 전두환 대통령 암살시도 사건, 1987년 11월 KAL 858기 폭탄테러 등을 들 수 있다.

견제작전은 한국군 또는 한국의 민간인을 가장해 후방지역에 혼란을 조성하는 작전을 의미하였다. 이들은 이를 위해 한국군과 미군 군복, M16 소총, M60 경기관총, 소수의 M113 장갑차 등을 보유한 것으로 알려졌다.

북한군은 4개 정찰여단을 제1군단(전방)과 제2군단(전방), 제4군단 및 제5군단 지역에 각각 분산 배치하였다. 4,000명으로 구성된 각 정찰여단은 본부대와 후방 근무대, 1개 통신중대, 10개 정찰대대로 이뤄졌다. 각 대대는 본부와 후방근무대, 1개 통신소대, 5개 정찰중대로 편성되었다. 다시 소대는 3개 분대로 이뤄졌는데, 분대는 군관 1명과 부분대장, 통신, 폭파, 정찰 및 임무 특기자 등 10명으로 구성되었다.

즉 각 정찰여단은 10명으로 구성된 400개 정찰팀 또는 분대를 작전에 투입할 수 있었다. 도보정찰중대의 임무 가운데 휴전선을 넘어 남쪽에 침투해 군사배치상황 등을 파악해 복귀하는 임무는

'밀로정찰'이라고 불렀다.[42)]

정찰여단은 한국 후방지역에 있는 교량이나 터널, 댐, 발전소 등 주요 산업시설을 점거하거나 전술전략적 목표를 파괴해 정규부대의 군사작전을 지원하는 임무를 맡았다. 평시에는 한국에 침투해 첩보활동을 전개하며 해외에서 군사고문관으로서 게릴라 훈련을 시키거나 테러집단을 지원하는 역할을 수행하였다.[43)]

2) 경보병여단과 경보병대대

> "경보병은 원자탄보다 위력이 있다. 경보병 부대를 확대·개편해야 한다. 후방에 침투된 1명의 경보병 요원은 일반 병사 10명과 맞먹는다."
>
> – 김일성, 군당 제4기 4차회의, 1969.1

북한은 해체된 군단 및 사단급 정찰 및 게릴라부대를 중심으로 경보병연대를 창설해 전방지역 집단군에 배치하였다. 이후 전방지역 집단군 소속 경보병연대는 대부분 여단으로 승격이 되거나 해체되었다. 증편된 경보병여단은 특수8군단 또는 전방지역 집단군 사령부 예하로 들어갔다. 경보병대대는 전방지역 집단군의 각 보병사단에 예속되었다.

이 같은 조직개편과 함께 경보병여단과 경보병대대의 교리를 게릴라전에서 신속한 침투와 후방지역 교란 작전으로 전환시켰다는

---

42) 김신조, 『실화수기 1·21의 증인』, pp.78-82.
43) 이민룡, 『김정일 체제의 북한군대 해부』, p.152.

점을 주목해야 한다. 이를 위해 은밀한 기동과 경무장, 신속한 도보이동 등을 중점적으로 훈련하였다. 이들은 비무장지대 유엔군사령부 부대들의 병참선을 차단하거나 탈취하며 전방지역에 배치된 주요시설 등을 탈취 또는 파괴하는 임무를 부여받았다.

이들의 소행으로 추정되는 대표적 사건은 캠프 월리 폭탄테러를 들 수 있다. 북한군 경보병여단 공병대 침투조가 1967년 5월 21일 심야에 임진강 이북에 설치된 캠프 월리에 접근하였다. 캠프 월리는 미2사단 23보병연대1대대 A중대의 주둔을 위해 퀸셋막사 10여 채로 구성되었다.

북한군 침투조는 군사분계선에서 6km를 내려와 막사 내부를 일일이 들여다 보고나서 폭파대상 건물을 선택하는 대담성을 보였다. 이들은 A중대 1소대 막사 2개동에 폭발물을 땅속에 설치하고 어둠속으로 유유히 사라졌다.

22일 새벽 천지를 진동하는 폭발음과 함께 파편이 사방으로 터지면서 잠들었던 미군 2명 무엘러 상병과 스미스 이등병이 그 자리에서 숨지고 17명이 크고 작은 부상을 당하였다. 함께 있던 카투사 2명도 부상을 당해 부평 소재 121 후송병원에 실려갔다.[44] 유엔군사령부 대변인실은 4개의 폭발물 가운데 2개는 불발하였다고 설명하였다.

미군들은 베트콩을 '찰리(Charlie)'라고 부르고, 북한군은 '조(Joe)'라고 구별하였다. 미군들은 북한군 조에 대해 "아직 베트콩

---

44) 찰스 본스틸 사령관은 전투 중 부상당한 군인들에게 수여하는 퍼플 하트(Purple Heart) 훈장을 수여하였다. Stars & Stripes May 30, 1967.

그림 Ⅱ-11〉 캠프 월리 폭파 사건　　　　사진=http://campsabrekorea.com/camps-in-korea-page-10.html

처럼 위협적인 존재는 아니다"라고 평가하였지만, 북한군 침투현장
에서의 반응은 엇갈렸다. 이에 따라 캠프 월리가 위치한 임진강 이
북은 물론 경기도 파주 일대, 심지어 동두천과 의정부 일대 미군부
대까지 부대주변 시설에 대한 순찰을 강화하도록 지시가 내려졌다.

3) 상륙경보병여단

북한군 상륙경보병여단의 기원은 한국전쟁 발발 직전에 개편한
해군 보병부대인 제956 및 제946 독립해병연대, 제766독립부대
로 거슬러 올라간다. 북한은 해안경비사령부를 개편해 해군사령부
를 설립하는 과정에서 해군보병부대를 창설하였다.

한반도 지형에서 해안선 길이가 총 8천 700km에 달하고, 3천
여 개 도서들이 곳곳에 분포되었다. 이 가운데 6천 800km 해안

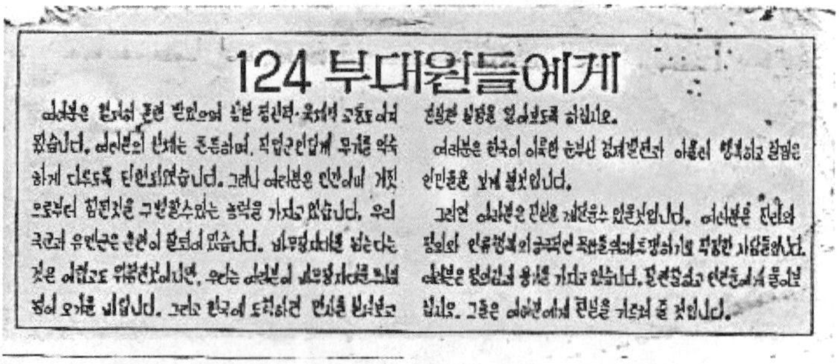

〈그림 Ⅱ-12〉 "124군이여 귀순하라"   사진= 임진스카웃 홈페이지

선과 도서 대부분이 남한에 있기 때문에 한국군이 완전히 봉쇄·방어하기는 쉽지 않았다. 이로 인해 북한군 상륙경보병 부대들이 강습 또는 침투하는데 유리한 은거지와 전방작전기지를 제공하였다.

1950년대 말과 1960년대 초반에는 북한군이 어선과 정크선, 삼판선, 소수의 재래식 상륙용 선박을 이용한 제한된 소규모 상륙작전 능력을 보유하였다. 1960년대 중반부터 새로운 대남군사정책을 채택하고 침투활동을 증가시키면서 해상침투능력이 배가되었다.

북한군은 총참모부 예하 제23보병여단[45]을 해체해 상륙경보병연대에 편입시킨 뒤 1970년대 중반까지 최소한 전력을 유지하였으며 이후에 상륙병력을 점진적으로 증가시켰다. 이들은 기존의 상륙작전 이외에 비정규전과 특수작전 훈련을 별도로 받았다.

북한군 상륙경보병여단은 한국의 해안 지역에 강습상륙 및 특수작전 수행을 기본 임무로 삼고 있다. 필요할 경우 2차적인 임무

---

45) 기존의 제956 독립해병연대 후신이다.

〈그림 Ⅱ-13〉 무장공비 상륙용 선박 전시   사진= 국가기록원

로서 비정규전을 수행하는 경우를 배제할 수 없었다.

예를 들면 해안 지역의 주요 시설을 탈취하거나 교란 및 파괴하는 것을 비롯해 강습상륙으로 해안 교두보를 장악해 정규 지상군의 상륙작전을 지원한다. 한강 하구에서 도하 및 부교 작전을 수행할 경우 정규 지상군을 지원하는 임무를 수행한다.

북한군 상륙경보병여단은 미군 해병대와 SEAL, 소련군 해병 및 해군 특공대 임무와 크게 다르지 않다. 하지만 과중 방어된 해안선을 상륙하기 위해 훈련과 장비가 제대로 갖춰지지 않은 것으로 알려졌다.

인민무력부로부터 총참모부 그리고 특수8군단을 통해 남포 해군사령부, 상륙경보병여단까지 이어지는 지휘 및 통제시스템을 갖추었다. 북한은 주로 동해안 이진동 해군기지와 서해안 남포 학계리 제3군단, 다사리 해군기지에서 상륙전 훈련을 실시하였다.

4) 공정경보병여단

한국전쟁 당시 맥아더 사령관은 평양의 후방지역에 공수부대를 투입해 북한군의 퇴로를 차단하고 북한군 수뇌부를 생포하기 위한 대담한 공수작전을 감행하였다. 평양에 진주한 이튿날 평안남도 숙천군과 순천군에 187공수연대전투단을 투입한 것이었다.

평양에서 북쪽으로 빠져나가는 경의선(숙천)과 평만선(순천) 철도·도로의 길목을 차단하기 위해서였다. 공수작전과 공중보급 능력이 북한군에 던져준 충격은 실로 엄청났다고 한다. 인천 상륙작전에 이은 평양 공수작전의 입체효과는 적지 않았다.

북한군이 공수능력을 확보하는데 10여 년이 흘렀고, 1960년대 초반 제한된 형태이나마 공수훈련에 착수하였다.[46] 그리고 1968년에야 제17정찰여단을 개편해 공정경보병여단을 창설하기에 이르렀다. 일명 '항공육전대'라고 불렀다. 한국군이 비무장지대를 요새화함에 따라 지상 침투로가 막힌 데 따른 궁여지책이었다.

하지만 북한은 고작해야 '안둘기' An-2 Colt 6대를 비롯해 Li-2 cab 수송기 8대, Mi-4 Hound 헬리콥터 12대 등 낡고 노후한 항공기 26대를 보유한 실정이었다. 결국 북한 공군사령부의 제한된 수송능력이 공수부대 활동의 발목을 잡은 셈이었다.

1970년대 들어 북한은 새로운 공수부대를 창설하였고, 수송기

---

46) 북한군이 1959년 11월 제3군단 예하 공수훈련중대를 창설하였다. 1961년 초에는 특수부대 효시인 공수훈련중대를 낙하산대대로 증편하였다고 한다. 신우용, "대남적화를 위한 세계 최대 규모의 북한 특수부대", 『한국논단』 87권 0호(1996), p.159

〈그림 II-14〉 187공수연대 평양 인근 공수작전 　　　사진=U.S. National Archives

와 헬리콥터를 추가로 도입해 공수능력 향상에 주력하였다. 뜨거운 공기를 주입한 기구를 사용해 공중 침투작전을 훈련하였고[47], 행글라이더와 초경량 항공기를 이용한 침투작전으로 확대되었다.

　역설적이지만 공정경보병여단이 An-2 Colt를 주요 침투수단으로 삼아 위협적 존재로 떠올랐다. 해당 항공기는 비록 노후한 저속 항공기이지만 아군의 레이다 감시망을 요리조리 피해갈 수 있기 때문이었다. 1947년 생산라인이 가동된 An-2 Colt는 단일 엔진 다목적 쌍엽기로서 승객 9명을 태우고 평균 순항속도는 시속 160-200km, 작전반경이 550km에 달하였다.

---

47) 북한이 1975년 열기구를 사용해 대남침투를 한 차례 시도하였으나 강풍에 휩쓸려 침투조가 일본에서 사체로 발견되었다.

〈그림 II-15〉 북한군이 사용하는 안둘기(An-2)

사진= Wikimedia Commons

이로 인해 북한군은 제주국제공항을 비롯한 전국의 비행장을 목표물로 삼을 수 있었다. 통상 군사전문가들은 공중강습 착륙지역을 폭 30m, 길이 350m로 잡고 있으며, 고속도로를 가장 적합한 착륙지역으로 삼고 있다. 북한군 공수경보병부대의 주요 표적으로는 경기도 오산 소재 한미 전술항공통제부대와 대구 공군기지 예비전술항공통제본부, 포항-의정부 송유관 등을 꼽을 수 있다.

특히 38항공육전여단에는 북한군에서 유일한 여군강하소대가 편성되어 있다. 이들은 군사퍼레이드를 목적으로 창설되었으나 유사시 여군 복장으로 침투해 정보수집과 주요 시설 파괴, 요인 암살 등의 특수목적 임무를 수행한다고 한다.[48]

---

48) 위의 책, p.164

제 3 장

북한군 특수부대의 도발사례

사진=연합뉴스

제2의 한국전쟁 첫 희생양

북한이 1970년도를 한반도 적화통일의 목표시점으로 삼았고, 1967년을 대한민국에 지하당 조직과 유격활동 가능성 여부를 시험하고 기반을 닦는 해로 설정하였다. 이로 인해 휴전선 일대에서 북한군의 무력도발 빈도와 규모가 전년도에 비해 10배 가까이 늘어났다.

박정희 대통령은 1968년 1월 6일 강원도 원주에서 비상치안회의를 개최한 자리에서 "북괴는 작년도의 10배에 달하는 무장간첩을 밀파하여 전면적인 유격전을 시도하고 있다."면서 소위 결사대를 남파해 경찰서와 교량, 터널, 미사일 기지를 포함한 군사시설, 기타 국가 중요시설의 파괴를 꾀하고 있다면서 철저한 대비를 당부하였다.[1]

---

1) 『동아일보』 1968년 1월 7일자.

그리고 북한은 1968년도와 1969년도를 이른바 적화통일의 기회를 촉진 또는 성숙시키기 위해 대한민국에 분란을 조성하는 단계로 정하였다. 이를 위한 첫 시도로서 과감하게 수도권 침입사건을 획책하였던 것이다.[2] 이러한 시대적 상황을 배경으로 전국을 충격과 공포에 빠트린 1·21 청와대 기습 사태의 비극이 잉태되었다.

1953년 7월 27일 정전협정이 체결된 이후 비무장지대 순찰활동은 다소 지루한 임무로 전락하였고, 실제로 1966년 10월까지 비무장지대에서 사망한 주한미군의 숫자는 모두 8명에 불과하였다.[3] 하지만 1966년 11월 2일 새벽 북한군이 한꺼번에 주한미군 8명의 목숨을 노린 기습공격을 퍼붓고 나서 상황은 완전히 달라졌다.

미국의 린든 B. 존슨 대통령이 44시간 한국방문 일정을 마치고 태평양을 건너가려던 시점이었다. 존슨 대통령의 방문은 1960년 6월 19일 드와이트 데이비드 아이젠하워에 이어 미국 대통령으로서 2번째 방한이었다. 그러나 존슨 대통령의 방문 타이밍이 최악이었다는 사실을 확인하는데 시간이 오래 걸리지 않았다. 미군 통수권자가 서울에서 잠든 사이에 제2한국전쟁의 첫 번째 희생자들이 비극적 운명을 맞이하였다.

북한군 17정찰여단 소속 침투조가 비무장지대에서 야간매복

---

2) 심흥선, "북괴 도발행위의 새 양상과 대비책", 『국회보 76』 (국회 사무처, 1968.2), pp.37-38. 심흥선 대간첩대책본부장이 설명한 내용은 최영희 국방 장관이 국회 국방위원회에서 밝힌 내용과 대동소이하다.

3) Vandon E. Jenerette, "The Forgotten DMZ", Military Review Vol.ⅨⅧ(U.S. Army Command and General Staff College, May.1988), p.33.

〈그림 Ⅲ-1〉 박정희-존슨 대통령 26사단 시찰　　　　사진=대한민국 정부기록사진집

근무를 마치고 부대로 복귀하던 미2사단 23보병연대 1대대 A중대
원 8명을 그림자처럼 미행하였다. 수색대원들은 오전 3시 15분께
비무장지대 남쪽 800m 지점(장단 부근)에 이르자, 일단 한숨을
돌리기로 하였다. 초겨울 임진강 칼바람을 맞으며 진행된 야간매
복 작전으로 인해 온몸이 물 먹은 스펀지마냥 녹초가 되어 있었다.

　수색대원들은 야트막한 야산을 관통하는 임시도로를 만드는
과정에서 도로 양편으로 조성된 언덕에 올랐다. 북한군의 비무장
지대 도발침투가 급증하였고 존슨 대통령 방한과 맞물려 미2사단
전체에 비상 경계령이 내려진 상태였다. 평소보다 더욱 팽팽한 긴
장 속에 진행된 비무장지대 임무가 무사히 끝났다는 생각에 맥이

〈그림 III-2〉 제2의 한국전쟁 첫 희생양
유엔군 측이 북한군의 만행 현장을 검증하고 있다. X표까지 불법 침투하였던 북한군들이
점선 안에 있던 주한미군 순찰대를 기습 살상하였다.   사진=동아일보

풀리면서 피로감이 몰려왔다.

수색조장의 "분대 휴식"이라는 구호가 떨어지자, 수색대원들은
수통을 꺼내 목을 축이고 땀에 젖은 양말을 갈아 신는 등 꿀맛 같
은 휴식을 즐겼다. 아무도 건너편 언덕으로 검은색 그림자들이 하
나 둘씩 숨어드는 것을 발견하지 못하였다.

북한군 침투조들이 불과 10여m 거리에서 저승사자처럼 공격시
점만 호시탐탐 노리고 있었다. 급기야 여기저기서 가벼운 농담이
흘러나오고 개인별로 수색장비 점검이 마무리되는 시점에 이르렀
다.

바로 그때 어둠속에 숨어있던 북한군 그림자들이 갑자기 튀어
나와 수색대원들을 겨냥해 수류탄을 던지고 반자동소총을 난사
하였다. "타·타·타". 불시에 기습공격을 당한 수색대원 가운데 미군
6명과 카투사 오명환 일병이 이렇다 할 대응도 못해보고 현장에서

전사하고 말았다.[4]

북한군들은 시체들을 일일이 뒤집어가며 대검으로 찔러 확인 사살하는 잔혹성을 보였다. 이때 데이비드 L. 비비(17) 일병은 죽은 체하고 엎드려 가까스로 목숨을 구하였다. 그는 "북한군이 갑자기 던진 수류탄으로 피해를 입었다. 북한군 군복을 입고 있었다."고 말하였다.[5] 심지어 북한군이 비비 일병의 얼굴에 붉은 색 손전등을 비추고 손목시계까지 빼앗아 달아나는 상황에서도 그는 시체마냥 가만히 누워 있었다.

정전체제가 출범한 이후 주한미군 단일사건 인명피해로 규모가 가장 컸고, 존슨 대통령 방한일정과 맞물렸다는 점에서 서방 언론의 비상한 관심을 모았다. 유엔군사령부는 2일 오후 개최된 군사정전위원회 본회의를 통해 김일성 수상에게 북한의 야만적인 기습사건에 대한 항의각서를 전달하였다.[6] 주한미군을 겨냥한 북한군

---

4) 당시 8명의 수색대원 가운데 어니스트 레이놀드를 비롯해 제임스 헨슬리, 레슬리 헤이스티, 모리스 리 피셔, 로버트 웨인 버렐, 조니 웨인 벤턴 등이 현장에서 사망하였다. 이 가운데 레이놀드는 명예훈장에 추서되었으나 은성무공훈장과 퍼플하트 훈장을 받았다.

5) 유일한 생존자 비비 일병은 온몸에 48개 수류탄 파편이 박히는 중상을 입었으나 기지를 발휘해 가까스로 목숨을 구하였다. 그는 "단지 조국이 부여한 임무를 수행하였을 뿐이었다. 그게 전부"라고 담담하게 말하였다. Jenerette, p.33.

6) 유엔군사령관이 군정위를 통해 김일성 수상에게 항의문을 전달한 것은 정전협정 체결이후 최초였다. 항의문 전문은 다음과 같다. "1966년 10월 15일 이래 북괴 군인들은 12건의 난폭하고 도발 받지 않은 공격을 유엔군에 대해 가해왔다. 이것은 당신(김일성)이 지지하기로 서약한 휴전협정을 극악하게 위반한 것이다. 당신이 휴전협정을 폐기하는 길을 택하지 않는 한 당신은 이 방자한 납치살인 등 잔학행위를 중단하는 조치를 취하라. 유엔군사령부는 이들 휴전협정 위반사실을 사실을 중대한 도발행위로 본다는 것을 통고한다." 『동아일보』 1966년 11월 5일자 1면.

의 인간사냥 작전이 막을 올렸다. 다시 말해 '제2의 한국전쟁'의 신호탄이 터진 것이었다.

한편 같은 날 새벽 6시 10분께 북한군으로 보이는 무장괴한들이 중서부전선 육군 제 6566부대 전방초소를 습격하였다. 근무 중이던 보초병이 즉각 응사해 무장괴한 가운데 1명을 사살하였다. 도주하는 북한군을 추격하던 해당부대의 중대장 이병호 대위와 이홍진 대위가 대인지뢰 폭발로 전사하였고, 윤수정 하사가 부상해 후송되었다. 군 당국은 수색작전에서 북한군 권총 1정과 기관단총 1정, 실탄 행낭 2개를 확보하였다.[7]

정부 당국은 더욱이 해당 사건이 북한 노동당 대표자회 및 전원회의 그리고 베트남 참전국회의와 존슨 미국 대통령 방한 등을 배경으로 한다는 점에서 촉각을 곤두세웠다. 북한이 내외정세를 평가하고 전략적 및 전술적 목적을 충족시키기 위해 사전에 수립된 계획 아래 기총사격을 감행한 것으로 분석되었다.[8]

서부전선 미2사단 피습사건을 보고 받은 본스틸 사령관은 당혹감을 감추지 못하였다. 본스틸 사령관은 북한군 무장괴한이 미군을 직접 노렸다는 점을 주목하면서 "이전과는 상당히 다른 양상"이라고 평가하였다. "왜 그랬을까?", "어떻게 대응해야 하는가?" 본스틸 사령관의 고민은 점점 깊어갔다.

본스틸 사령관은 북한군 도발이 새로운 패턴에 접어들었다는 사실을 간파하였다. 그는 즉각적으로 군사행동에 돌입하거나 틀에

---

7) 『중앙일보』, 1966년 11월 3일자.
8) 『국방백서 1968』, pp.41-42.

박힌 방식에 의존하는 대신 다소 시간이 걸리더라도 적절한 대응 방안을 마련해야 한다고 생각하였다.

임무를 부여 받은 정보부서 장교들은 북한군 조직과 무기, 훈련, 부대배치, 최근 비무장지대 활동사항 등에 대해 면밀한 검토 작업에 착수하였다. 아울러 북한의 최근 정치적, 경제적, 사회적 지표까지 샅샅이 찾아내 분석하고 평가하였다. 하지만 어떤 정보 장교들도 무릎을 탁 칠만한 그럴 듯한 결론을 찾아내지 못하였다.

1·21 청와대 기습 미수 사건

　북한은 1965년부터 박정희 대통령과 정부 요인들을 겨냥한 테러음모를 준비하였다. 당초 북한의 의도는 청와대 인근에 공격 진지를 구축하고 82mm 박격포 공격을 퍼부어 청와대를 초토화한다는 것이었다. 이를 위해 먼저 월북자 가운데 서울 연고자를 선발해 남파간첩으로 훈련해 침투시켰다.

　1965년 5월 남파간첩A는 서울 종로구 소재 친척집에 나타나 거액의 공작금을 전달하며 포섭을 시도하였다. 친척집에 공작 기지를 구축해 박격포 진지로 활용하기 위한 속셈이었다. 하지만 친척의 끈질긴 설득 끝에 남파간첩은 종로경찰서에 자수하고 말았다.

　같은 해 7월 18일 남파간첩A[9]와 노성집과 이재영[10], 우명훈 등

---

9) 당시 국내 언론은 간첩 노성집과 이상길을 체포하였다고 보도하였다. 노성집과 이상길은 사형을 선고받고 처형돼 천주교 묘지에 안장되었다고 한다. 이상길과 남파간첩A 동일인 여부, 체포 경위, 사형선고를 받은 배경 등에 대해 확인되지 않았다.

10) 일부 공안 당국 자료에는 이재용 또는 이재형으로 표기되었다. 이재영은 중앙청 도로변에 전세방을 구해 대통령 승용차가 통과하는 상황에서 대전차 수류탄 6개로

간첩 4명이 경기도 양주군 장흥면 울대리 송추유원지 금수장 앞에서 접선하였다. 노성집과 이재영, 우명훈은 박격포 특공대를 유인해 청와대를 공격한다는 임무를 띠고 휴전선을 넘어왔다.

공작원들은 정일권 국무총리와 이후락 대통령 비서실장, 이필승, 김영석 이름의 명함을 1매씩 휴대하였고, 미화 2만 달러, 한화 1천700원, 권총 2정, 수류탄 18발, 무전기, 난수표, 암호지령문, 김일성 사진 2매 등을 소지하고 있었다.

서울시경은 간첩 1명이 공작금을 갖고 온다는 정보에 따라 경찰 12명을 접선장소에 잠복시켰다. 당초 정보와 달리 간첩 4명이 나타났고 6천 달러를 주고받은 뒤 슬그머니 행락객 사이로 숨어버렸다. 이들을 추격하던 경관 2명이 간첩의 권총에 맞아 현장에서 사망하였다. 침투조 조장 노성집은 현장에서 체포되었고, 조원 이재영과 우명훈은 피를 흘리며 도주하였다.[11]

이재영은 경찰의 총격으로 인해 뱃가죽이 찢어져 창자들이 튀어 나왔으나 한 손으로 움켜쥐고 노고산과 감악산을 넘어 임진강을 헤엄쳐 건너갔다. 5일 만에 휴전선 너머 북한군 초소 앞에서 기절한 이재영은 개성시 인민병원에서 대수술을 받고 기적적으로 살아났다.

우명훈 역시 경찰이 휘두른 권총 손잡이에 머리를 맞아 기절하였다. 깨어보니 경찰관이 자신의 배 위에 올라타 목을 누르고 있었

공격할 계획을 세웠다고 한다. 이명산, 『CIA 요원 마이클 리』(서울: 조갑제닷컴, 2015), pp.73-74.

11) "당시 출현한 무장간첩 4명 가운데 2명이 생포되고 2명이 도주하였다." 『국방백서 1968』, p.43.

고, 권총으로 가까스로 경찰관을 쏘아 쓰러트렸다. 그는 허벅지 관통상을 입었으나 자신과의 싸움을 벌이면서 도주에 성공해 입북하였다.

당시 국내 언론들도 "1명은 둔부에 총을 맞아 피를 흘리며 달아났다."면서 현지 미군도 헬리콥터를 동원해 공중수색에 나섰으나 불과 100m 앞을 볼 수 없는 짙은 안개로 수색이 답보 상태를 보였다고 전하였다.[12]

이에 김일성 수상은 살아난 이재영에게 공화국 영웅칭호를 부여하면서 "동무처럼 배알이 꿰져 나와두 살아 돌아올 수 있는 불사조들을 양성하는 특수부대를 만들라."고 지시하였다. 이로 인해 북한군 특수부대 제124군부대가 탄생하기에 이르렀다. 이재영은 대위에서 대좌로 무려 4계급을 특진해 초대 제124군 부대장에 임명되었다. 그야말로 이재영을 위한, 이재영에 의한, 이재영의 부대를 만들었다.

민족보위성 정찰국 직속부대 제124군부대는 1967년 3월 창설되었고, 평양 근교 상원군 공포리 본부 이외에 대대급 규모 7개 기지를 운영하였다.[13] 기지별로 300여 명씩 배치하였고, 제124군부대 전체병력이 총 2천400여 명에 달하였다. 이재영과 함께 무사히 귀환한 우명훈은 상좌로 승진해 '넘버2' 부부대장 겸 제6기지장을

---

12) 『동아일보』 1965년 7월 20일자 3면.
13) 국방부는 같은 해 9월 초 북한이 게릴라부대를 만들었다고 파악하였다. 군 당국이 비교적 빠르게 6개월 만에 제124군 부대의 실체를 파악한 것은 윤필용 방첩대장이 해안 침투 공비를 체포해 심문하는 과정에서 확인되었다.

〈그림 Ⅲ-3〉 박정희 대통령 중부전선 시찰　　　　　사진=대한민국 정부사진기록집

맡았다.[14)]

　　각급 기지는 3개 중대로 구성되었고, 중대 예하에는 30여 명 규
모의 소대 그리고 예하 분대로 각각 편성되었다. 북한군 전체에서
당성이 투철하고 체력이 우수한 인원을 선발해 사격술과 산악훈
련, 백병전 기술, 통신기기 조작술, 독도법 등을 집중적으로 교육
시켰다. 무거운 20kg 배낭을 메고 모래밭을 달리거나 산악구보를

---

14) 각 기지는 남한의 도(道)를 담당하였는데 6기지는 서울과 경기도를 담당하였다.

매일 실시하였고, 한밤중에 무덤을 파헤치고 시체를 꺼내오는 담력훈련을 시켰다.

윤필용 육군방첩부대장은 1967년 10월 초 북한의 특수부대인 제124군 창설을 박정희 대통령과 김성은 국방부 장관에게 보고하였다. 당시의 보고내용은 "북한은 1967년 5월 경 124군부대라는 특수부대를 창설하였다. 이 부대는 남한의 각 도에 비밀기지를 설치하고 무기와 식량을 조달하면서 게릴라전법으로 남한 현지에서 무장투쟁을 확대해 나간다는 목적을 지녔다. 이 부대는 신체조건이 뛰어나고 공산주의 사상이 투철한 전원 정규군 장교 출신들로 편성되었다. 이들은 제주도를 제외한 남한의 8개도에 300명씩 침투시킬 목적으로 총 2,400명으로 구성되었다. 이들은 함경도와 평안도, 강원도 등의 훈련기지에서 폭파와 파괴, 방화, 살인, 암살, 납치 등 훈련을 받고 있다"는 것이었다.[15]

김정태 정찰국장은 1968년 1월 2일 대남공작원 76명을 남파해 청와대와 주한미국대사관 관저, 육군 본부, 서울교도소[16], 방첩부대 서빙고 분실 등을 동시다발적으로 습격한다는 계획을 세웠다. 한반도가 일촉즉발의 위기에 몰리는 순간이었다. 하지만 대남침투 개시 직전에 공작원 규모를 31명으로 축소하였고 공격목표를 "청

---

15) 김성은, 『나의 잔이 넘치나이다』 (서울: 아이템플코리아, 2008), pp.771-772.

16) 5·16군사 쿠데타 이후 군사정부는 전국 각 교도소에 흩어져 있던 비전향 장기수 800여 명을 대전교도소로 모았다. 하지만 1968년 청와대 기습사건이 일어나자 북한의 특수부대가 대전교도소를 습격해 비전향 장기수들을 탈출시킬 것을 우려해 다시 그들을 광주, 대구, 대전, 전주 교도소에 특별사를 설립해 분산 수용하였다. 김정인, "한국에서 간첩이란" 『간첩시대』 (서울: 책과 함께, 2020), p.29.

와대를 까부수고 남조선 수괴를 처단한다."로 대폭 축소하였다.

북한군이 테러대상으로 삼았던 박정희 대통령은 1월 6일 강원도 원주에서 대간첩비상치안회의를 개최하고 대책 마련을 주문하였다. 박 대통령의 지시에 따라 대간첩작전의 컨트롤타워 역할을 담당할 정부 기구를 2월 초까지 구성하도록 결정하였다. 또 비상경계령을 갑·을·병 세 가지로 분류하였다.

제124군부대원 31명은 1968년 1월 16일 황해북도 연산군 방정리 제6기지를 출발해 개성으로 향했다. 이들은 개성 근교 초대소에서 숨을 돌리고 남하해 북방한계선 부근 초소에서 저녁을 먹은 뒤 한국군 26사단 불무리부대 군복으로 위장하였다. 그리고 각자 손가락을 깨물어 "수령 동지의 명령대로 임무를 수행할 것을 맹세함"이라는 내용의 혈서를 단숨에 써내려갔다.

이를 앞두고 1월 10일 황해도 사리원 소재 북한군 제4군단사령부 청사와 황해북도 인민위원회 건물, 노농적위대 병력들을 대상으로 모의훈련을 실시한 바 있다. 해발 300m 위치한 황해북도 인민위원회 청사는 청와대와 주변 환경과 건물 배치도 유사한 것으로 알려졌다. 모의작전 과정에서 청사 경비를 담당하였던 노농적위대원 27명이 사살 당하였고, 40여 명이 중경상을 입었다. 아무 것도 모르는 도 인민위원회 사람들은 남한의 무장특공대가 침입하였다고 착각한 것으로 알려졌다.[17]

1월 17일 밤 8시 비무장지대에 들어선 31명은 '민사경찰'들이

---

17) 김신조, 『실화수기 1·21의 증인』, p.143.

순찰하는 안전통로를 따라 비무장지대 남방한계선 철책선에 3시간 만에 도착하였다. 당시 미2사단이 주둔한 지역에는 철책이 설치되었고, 한국군 25사단이 경계 임무를 맡은 지역은 목책이 각각 세워져 있었다.

목책선 곳곳에는 무심코 건들면 안전핀이 튕겨지도록 조절한 수류탄을 박아놓거나 인계철선(trip wire)을 설치하였기 때문에 오히려 북한군 침투를 막는데 효과가 만점이었다. 단점이라고는 목책선 건너편에서 벌어지는 일을 전혀 알 수 없었고, 수색대원들을 비무장지대에 투입할 때마다 목책선에 수류탄과 인계철선을 다시 설치해야하는 번거로움이 존재하였다.

고랑포에서 임진강에 이르는 4 km 구간에는 구형 목책선이 그대로 남아 있었다.[18] 미2사단이 전기철조망을 치고 대치하려는 한국군의 대응태도에 불만을 품고 해당 구간에 대한 공사를 거부하였기 때문이었다. 부대와 부대 사이 경계지역인 '전투지경선'을 이용하라는 지침에 따라 미2사단 지역을 침투하였다.

이들은 소리가 나지 않도록 철조망에 헝겊을 감아 높이 1m, 너비 80cm, 'L'자형으로 잘라내고 삼각형의 통로를 만들어 남쪽 땅을 밟았다. 잘려진 철조망을 다시 원상태로 복구해 주한미군 순찰병들의 감시망을 피해갔다. 한국군 부대가 담당한 목책은 김신조 일당이 침투한 지 1년 만에 모두 철조망으로 보강되었다.

---

18) "그때는 휴전선이 모두 철조망으로 되어 있지 않던 시절이었다. 미군이 주둔하는 지역에는 철책이 설치되었고, 한국군이 주둔하는 지역에는 목책이 설치되어 있었다." 북한이 우리측 휴전선 실태에 대해 파악하고 있었다. 김신조, 『나의 슬픈 역사를 말한다』 (동아출판사, 1994), p.23.

김성은 국방부장관은 "그 때까지 휴전선 철책이란 휴전 당시 남북한 군인들이 직접 설치한 원형 철조망 서너 가닥이 전부였다. 새빨갛게 녹이 슬대로 슬었고, 가끔씩 보수공사를 한다고 갈아주었지만 인적이 드문 비무장지대에 예산 부족으로 개수할 생각을 못했다."고 술회하였다.

〈그림 III-4〉 고랑포 일대 목책선
사진=John Hayman 38보병1대대 임진스카웃 출신

1월 18일 새벽 임진강에는 흰 눈이 내렸다. 이들은 임진강 북쪽 야트막한 야산의 1차 숙영지에 도착해 한 나절 휴식을 취하였고, 날이 저물자 머리에 붕대를 감고 흰 천을 뒤집어쓰고 얼어붙은 임진강을 건넜다. 휴대한 소련제 피피 기관단총(PPS-43)에도 불빛 반사를 막고 위장효과를 내기 위해 흰 천을 칭칭 감았다.

이들이 임진강을 건넌 지점은 고랑포[19]에서 서남쪽 3.5km 지점이었다. 임진강 중·하류 지역은 바닷물이 역류해 한겨울에도 얼지 않는 구간이 많았지만, 상류인 고랑포 일대는 얼음이 단단하게 얼

---

19) 경기도 연천군 장남면 고랑포리. 고랑포는 삼국시대부터 전략적 요충지로 유명하며, 1930년대 개성과 한성의 물자교류를 통해 화신백화점 분점이 운영되었을 정도로 번성하였다. 그러나 한국전쟁과 남북분단으로 뱃길에 끊기면서 쇠락의 길로 접어들었다.

〈그림 Ⅲ-5〉 임진강 침투현장 방문 김신조
김신조 서울성락교회 목사가 2011년 1월 21일 육군 25사단이 주최한 '리멤버 1·21' 행사에 참석해 임진강 침투현장을 설명하고 있다.
사진=연합뉴스

어붙어 침투 루트로서 안성맞춤이었다.[20]

척후조가 먼저 임진강을 건너 뒤따라오는 나머지 대원들을 엄호하였다. 앞 조가 출발하고 10분이 지나고 아무 소리가 나지 않으면 다음 조가 떠나는 방식이었다. 부대원 가운데 한 명이 흰 천을 뒤집어쓰지 않고 천연덕스럽게 강물을 건넜다. 나중에 왜 흰 천을

---

20) 한국전쟁 당시 도라산 일대 전방에서 전투를 치렀던 해병대 사단장 출신 김성은 국방부 장관은 자유의 다리에서 동쪽으로 1,500미터 떨어진 해당 지역은 강이 항상 얼어있기 때문에 적들이 이 곳으로 월경하였을 것이라고 보았다. 하지만 미군 관할 지역이기 때문에 적절한 조치를 취할 수 없었다고 한다. 한미공조가 제대로 이뤄져 지역경계를 강화하였다면 사전에 김신조 일당의 침투를 막을 수 있었다는 아쉬움이 남는다. 김성은, 『나의 잔이 넘치나이다』, p.783.

제3장 북한군 특수부대의 도발사례

쓰지 않았느냐고 물었더니 깜박 잊고 안 가져왔다고 대답하였다고 한다.[21]

이어 경기도 연천군 장남면 반정리 소재 석포 화강암 절벽의 틈을 타고 미군 초소가 설치된 도로에 올라섰다. 이들이 미리 준비한 한국군 복장으로 접근하였기 때문에 미군 헌병들이 제지하지 않았다.

이들이 지나간 석포 절벽 위에는 '김신조 일당 침투로'라는 돌비석이 세워져 있다. 이어 파평산 공군 레이다 기지를 지나쳐 19일 새벽 동틀 무렵 삼봉산 8부 능선에 제2차 숙영지를 만들었다.

김신조 씨는 "얼마나 신중하게 움직였는지 (일부 구간은) 1시간 동안 20m 밖에 못 갔다"면서 "임진강을 건넌 뒤에는 파평산만 바라보고 시속 12km가 넘는 속도로 내달렸다. 오직 박정희 모가지 따야 한다는 생각밖에 없었다."고 당시의 침투상황을 설명하였다.[22]

이날 오전 파주군 법원리 초릿골에서 나무꾼 우씨 형제들과 운명의 만남이 이뤄졌다. 지금도 당시 124군부대가 우씨 형제를 만나지 않았다면 어떠한 결과가 나왔을까를 묻는 질문이 나오곤 한다. 많은 세월이 흘렀지만 아무리 생각만 해도 아찔한 상황이 아닐 수 없었다.

이들은 오전 10시부터 오후 5시까지 우희제(30)·경제(22)·철

---

21) 김신조, 『나의 슬픈 역사를 말한다』, p.31.
22) 최종석, "1·21때 난 이렇게 침투: 김신조 씨가 직접 장병들에게 설명", 『조선일보』 2011년 1월 22일자.

〈그림 Ⅲ-6〉 나라를 구한 우씨 4형제   사진=국가기록원

제(21)·성제(18)[23] 4형제를 대상으로 "쌀밥을 일 년에 몇 번 먹느냐?", "의정부와 동두천 사이에 검문소가 몇 개냐?", "지나가는 미군 트럭을 국군이 세우면 태워 주냐?" 등에 대해 질문을 주고받느라 시간을 허비하였다. 거기다 회유를 위해 오징어를 주고 엿을 선물하였고, 심지어 나무꾼 형제들에게 가져온 기관총을 만지작거리며 놀도록 배려하였다.[24]

해질 무렵 북한 본부에 무전을 쳐서 우씨 형제들에 대한 처리문제를 문의하였으나 정작 북쪽에서 날아온 암호를 제대로 풀지

---

23) 막내 우성제씨는 군 복무를 마치고 경찰에 투신해 파주경찰서 보안계장을 마지막으로 공직생활을 마감하였다. 경기도 일산에 거주 중이며 필자에게 사건의 진상을 왜곡없이 제대로 알려달라고 당부하였다.

24) 김신조, 『나의 슬픈 역사를 말한다』, p.41.

못하였다.[25] 대신 "경찰에 신고하지 않겠다."는 서약서와 노동당 입당원서를 쓰게 하였다. 김종웅 총조장은 포섭용으로 준비한 일제 시계를 선물하였다. 그리고 산중에서 첫째 희제 씨는 경기도지사에, 둘째 경제 씨는 파주 군수에 각각 임명하는 촌극을 빚었다.

유일한 생존자 김신조 씨는 당시 나무꾼 형제 처리문제를 놓고 전체 대원이 갑론을박 논의하고 투표한 결과 18대 13으로 살려주기로 결론 내렸다고 회상하였다. 김씨는 "죽인다면 4명이나 되는 시체를 처리하기 위해 꽁꽁 얼어붙은 땅을 파기란 여간 어려운 일이었고, 모두 지쳐 있었다."고 말하였다. 이들이 신고를 하더라도 해당 지역을 충분히 벗어날 자신이 넘쳐났고, 하루 이틀이 지나면 서울에 들어가고 작전이 완료된다는 안이한 생각에 사로잡혔다.

7시간 만에 풀려난 우씨 형제들이 곧바로 파주경찰서 천현지서에 신고해 대대적인 수색작전이 전개되었다. 20일 새벽 2시 국군 25사단이 파평산 일대를 포위하였으나, 이미 빠져나간 이후였다. 제124군부대원들은 앵무봉, 노고산을 지나 이날 오전 9시부터 북한산 진관사 계곡에서 12시간 동안 휴식을 취하였고, 오후 9시 다시 북한산 송추계곡 방향으로 발길을 재촉하였다.

이들은 당초 20일 밤 형제봉을 경유해 청와대가 위치한 북악산 근처까지 접근해 마지막 숙영을 할 계획이었으나, 험준한 지형의 비봉 일대에 눈이 내리고 미끄러워져 수차례 넘어지면서 방향을

---

25) 당시 김신조 일행은 북한 본부에 "나무꾼을 만났는데 어떻게 하면 좋겠는가. 상부의 결심을 바란다"는 내용의 무전을 보냈다. 하지만 암호문을 제대로 풀지 못해 4일 내내 무전 교신이 이뤄지지 않았다. 체포된 이후에 수사기관에서 무전내용을 풀어보니 "원대복귀"였다. ibid.

잃고 헤매다 보니 밤새 비봉을 벗어나는데 그쳤다.[26]

21일 일요일 오전 5시 승가사계곡에서 휴전선 넘어 네 번째 노루잠을 잔 뒤에 해가 저물자 오후 8시 청와대 방향으로 서서히 이동하였다.[27] 이날 밤 10시 경복고 삼거리까지 진출한 제124군부대원들이 막아선 최규식 종로경찰서장에게 총기를 난사하고 도주하기에 이르렀다.

1월 21일 운명의 날 겨울해가 질 때까지 북한군 특수부대 침투목적은 오리무중 그 자체였다. 이날 오후 5시 청와대에서 개최된 비상회의에 국방부 장관과 합참의장, 육군 참모총장, 내무부 장관, 치안국장 등이 참석해 작전상황과 군 병력 배치 등을 놓고 논의하였다.

이 자리에서 박정희 대통령이 '도대체 침투목적이 무엇이냐'며 버럭 역정을 내었으나, 아무도 청와대 급습이라는 의견을 내놓지 못하였다. 기껏해야 서울과 동두천을 오가는 철도 파괴, 서울 북방의 미군부대나 한국군 주요시설 습격, 침투통로 개척 등이 조심스레 논의되었을 뿐이었다.

정작 5시간이 지나면 북한군 특수부대가 들이닥칠 청와대 경비는 허술하기 짝이 없었다. 수도경비사령부 제30대대가 청와대 뒷

---

26) 『국방사건사 제1집』, p.101

27) 북한군 특수부대의 청와대 기습 사건을 조사 중이던 중앙정보부는 북한군 유류품에서 청와대 내부 약도를 발견하였다. 청와대 본관의 정확한 구조와 경호원 배치 등이 상세히 적혀 있는데 놀란 나머지 조사한 결과 박종규 경호실장 비서인 김옥화의 소행으로 판명되었다. 중앙정보부가 김옥화 신병 인계를 요구하였지만, 경호실이 거부하면서 양대 조직간 갈등 양상으로 번졌다. 결국 김옥화가 경호실 근무를 그만두는 선에서 사건이 유야무야되었다고 한다. 『월간조선』 2017년 2월호.

〈그림 III-7〉 최규식 종로서장 묘지

최규식 경무관은 1960년 박정희 군수기지사령관의 부관을 지내면서 두터운 신임을 얻었다. 육영수 여사의 호감도 각별하였다고 한다. 이듬해 5·16 군사쿠데타 이후 경찰에 투신해 1967년 10월 서울 종로서장으로 부임하였다.　　　　　　　　사진=필자 촬영

산 백악산 일대를 경계하고 있었을 뿐, 자하문에서 청와대 정문까지 아무런 제지를 받지 않고 통과가 가능한 상황이었다. 인근 효자동에 방첩대(CIC: Counter Intelligence Corps)가 주둔하였으나 청와대 경비 업무와는 무관하였다.

　대간첩작전을 총지휘한 김성은 국방부 장관은 "적들이 마음만 먹으면 언제든지 청와대 침투와 대통령 살해가 가능하였다."고 당시의 느슨한 경비 태세를 인정하였다.[28] 40년 세월이 흘렀지만 국방부 장관이 대통령 살해가 가능하였다고 인정하는 대목은 충격

---

28) 김성은, 『나의 잔이 넘치나이다』, pp.785-786.

적이었다.

"지금 생각하면 저들의 청와대 습격을 통한 대통령 살해는 충분히 가능한 일이었기에 더욱 가슴이 섬뜩해진다. 당시 청와대 경비는 어처구니없을 정도로 적에게 완전히 노출돼 있었다. 즉 적들이 마음만 먹으면 언제든지 청와대 침투와 대통령 살해가 가능하였다는 것이다.

자하문을 지나 효자로를 따라 약 300m만 지나면 나타나는 청와대 정문. 그때 청와대 경비라야 정문의 경찰 보초정도였다. 경복궁 부대가 청와대를 경비하였지만 사실 이들은 청와대 직접 경비가 아닌 청와대를 두르고 있는 외곽 산등성이에 배치돼 외곽 경계가 목적이었다. 청와대 효자동에는 방첩대가 있었지만 이 부대 역시 청와대의 직접 경비와는 거리가 있었다.

그래서 만일 저들의 습격 시나리오대로 아무런 제지를 받지 않고 뻥 뚫린 효자로 길을 그대로 내려왔다면 청와대 정문의 한두 명 있는 경찰 경비병에 접근해 자신들의 신분을 속이여 칼이나 단도 등으로 간단히 해치우고 청와대 현관으로 잠입해 경호실 직원까지 해치운다면 대통령 유고까지 얼마든지 가능한 일이었다.

이것은 실제로 그날 밤 저들이 벌일 침투 시나리오로서 만일 그날 경찰을 제2선에 투입하지 않아서 효자로 길이 무방비로 놓여 있었다면 얼마든지 가능한 일이었다. 이런 시나리오를 구상할 수 있고 그대로 행할 수 있었음은 그동안 김종웅 등이 수많은 사전탐사로 청와대 경비상황을 철저히 분석하였기 때문이었을 것이다. 실제로 그들이 남하하였을 때 북의 민족보위성 정찰 국장 김정태는 김일성에게 99% 성공 가능성을 장담하였다고 한다."

원래 계획은 이날 저녁 10시 30분까지 청와대를 습격하고 청와 대 차량을 이용해 북쪽으로 전력 질주해 자유의 다리를 통과하거 나 남침루트를 반대 방향으로 타는 것이었다. 북한 김정태 정찰국 장이 큰 소리치고 남한 김성은 국방부 장관이 인정한 것처럼 박정 희 대통령은 그야말로 1% 확률로 살아남았다.

북한군이 서울에서 북쪽을 향해 도주함에 따라 경기도 파주 일 대에 주둔하던 미군부대에도 비상이 걸렸다. 미2사단 23보병 1대 대 A중대는 우씨 형제들이 붙들렸던 법원리 주변 도로에서 봉쇄작 전을 펼치던 중 1월 24일 도주하던 북한군 2명을 사살하였다. 이 과정에서 저항하는 북한군과 치열한 총격전을 벌이다 미군 1명이 사망하고 1명이 부상하였다.[29]

1월 24일 오후 9시 10분께 경기도 파주군 천현면 법원3리 이영 환(55)씨 집에 오른쪽 허벅지에 관통상을 입은 무장간첩이 나타났 다. 그는 자신을 "간첩"이라며 상처 부위를 치료해 달라고 요구하 였다. 이에 부인 김복희(49)씨가 치료를 해주고 밥 두 그릇을 건네 주었다. 간첩이 밥을 먹는 사이에 이씨부부는 집을 나와 미2사단

---

29) Robert Perron, "The Blue House Raid and The Korean DMZ Conflict", ROK-U.S. Alliance Joural(Korea Defense Veterans Association, 2020.4), p.12; Bolger는 당시 미군 2명 사망, 북한군 3명 부상, Finley는 미군 1명 사망이라고 각각 다르게 기술하 였다. Bolger p.138, Finley, p.118.

〈그림 Ⅲ-8〉 백악산 무장공비 총탄 자국
무장공비들이 청와대 뒷산에서 군경과 총격전을 벌이던 중 백년송 줄기에 박힌 총탄 자국
이 선명하다. 당시 군경은 백악산 현장에서 무장공비 3명을 사살하였다.

사진=필자 촬영

23보병연대에 신고하였다. 출동한 미군과 카투사가 포위망을 좁혀
가자, 무장간첩은 수류탄으로 자폭하고 말았다.[30]

　1월 25일 새벽에는 미2사단 3여단이 경계를 맡은 임진강 이북
군사분계선을 북한군 20여 명이 침투해 미군들과 치열한 교전을
벌였다. 이들의 침투는 도주하는 제124군부대원에 대한 소탕작전
을 교란시키기 위한 차원이었다. 이 과정에서 카투사 조중석 병장
과 이광원 병장이 전사하였고, 미군 6명과 카투사 1명이 크고 작
은 부상을 입었다.[31]

---

30) 『중앙일보』 1968년 1월 26일자 8면.
31) 『중앙일보』 1968년 1월 25일자 1면.

1월 25일 밤 9시 경기도 양주군 장흥면 석현리 앵무봉 기슭 논두렁을 타고 124군부대 총조장 김종웅 상위가 민가로 몰래 접근하다 육군 26사단 75연대 3대대 신석곤 대위가 이끄는 매복조에 걸려 사살되었다.[32] 무장공비들이 배고픔을 견디지 못하고 민가를 급습할 것으로 예상하고 앵무봉 아래 독립가옥 3채에 숨어있던 수색대 유인망에 그대로 걸려든 것이었다.

소탕작전이 절정으로 치달으면서 124군부대와 미2사단 카투사로 구성된 CAC의 격돌이 벌어졌다. 청와대 입구에서 출발해 휴전선 방향으로 패주하던 무장공비를 체포하기 위해 미2사단 CAC가 긴급 투입되었다.

당시 대간첩대책본부는 1월 28-29일 이틀 동안 무장공비들과 교전이 발생하지 않자 제1사단과 제1공수특전단 등 일부 부대를 원대 복귀시키고 제6군단은 전술지휘소를 철수해 버리는 어이없는 상황이 벌어졌다.

그런데 1월 30일 밤 10시 파주시 광탄면 발랑고리 외딴 초가집. 금병산(해발 294m) 산그늘을 타고 저벅저벅 접근한 제124군부대 소속 한수근(25) 소위가 허벅지 관통상을 입은 채 느닷없이 들이닥쳤다. 설날 명절을 쇠기 위해 집주인 김중철씨(78. 가명) 가족들이 모여 한참 이야기꽃을 피우던 상황이었다.

"아바이 내레 이북에서 왔는데 밥 좀 주시구레!"

한 소위가 기관총을 들이대고 다짜고짜 먹거리를 달라고 협박

---

32) 『동아일보』 1968년 2월 1일자 7면.

하였지만 김씨는 굶주린 동물마냥 애원하는 한 소위의 눈빛을 보고 이내 평정심을 되찾았다. 김씨는 순간적으로 기지를 발휘해 "마침 우리 막내가 저녁을 먹으려던 참인데 이거라도 드시우!"라고 상대방을 안심시켰다.

한 소위는 한참을 망설이다 김씨가 내민 따끈한 돼지고기 김치찌개와 흰쌀밥을 게 눈 감추듯이 순식간에 먹어치웠다. 냉수를 다섯 그릇이나 벌컥 벌컥 들이킨 한 소위는 오른쪽 허벅지 관통상을 보여주며 사흘만 묵어가게 해달라고 간청하였다. 그리고 자신은 청주 한씨이며 올해 스물다섯 살 총각이라고 소개하였다. 김씨는 침착하게 막걸리 반 되를 반주로 따라주면서 "하룻밤 푹 쉬고 가라"고 여유 있게 응대하였다.

김씨는 막내아들 재흠(32. 가명)씨에게 눈짓으로 나가도 된다는 신호를 보냈고, 아들은 부엌으로 나가는 체 하면서 밖으로 빠져나와 이웃방에 세 들어 사는 사(32)모씨 방으로 건너갔다. 막내아들과 사씨는 아랫마을 이장집으로 단숨에 달려가 무장공비가 나타났다고 신고하였다. 이장은 동네 청년들을 깨워 동네 어귀에 잠복 중인 군인들에게 이 사실을 알려주었다.

긴장이 풀린 한 소위는 요강을 갖다 달라고 요청하자 김 씨는 요강과 따뜻한 물이 담긴 세숫대야를 가져왔다. 한 소위는 발에 불이 붙은 것 같다며 '발 좀 씻어야겠다.'고 중얼거렸다.

이에 김씨는 막내아들보다 어린 한 소위의 양말 세 켤레를 벗겨주고 나서 손수 발을 씻겨주었다. 고약한 발 냄새가 방안에 진동하였고 역겨운 악취가 코를 찔렀으나 전혀 개의치 않았다. 그러는 사이에 김씨의 부인은 수수엿을 세 차례 갖다 주면서 한 소위의 경계심을 누그러뜨렸다.

한 소위는 연신 하품을 해대면서 "아바이!, 아바이 신세는 꼭 갚겠습니다. 5월에 다시 내려올 때 로동당에 이야기해서 아바이 신세를 갚도록 하겠다."며 졸린 눈을 수시로 부벼대었다.

김씨가 무거운 눈꺼풀을 이기지 못하는 한 소위를 따뜻한 안방으로 유인한 뒤 새로 만든 비단이불로 잠자리를 만들어주었다. 그리고 요강과 물주전자를 잠자리 옆에 놓았다. 한 소위가 등잔불을 끄고 쿨쿨 잠이 든 사이에 김씨 부부 등은 발소리를 죽이며 집밖으로 무사히 빠져나왔다.

신고를 받고 출동한 미2사단 CAC 이향수(27, 육사 21기) 중위와 카투사 김의열 상병, 박동건 상병 등 3명은 김씨의 오두막집을 둘러싸고 포위망을 구축하였다. 그리고 운전병 방이랑 일병을 시켜 중대장 이춘근 대위에게 지원요청을 보냈다. 드디어 파주 봉일천 소재 캠프 하우즈 CAC 막사에 비상 사이렌이 울리고 무장한 기동타격대가 출동하기에 이르렀다.

곧바로 현장에 출동한 미2사단 CAC는 베트남전쟁의 영웅 이춘근 중대장의 지휘 아래 집 주변을 이중삼중으로 포위하고 무장공비를 생포할 작정이었다. 외딴 집 무장공비는 그야말로 '독 안에 든 쥐' 신세가 되었다.

하지만 이튿날 오전 6시 50분께 부랴부랴 현장에 도착한 국군 제26사단 제75연대 병력이 무장한 미2사단 대간첩요원들을 무장공비로 오인해 총격을 가하였다. 미군부대 특히 CAC의 복장이 익

숙하지 않은 탓에 벌어진 어처구니없는 실수이었다.

풍부한 실전 경험을 지닌 이춘근 대위는 총소리에 놀라 벌떡 일어난 무장공비를 침착하게 설득하려고 시도하였다. 이 대위는 특유의 함경도 사투리로 방안에 숨어있는 무장공비를 향해 "김신조도 자수해서 편안하게 살 수 있게 되었다. 너는 이제 완전히 포위되었으니 조용히 자수하라."고 소리쳤다.

잠시 무거운 침묵이 흘렀다. 그리고 갑자기 '펑'하는 폭음이 들리고 시뻘건 화염이 솟아올랐다. 무장공비 한 소위가 이불을 뒤집어 쓴 채 수류탄을 입에 물고 자폭하고 말았다. 엄청난 수류탄 폭발력에 김씨의 오두막집 문짝이 덜컹 떨어져 나갔고, 방안은 흥건한 피바다를 이뤘다.

김신조와 함께 임진강 고랑포를 건너온 무장공비 31명 가운데 26번째 사망자였다. 두코 전투의 영웅 이춘근 대위는 현장에서 "생포하지 못한 것이 애석하다"고 못내 아쉬움을 표시하였다.[33]

우씨 형제들로부터 최초로 신고를 접수하였던 천현지서 순경들이 2월 3일 법원2리 초리동 산속에서 기진맥진한 무장공비 1명을 사살해 보름 가까이 계속된 수색작전은 사실상 종료되었다.

나무꾼 4명이 바위틈에 숨어있는 무장공비를 발견하자, 이 중 신씨(당시 36세)와 강씨(당시 23세)는 현장에서 동정을 계속 살피는 사이에 류씨(36)와 이씨(27)가 천현지서에 달려가 신고하였다.

우씨 형제 4명의 신고로 시작된 1·21사태는 보름 만에 마을청

---

33) 『조선일보』 1968년 2월 1일자

년 4명이 같은 천현지서에 신고하면서 사실상 대단원의 막을 내렸
다.[34] 결국 1·21사태는 천현지시에서 시작되었고, 천현지서에서 마
무리되었다.

나머지 3명 가운데 2명은 배고픔과 추위를 견디지 못해 쓰러졌
고, 1명은 군경의 포위망을 뚫고 휴전선을 넘어가는데 성공하였
다.[35] 한편 2만여 명이 동원된 군경합동 수색작전에서 모두 26명
이 사망하였고, 무고한 민간인 5명도 운명을 달리하였다. 무장간
첩 31명을 추격하는 대간첩작전에서 총 31명의 희생자가 발생해
씁쓸한 여운을 남겼다.

놀라운 사실은 무장공비들이 침투한 똑같은 경로를 따라 도주
를 시도하였고, 대부분 무장공비들이 포위망을 뚫고 유유히 서울
을 빠져나갔을 정도로 경비태세가 허술하였다. 김신조 역시 "좌우
4km가 나오는 조그만 지도를 가지고 나왔다. 만약에 분산되어도
우리가 거쳐가게 될 앵무봉과 노고산, 파평산을 찾아서 거슬러 올
라오면 되었다."고 이미 설정되었던 퇴각 경로를 거론하였다.[36]

22일 새벽 3시께 생포된 김신조는 홍제동파출소에 끌려간 뒤

---

34) 『동아일보』 1968년 2월 4일자 7면.
35) 김신조 목사는 2004년 1월 "북으로 도주한 1명이 얼마 전 송이버섯을 들고 서울 땅
    을 밟은 사람"이라고 언급해 2000년 9월 김용순 노동당 비서를 수행해 송이버섯을
    들고 청와대를 방문한 박재경 북한군 총정치국 선전담당 부국장(육군 대장)을 지
    칭하였다. 『동아일보』 2004년 1월 17일자.
36) 청와대 공격이 성공할 경우 자동차를 탈취해 서울에서 문산으로 통하는 도로를 타
    고 도주하는 방안이 첫 번째였다. 만약에 자동차 확보에 실패하면 침투 경로를 따
    라서 북한으로 돌아간다는 계획이 사전에 세워져 있었다. 김신조, 『나의 슬픈 역
    사를 말한다』, p.32.

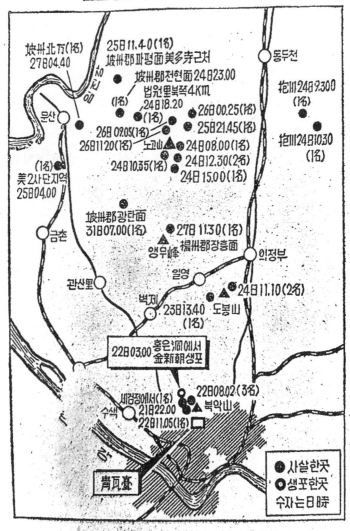

소탕 作戰狀況

坡州北方(1名)
27日04.40

25日11.40(1名)
坡州郡파평面美多寺근처

坡州郡적현面24日23.00
법원里북쪽4㎞
24日18.20
(1名)

26日00.25(1名)
25日21.45(1名)

동두천

抱川24日9.30.0
(1名)

抱川24日10.30
(1名)

문산

26日09.05(1名)
26日11.20(1名)
노고山
24日08.00(1名)

24日10.35(1名)
24日12.30(2名)
24日15.00(1名)

(1名)
美2사단지역
25日04.00

坡州郡광탄面
31日07.00(1名)

27日11.30(1名)

금촌

앵무峰 揚州郡장흥面

의정부

관산里

일영

벽제
23日13.40
(1名)

24日11.10(2名)

도봉山

22日03.00 홍은洞에서
金新朝생포

22日08.02(3名)
세검정에서(1名)
21日22.00
북악山
22日11.05(1名)

수색

靑瓦臺

● 사살한곳
◎ 생포한곳
수자는日時

〈그림 Ⅲ-9〉 김신조 일당 소탕 작전도
국방부 군사편찬연구소, 『국방사건사 제1집』(국군인쇄창, 2012), p.120 참조.

우연히 만난 손석주 중앙일보 기자와 5분 동안 일문일답을 통해 이 같은 사실을 천연덕스럽게 털어놓았다. 김신조는 무장 남파된 목적을 묻자 "청와대를 까러 왔다. 21일 하오 8시를 기해 돌격, 5분 내에 행동을 끝내고 청와대 지프차를 빼앗아 대로로 문산 방면으로 도망치기로 했고 이것이 실패되면 비봉산 쪽으로 도보로 내빼기로 했다."고 예상도주로를 설명하였다.[37]

청와대 입구 교전이 발생한 21일 밤과 22일 새벽 사이에 홍은동에서 김신조가 생포되었고, 세검정(2명)과 북악산(3명)에서 5명이 각각 사살되었다. 나머지 25명은 서울 외곽 지역으로 무사히 빠져나갔고, 도봉산 일대에서 3명이 발각돼 사살되었다. 방향 감각을 상실한 2명은 경기도 포천지역으로 빗나갔지만 다행히 군경 합동수색망에 걸려들었다.

파주 방면으로 도주한 20명의 도주로를 분석하면 경기도 양주군 장흥면 앵무봉과 파주 노고산, 법원리, 천현면 등 남파 루트를 크게 벗어나지 않았다. 급기야 1명은 임진강까지 건너 군사분계선을 통과해 북한으로 복귀하였지만 우리 군 당국은 해당 사실조차 파악하지 못하였다.

유엔군사령부 요청에 따라 1월 24일 개최된 제261차 군사정전위원회 본회의가 개최되었다. 유엔군사령부는 1·21 사태를 의제로 삼았고, 김신조의 증언 모습이 담긴 영상을 틀어주고 노획한 피 묻은 증거물을 들이대며 북한 대표단을 추궁하였다.

---

37) 당시 김신조의 주머니에서 "지식인들이여, 언론·출판·취재활동을 위해 싸우라."는 내용의 삐라가 발견되었다. 『중앙일보』 1968년 1월 22일자 1면.

그러나 북한 대표단은 싸늘한 표정으로 응대하며 "유엔 측이 주장하는 무장공비 사건이란 것은 조선민주주의인민공화국과는 아무런 관계가 없다. 이것은 남조선 애국 청년들의 반미 반정부 무장봉기요 남조선 인민들의 영웅적인 투쟁"이라고 맞받아쳤다.[38]

군사정전위원회 회의는 상반된 서로의 입장만 확인한 채 공전을 거듭하다 끝나고 말았다. 이후 북한은 1·21 사태에 대해 줄곧 오리발을 내밀면서 '인민의 무장소대' 또는 '무장봉기대' 소행이라며, 남한 자체적으로 일어난 반미, 반정부 투쟁이라고 역선전하였다.[39]

그런데 4년 세월이 흐른 뒤 김일성 주석은 북한의 소행임을 인정하기에 이르렀다. 1972년 5월 초 대북 밀사로 평양을 방문한 이후락 중앙정보부장에게 1·21 사태는 북한 내 '극좌 세력(extreme leftists)'이 주도하였다고 털어놓았던 것이다.

미국 국무부의 기밀 해제된 문서는 "(김일성이) 권력 내부의 분파주의로부터 자유로울 수 있다는 것을 의미하지 않는다."면서 "이런 언급이 (1·21 사태의 책임에서 벗어나려는) 자기 잇속만 차리는 말일 수도 있지만, 우리는 실제 수 년 간에 걸쳐 북한에서 파벌적 갈등이 일어난 증거를 확보하고 있다"고 설명하였다.[40]

필자를 만난 김신조씨는 당시 상황에 대해 이해할 수 없는 대목이 많았다고 지적하였다. 종로경찰서장이 혼자 권총 한 자루 차고

---

38) 이태호, 『판문점과 비무장지대: 공동경비구역 JSA와 DMZ』 (서울: 눈빛출판사, 2013), pp.149-150.

39) 국방부, 『국방백서 1968』, p.44.

40) 『연합뉴스』 2010년 5월 5일자.

〈그림 Ⅲ-10〉 124군 출신 김신조 목사

북한 6사단 민경대원 출신 김신조 목사와 미2사단 수색대원 출신 저자의 만남.
1961년 3월 입대한 김신조씨의 첫 임무는 38선 이남에 주둔한 미2사단 주변지
형 정찰이었다.   사진=필자 촬영

나왔는지에 대해 알 수 없었다는 것이다.

경찰서장 아니라 국방부 장관이었어도 무장부대를 데리고 출동
해야 하는 비상사태가 아니었던가. 만일의 사태에 대비해 적을 진
압할 수 있는 화력, 하다못해 칼빈 소총이라도 들고 왔어야 하였
다는 것이었다.[41]

일부 검문소의 경우 비상 연락을 받고 나서 오히려 검문소를 비
워놓고 줄행랑을 친 웃지 못할 상황도 보았다고 김신조 씨는 증언

---

41) 김신조, 『나의 슬픈 역사를 말한다』, pp.56-58.

하였다. 또 교통 통제가 이뤄지지 않았기 때문에 비상사태 현장에 민간인 탑승한 시내버스가 접근하였다. 언덕길 올라오는 시내버스 엔진음을 지원 병력을 실은 군용차량으로 착각한 나머지 무장공비들이 실랑이를 벌이던 최규식 종로서장 일행에게 총기를 난사하고 도주하였다.

김신조씨는 필자에게 "나는 그때 생포된 것이 아니었고 손을 들고 정식 투항하였다. 또 (복싱으로 다져진 체력 덕분에) 치열한 경쟁을 뚫고 특수부대원으로 선발되었다. 남한 언론에서 아직까지 상투적으로 '생포된 무장공비'라는 표현을 쓴다."고 뒤늦게 억울함을 호소하였다.

'서울시민' 김신조씨는 삼부토건 주식회사 총무과에 취직해 평범하면서도 행복한 삶을 누렸다. 1·21사태 때 총에 맞아 숨진 청운중학생 김형기 군의 아버지를 직접 찾아가 용서를 구하였다. 또 순직한 최규식 경무관의 동상 제막식에서 미망인과 아들을 만나 눈시울을 붉히며 함께 헌화하였다.

1970년 5월 어느 날 김신조씨는 최정희씨로부터 구애의 편지를 받고 조심스럽게 사랑을 키워가다 마침내 웨딩마치를 올렸다. 최씨는 당시 보도된『주간한국』일요살롱 코너를 읽고 나서 김신조씨에게 마음이 쏠리기 시작하였다고 털어놓았다.

김신조씨는 결혼을 앞두고 기쁜 나머지 북한 청진에 살고 있는 어머니에게 "아름다운 아가씨와 결혼해 새로운 보금자리를 꾸미겠습니다. 신조가 장가가는 것을 기뻐해 주십시오."라는 내용의 부치

지 못한 편지를 작성하였다.[42]

한편 중앙일보의 주말판 『중앙선데이』는 당시 정부 발표와 달리 북한군 특수부대원이 33명이었고, 일부가 북한으로 돌아가 남한의 고정간첩 역할을 수행하였다고 보도하였다.[43]

청와대 공격조 31명과는 별도로 정찰조 2명이 공격지점 부근에서 망을 보고 있다가 한국군과 경찰이 출동하면 응사해 공격목표를 분산시키라는 임무를 부여받았다. 정찰조를 담당한 임태영과 우명훈은 청와대로 넘어가는 고개 창의문 부근의 민가 옥상에서 상황을 지켜보다 작전이 실패한 줄 직감하고 도주하려다 모두 체포되었다.

이들은 보안사령부로 이송돼 조사를 받는 과정에서 훈련받은 대로 함구로 일관하였다. 그러자 수사관이 정찰조 2명 코 앞에서 생포한 공격조 1명의 목을 작두로 자른 것으로 알려졌다. 공격조의 목이 잘릴 때 피가 사방으로 튀었고, 시신이 꿈틀거렸다고 한다. 공격조의 시체는 후에 사살된 다른 공격조들을 공개할 때 슬그머니 포함되었다.

이 광경을 목격한 임태영과 우명훈은 그 자리에서 심경의 변화를 일으켰다. 보안사 수사관은 "대한민국에 숨어 있다고 탈출한 것처럼 북한으로 돌아가서 영웅대접을 받고 출세할 수 있을 데까지 하라. 그러면서 우리와 협조하자"는 '제오열' 임무를 부여하였다. 최정예 특수부대 출신들에게 평양에서 제오열의 역할을 수행하도

---

42) 김신조, 『실화수기 1·21의 증인』, pp.179-182
43) 『중앙선데이』 2012년 2월 5일자.

록 요구한 것이었다.

　이들은 군사분계선을 넘어 북한으로 무사히 돌아간 뒤 대대적인 환영을 받았고 상장과 중장으로 진급한 뒤 대남공작 업무에 종사하였다. 그러나 이들은 뒤늦게 정보를 입수한 북한 당국에 의해 1998년 형장의 이슬로 사라졌다고 귀순한 북한군 특수부대 상좌가 증언하였다.[44]

---

44) 이태호, 『판문점과 비무장지대: 공동경비구역 JSA와 DMZ』, p.149.

울진·삼척 무장공비 침투 사건

청와대 기습사건이 처참한 실패로 끝나자 제124군부대는 혹독한 시련에 직면하였다. 김일성의 총애를 받던 이재영 부대장은 충성심을 의심 받았고, 급기야 5월에는 부대 개편작업이 전면적으로 단행되었다. 부대는 보다 당성이 투철하고 체력이 뛰어난 부대원들을 선발해 강도 높은 훈련을 실시함으로써 분위기 쇄신을 도모하였다.

기지별로 200여 명을 선발한 뒤 20kg 배낭을 짊어지고 시간당 10km를 주파하는 산악구보와 도피훈련, 살인, 납치, 격술, 정찰, 지형학, 수영, 폭파, 사격술 등을 훈련시켰다.

무엇보다 훈련의 초점은 사상무장 교육에 맞춰졌다. 생포된 부대원 한 명이 침투 루트와 작전요령 등을 모두 털어놓는 바람에 대대적인 개편이 불가피한 상황이 벌어진 것이었다.

이에 따라 고된 육체훈련이 끝나면, 정치부 군관들이 강도 높은 사상교육을 실시하였다. 살벌한 분위기 속에서 자아비판이 진행되었고, 케케묵은 김일성어록과 항일 빨치산 투쟁사까지 달달 외우지 않으면 안 되었다.

제124군부대는 기지에서 선발한 특수공작원 250명을 대상으로 9월 한 달 남파교육을 실시하였다. 남한의 사회 실상과 주민 성향, 사투리, 신분위장술 등을 습득시켰다. 주목할 부분은 남한 군경의 수색작전 요령과 취약점을 파악하면서 이들을 기만하고 도피할 수 있는 기술까지 가르쳤다.

10월 들어 군부대와 공공시설 등에 대한 기습훈련을 실시하였다. 실제로 북한군 사단이나 군단급 지휘소를 연습 삼아 공략하였고, 인민위원회 건물들을 습격해 실전감각을 키우도록 조치하였다. 경계 임무를 담당한 노농적위대 대원들을 공격하는가 하면 이들을 숙소에서 납치하였다.

엄격한 과정을 거쳐 최종적으로 총 120명을 선발해 강원도 원산 송도원으로 이동하였다. 송도원에서 15명씩 조를 나눠 철저한 보안 속에 상륙훈련을 끝없이 반복하였다.

마침내 10월 30일 원산 수산사업소에서 30여 명을 태운 공작선이 남쪽으로 기수를 돌렸다. 이들은 남한에 혁명기지를 구축해 게릴라전을 장기간 수행하는 이른바 베트남식 게릴라작전'을 시험해 보는 임무를 부여받았다.

구체적으로 살펴보면 30일 동안 태백산맥 줄기를 타고 북쪽으로 이동하면서 고립된 산간마을에서 게릴라전을 전개하든지, 동조세력을 데리고 월북하거나 여의치 않을 경우 납치한다는 것이었다.

남한에서 민중봉기를 선동하고 주요시설을 파괴하거나 요인을

〈그림 Ⅲ-11〉 무장공비 경계 해안경비초소　　　　사진=대한민국 정부기록사진집

암살한다는 목표도 추가되었다. 공작선이 공해상에서 강원도와 경상북도 경계지점으로 접근하였고, 부대원들이 고무보트 4대에 나눠 타고 경북 울진군 고포마을[45] 해안가에 상륙하였다.

　　이튿날인 11월 1일, 2일까지 3일 동안 제124군 부대원 120명이 15명씩 8개 지점으로 집단 침투하는데 성공하였다.[46] 고포마을 뒤

---

45) 고포 마을은 경북과 강원도 2개도에 걸쳐 분포하였다. 동네 한복판을 흐르는 개울을 경계로 북쪽은 강원도 삼척시 원덕읍 월천2리이며, 남쪽은 경북 울진군 북면 나곡6리다. 이에 따라 바로 앞집에 전화를 걸 때 지역번호를 눌러야 하며, 마을 이장도 2명이 맡고 있을 정도다. 북쪽 마을은 육군 제38사단이, 남쪽 마을은 제36사단이 각각 경계 책임을 맡고 있다.

46) 11월 2일 오후 9시 20분께 제38사단 경계병이 초소 전방 500m 해상에서 고무보트 4척이 접근하는 것을 발견하였으나, 무서워 조치를 취하지 않고 초소를 이탈하였

편에 위치한 응봉산은 산세가 험준하고 폐광이 많았기 때문에 은 신처로 안성맞춤이었다.

가장 먼저 상륙한 제1진은 태백산맥 능선을 타고 내륙으로 진출 하였다. 11월 3일 북두산 산간마을에서 화전민들을 대상으로 선 전활동을 벌인 뒤 산속으로 사라졌다. 응봉산에 숨어 있던 다른 부대원들은 바닷가에서 15km 떨어진 고수동 마을에 잠입해 주민 40여 명을 모아놓고 '인민유격대', 북한 노동당, 민주여성동맹 가 입을 강요하였다. 이어 주민 9명을 납치해 인근 매봉산 방향으로 도주하였고, 도중에 일부 주민을 잔인한 방법으로 살해하였다.

이에 따라 주민들의 신고가 잇따랐고[47], 군경 합동소탕작전이 개 시되었다. 즉 11월 4일 대간첩중앙협의회는 경상북도 울진군과 강 원도 삼척군과 영월군, 정선군, 명주군, 평창군 등 6개군 일대에 을 종 사태를 선포하였다. 동해안에서 내륙으로 통하는 모든 국도에서 검문검색이 강화되었고, 예비군들이 예상 도주로를 차단하였다.

다. 초소 근무자 6명 가운데 4명은 초소를 벗어나 회식중이었고, 한 명은 내무반에 서 취침 중이었다고 한다. 연락을 받은 분대장은 81mm 박격포 11발을 쏘고 괴선 박을 침몰시켰다고 허위보고하였다. 중대장은 보고를 접수하고도 묵살하는 바람 에 북한군 침투사실 자체가 완전히 묻혔다. 11월 3일 고수동 주민들의 신고를 받 고서야 군경소탕작전이 시작되었다. 국방군사연구소, 『대비정규전사 II(1961-1980)』, p.52.

47) 무장공비들의 신고하면 죽인다는 협박에 마을주민들이 떨고 있을 때 오갑선(가 명,17) 소년이 3일 오후 12시 30분께 간첩 출현을 알리는 쪽지를 적어 계란을 사러 왔던 이웃마을 한모(여, 32)씨에게 전달하였다. 한씨는 쪽지를 양말 속에 감추고 2.5km 떨어진 마을로 돌아와 남편에게 건네줬고, 남편이 오후 1시 30분께 북면덕 구 경찰대에 신고를 접수하였다. 무장공비 출현을 알리는 최초의 민간인 신고였다. 대간첩대책본부는 5일 오후에야 언론 등에 공개적으로 발표하였다. 『한국일보』 1968년 11월 6일자 1면.

제1진으로 침투한 30명은 경북 울진과 봉화군 일대에서 작전하면서 강원도 영월 방향으로 북상하였다. 제2진 30명은 강원도 삼척군 태백산맥 주능선과 우측을 타고 매봉산, 두타산, 청옥산, 석병산, 대관령 방향으로 도주하였다. 제3진으로 상륙한 60명은 4개조로 분산해 경북 울진을 경유해 태백산맥 좌측을 타고 정선과 평창을 향하였다. 이들은 모두 오대산 신배령과 철갑령을 넘어 방태산, 설악산, 향로봉으로 이어지는 복귀 루트를 숙지하였다.

한편 북한군이 11월 5일 동부전선 남방한계선 이남지역에 포격을 가해왔다. 다행히 아군의 피해는 없었지만 북한 침투부대원들의 활동을 지원하기 위한 차원으로 풀이되었다.

이날 판문점에서 열린 제281차 군사정전위원회에서 유엔군 수석대표는 북한이 10월 20일부터 11월 5일까지 휴전선 일대에서 총격과 침투, 포사격, 지뢰폭발 등 44차례 정전협정 위반한 사례가 발생하였다고 지적하였다.

국내 언론들은 11월 5일 "울진에 30명의 무장공비 출현"라는 기사를 처음으로 보도하였다. 국회 본회의에서 국방 장관은 "울진지역에 침투한 30명 내외의 무장공비들을 군경 예비군들이 포위하고 소탕 중"이라고 보고하면서도 "아직 공비들의 침투상황을 정확하게 파악하지 못하고 있다"고 시인하였다.

북한의 무장 군인들이 침투해 일주일 가까이 민간인들을 학살하고 군경 수색작전부대와 관구사령부에 신고전화가 빗발치는 상황이었다. 군경작전지휘본부는 산악지역 독립가옥에 거주하는 주민들을 일제히 철수시켰다. 쫓기는 북한군 침투요원들이 이들을 대상으로 식량을 약탈하고 살인과 납치를 일삼았기 때문이다.

북상하는 북한군 침투요원들은 주민들을 대상으로 대담하게 자신들의 신분을 노출하면서 선전선동 활동을 벌여나갔다. 국군 수색대와 조우할 경우 15명씩 집단 행동하는 것을 원칙으로 삼았으며, 필요할 경우 7-8명 혹은 4-5명 단위로 분산 행동하기도 하였다. 산속에 비밀 아지트를 구축하고 3일이나 일주일씩 지체하거나 심지어 10일 또는 20일까지 장기간 노출되지 않고 체류하는 경우도 발생하였다. 은폐장소로는 고산 지대를 배경으로 험준하고 경사가 가파른 절벽의 천연 바위동굴을 선호하였다.

11월 8일에는 비무장지대 동부전선에서 아군 수색대가 군사분계선을 넘어 남쪽으로 침투하던 북한군 침투요원 4명을 사살하였고, 중부전선에서도 북한군 1명이 매복조에 걸려 사살 당하였다. 휴전선과 해안선 일대에서 북한군의 무력도발이 점점 강도를 더해갔다.

한편 11월 9일 삼척군 상장면 철암리 외딴 집에 제124군부대 1기지 소속 정동춘 소위가 나타나 자수하였다. 정동춘은 경찰조사 과정에서 김신조 면담을 요청하였고, 경북 울진으로 이송돼 김신조와 직접 대면하였다. 김신조는 헬리콥터를 타고 다니면서 제124군부대원들에게 무기를 버리고 자수하라는 설득작업을 벌였다.[48]

11월 12일 경북 봉화군 소천면 산자락 외딴집에서 제124군 부

---

48) 김신조는 자수한 한 명(정동춘)과 함께 기념사진을 찍어 전단을 만들어 배포한 결과 모두 일곱 명이 자수하거나 생포되었다고 주장하였다. 김신조, 『나의 슬픈 역사를 말한다』, pp.187-188

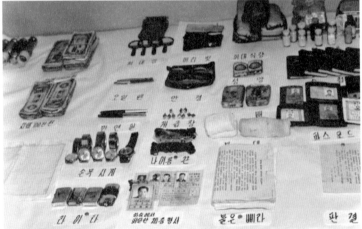

〈그림 III-12〉 주문진 무장공비 침투현장 검증   사진=대한민국 정부기록사진집

대 고등운 중위가 자수하였고, 11월 23일에는 같은 부대원 김광춘 소위가 생포되는 등 투항하는 사례가 잇따랐다.

막다른 길목으로 내몰린 북한군 침투요원 수십 명이 11월 29일 오대산 상원사 주변에 숨어들었다. 군경이 집요한 수색작전으로

〈그림 III-13〉 41년 만의 참회
이승복 묘지 참배하는 울진·삼척 무장공비 김익풍※씨   사진=연합뉴스

포위망을 좁혀갔고, 주민들의 발 빠른 신고 조치로 설 땅을 잃어갔
다. 북한에서 교육 받은 베트남식 게릴라작전이 남한에서 한계를
드러내었고 부대원들의 조직력도 와해 상태에 도달하였다.

　일부는 태백산맥 줄기를 따라 북상을 계속해 대관령을 돌파하
고 오대산까지 진출하였다. 사찰에 침투한 북한군 제124군부대는
주지승을 비롯한 승려 7명과 대학입시생 1명을 감금하고 식량을
빼앗아 달아났다.

※ 제124군 부대원으로 침투하였던 김익풍 씨는 41년 만인 2009년 12월 이승복의 묘
　지를 찾아 용서를 구하였다. 김씨는 자수 이후 제일제당에서 근무하였고 반공강연
　등으로 생계를 유지하였다.

하지만 1천500m 고지에 눈이 쌓였고, 계방산 쪽에서 부는 강풍에 이들의 발걸음이 갈수록 느려졌다. 이튿날 정오 오대산 남쪽 기슭에서 수색대에 발각된 북한군 침투요원들이 조장을 비롯해 3명이 희생되고 나머진 뿔뿔이 흩어졌다.

강원도 평창군 진부면 계방산 일대로 도주하던 북한군 침투요원들은 12월 9일 농가를 급습해 속사초등학교 계방분교 2학년생 이승복 어린이를 잔인한 방법으로 살해해 공분을 샀다. 이들은 짐승 같은 살인 만행을 저지르고 도주하던 중 이날 오후 계방산 북쪽에서 국군 수색대에 발각돼 사살 당하였다.

태백산맥 일대에는 공수특전단과 해병대, 보병사단, 경찰 등 17여만 명이 투입되었고, 12월 25일까지 수색작전을 벌인 결과 북한군 침투요원 가운데 110명이 사살되었고, 7명이 생포되거나 자수하였지만 나머지 인원의 소재는 파악되지 않았다. 우리 측 역시 34명의 전사자와 50여명의 부상자가 발생하였고, 주민 수십여 명이 목숨을 잃었다.

김대중 신민당 의원은 울진·삼척의 간첩침투는 '제2의 월남화 작전의 전초전'으로 보아야 한다며 정부의 반공태세를 재정비·강화해야 한다고 촉구하였다.[49)]

---

49) 동아일보 1968년 11월 22일자.

"원산항에서 대동강까지"
― 푸에블로호 미스터리

　　필자는 북한학 공부를 시작하면서 초대형 선박인 푸에블로호를 동해 원산항에서 평양 대동강으로 이송한 방법에 대해 의문을 갖기 시작하였다. 북한 당국이 푸에블로호 이송과정에 대해 공식적으로 발표하지 않았고, 미국 역시 대동강 푸에블로호에 대해, 이송을 둘러싼 논란에 대해 아무런 논평을 내놓지 않았다.

　　1968년 1월 23일 강원도 원산항 인근 공해상에서 북한군에 의해 나포된 미 해군 정보수집함 푸에블로호는 원산항에 계속 묶여 있었다. 북한은 주민과 군인들을 대상으로 푸에블로호를 반미항쟁 전리품으로 공개하였으며, 1995년부터 외부 인사들에게 관람을 허용하였다. 1995년 4월 27일 미국의 보도채널 CNN과 1998년 1월 19일 일본 아사히(朝日)신문이 푸에블로호가 강원도 원산항에서 외국인들에게 관광 상품으로 전시되고 있다고 보도한 바 있다.

〈그림 Ⅲ-14〉 북한군 푸에블로호 관람

그런데 1999년 8월 평양을 방문한 남측 인사들이 평양 대동강 쑥섬에서 정박 중인 푸에블로호를 발견하고 깜짝 놀랐다. 미국에 기반을 둔 친북 매체 민족통신은 같은 달 14일 평양발 기사에서 "푸에블로호가 강변(대동강)에 묶여져 이곳 동포들의 구경거리가 되고 있다"고 보도하였다. 비슷한 시기에 방북한 미국의 로버트 토리첼리 상원의원은 중국 베이징(北京)에서 기자회견을 갖고 "푸에블로호가 (서해) 남포항에 있는 것을 목격하였다"고 주장하였다.

30여 년 만에 모습을 드러낸 푸에블로호가 원산이 아닌 평양에 위치한다는 사실이 알려지면서 정보 당국과 북한 전문가, 외교안보 기자들 사이에서는 이송경위에 대해 억측이 난무하였다. 분명한 것은 북한이 원산항에서 북한 주민과 군인, 외국인들을 대상으로 공개한 푸에블로호가 1998년 1월부터 1999년 8월 사이에 강

〈그림 Ⅲ-15〉 푸에블로호 전경   사진=국가기록원

원도 원산에서 평양 대동강으로 옮겨졌다는 사실이었다.

　당시에 제기된 주장들을 정리해 보면 첫 번째 푸에블로호를 해체해 평양-원산고속도로를 통해 차량으로 이송하였다. 두 번째 서해 남포조선소에서 푸에블로호 모조품을 제작해 대동강에 전시하고 있다. 세 번째 민간 상선으로 가장해 공해상으로 빠져 나간 뒤 한반도 외곽을 경유해 서해갑문을 통해 평양으로 들어갔다는 등 다양한 주장들이 쏟아졌다.[50] 심지어 미확인비행물체(UFO)가 야밤에 대동강에 옮겨놓았다는 우스갯소리도 나올 정도로 푸에블로호 평양 이송을 둘러싼 의문이 눈덩이처럼 커졌다.

　이 가운데 '육상이송' 주장은 길이 54m, 폭 10m, 무게 906t

---

50) 『연합뉴스』 1999년 8월 30일자.

푸에블로호 제원을 감안하면 현실성이 떨어진다. 적재화물의 덩치가 워낙 크기 때문에 분해 작업 또는 이송 과정이 미국의 인공위성 정보망에 고스란히 포착될 수밖에 없었다. 평양-원산고속도로가 노폭이 좁고 구간마다 터널이 설치되어 있기 때문에 상당한 번거로움을 감수하지 않으면 안 되었다.

수십 년 동안 항구에 멈춰있던 노후 선박을 분해 조립해 다시 강물 위에 띄운다는 사실은 무모함을 넘어 가능성이 희박해 보인다. 조립품이 아닌 '모조품' 푸에블로호 전시 주장은 실제로 선박을 방문한 외국인들에 의해 가짜뉴스로 판명되었다.

결국 민간 상선으로 위장해 공해상 이송하였다는 주장에 무게가 실렸지만 반미선전 활동의 상징물 푸에블로호가 공해상을 통해 옮겨지는 과정을 미국의 정보망이 포착하지 못할 리 없고, 수수방관하지 않았을 것이라는 지적이 만만치 않았다.

『노동신문』을 비롯한 북한 매체들은 평소 "미국과 전투를 벌여 19세기에는 셔먼호를, 20세기에는 푸에블로호를 전리품으로 만들었다"고 떠들면서 "21세기 전리품도 여기에 가져다 놓으리라. 미제야 함부로 날뛰지 마라"고 미국에 향해 으름장을 늘어놓았다.

북한은 미국 조선침략사가 1866년 상선 제너럴셔먼호를 격침사건으로 거슬러 올라간다며 김일성 주석의 증조부 김응우가 셔먼호를 격침하는데 주도적 역할을 수행하였다고 선전한다.[51] 셔먼호를

---

51) 노동신문은 "미제의 조선 침략사는 백수십년에 달한다. 침략의 검은 연기를 내뿜고 있는 흉물스러운 배가 바로 1866년에 서해 바다를 통해 대동강에 기여 들었다가 조선 인민의 단호한 징벌을 받은 미제 침략선 셔먼호이다. 당시 이 침략선에 타고 있던 침략무리들은 장사배니 뭐니 하면서 조선침략의 척후병으로서의 저들의

격침시킨 지 100년 만에 푸에블로호를 나포하였다는 점을 강조해 백두혈통이 미국과의 백년전쟁을 진두지휘하고 있다는 사실을 부 각시키고자 셔먼호 격침 현장에 푸에블로호를 전시하는 것으로 풀 이된다.[52]

그런데 필자가 노무현 정부 시절 개성을 방문하였을 때 우연히 만난 북한 고위층 인사는 푸에블로호 미스터리에 종지부를 찍어주 었다. 김정일 국방위원장의 지시에 따라 강원도 원산항에 정박한 푸에블로호를 대동강 '충성의 다리' 근처로 옮겨놓았다는 것이었 다.[53]

가장 중요한 이송 방법을 거듭 묻자 '상선으로 가장해 공해상에 서 한반도를 시계 방향으로 반 바퀴 돌았다'는 답변이 돌아왔다. 미 정보 당국의 추적을 피하기 위해 군함을 상선으로 위장하는 기 상천외한 방법이 동원되었다는 것이다.

비슷한 시기에 북한 노동당 기관지 『노동신문』이 푸에블로호 미

정체를 가리워보려 하였다...(중략)... 바로 이 침략선의 침입과 함께 조선에 대한 미제의 침략 역사가 시작되었던 것이다" 『노동신문』 2004년 11월 6일자.

52) "우리 장군님의 강철의 담력과 배짱에 의하여 그 이후 푸에블로호는 19세기 침략 선 셔먼호가 격침된 대동강반에 끌려와 20세기 미국의 패전상을 력사(역사) 무대 에 실물로 올려놓았으며 그 후에 보통강반에 묶이여 미국의 사죄문의 력사는 21세 기에도 변함없이 흐르리라는 것을 말하게 되었다." 『노동신문』 2018년 1월 23일 자.

53) 푸에블로호를 원산항에서 대동강으로 옮긴 시기에 대해 이견이 많다. 양영조 군사 편찬연구소 연구위원은 "납북사건이 발생한 31년이 지난 1999년 10월 북한은 원산 항에 있던 것을 김정일 지시에 의해 대동강 충성의 다리 근처로 옮겨 반미교육으 로 활용하고 있다"고 주장하였다. 행정안전부 국가기록원 https://www.archives.go.kr/next/search/listSubjectDescription.do?id=006322&pa geFlag=&sitePage=1-2-1(검색일: 2021.3.16).

〈그림 Ⅲ-16〉 '동에 번쩍, 서에 번쩍' 푸에블로호
사진=반종빈 연합뉴스 그래픽뉴스팀장

스터리에 대한 명쾌한 정답을 내놓은 바 있다.[54] 노동신문은 "백수십년 전 우리나라를 침범하였던 셔면호가 수장된 자리에 푸에블로호가 묶여있는 것을 보았을 때의 충격은 컸다. 미제가 우리 공화국과의 대결에서 당한 참패의 전시장 같은 느낌이 들어 가슴이 후련하였다."고 재북평화통일촉진협의회 윤성식 상무위원의 소감을 소개하였다.

이어 "원산에 있던 푸에블로호를 대동강으로 끌어오는 과정에

---

54) 『노동신문』 2004년 12월 29일자. 푸에블로호를 공해상으로 옮겼다는 내용은 북한 매체 가운데 노동신문에 단 한차례 소개되었고, 국내 언론에는 전혀 소개된 바 없다. 붉은 색 자막 처리는 필자의 개인적 견해.

있었다는 신화 같은 이야기는 더욱 통쾌하였다."면서 원산에서 대동강까지 선박 이송 과정에 대한 여정을 설명하였다. 다음은 노동신문이 전하는 푸에블로호 이송과정이다.

위대한 수령 김일성동지의
주체사상으로
튼튼히 무장하자!

로동신문
조선로동당 중앙위원회기관지
제364호 19세 제21124시 주체93 (2004)년 12월 29일 (수요일)

당의 령도따라 내 나라, 내
조국을 더욱 부강하게 하기
위해 힘차게 일해나가자!

원산에 있던 《푸에블로》호를 대동강으로 끌어오는 과정에 있었다는 신화같은 이야기는 더욱 통쾌하였다. 당시로 말하면 미제가 반공화국압살책동에 열을 올리면서 남조선의 호전분자들과 야합하여 남조선과 그 주변해역에서 대규모의 전쟁연습을 벌려놓고있을 때였다. 백두의 천출명장이신 경애하는 장군님의 지략과 담력을 그대로 닮은 우리의 인민군용사들은 적들이 전쟁연습에 발광하고있을 때 <u>드넓은 공해를 가로질러 그 배를 버젓이 대동강으로 끌어왔다는것이다.</u>

〈그림 III-17〉 북한 노동신문
"다박솔초소에서 시작된 선군정치의 위력을 절감하며"　　　(본문 발췌).

미국은 아직까지 해군함정 리스트에서 푸에블로호를 삭제하지 않고 현역함 자격으로 예우하고 있다. 언젠가 북한으로부터 돌려받아야 한다는 의지를 반영한 것으로 볼 수 있다. 실제로 올브라이트 미 국무부 장관이 2000년 평양을 방문하였을 때 푸에블로호 반환 협상이 진행되었으나 북미관계가 다시 경색되면서 물거품이 되고 말았다.

최근에도 트럼프 행정부에서 존 볼턴 미국 백악관 국가안보보좌관이 "지금이 푸에블로호 반환을 논의하기에 적절한 때"라고 말하였고,[55] 딕 체니 전 부통령의 특별보좌관을 지낸 로버트 웰스가 폭스뉴스 기고문을 통해 푸에블로호 반환을 촉구한 바 있다.[56]

그렇다면 미국이 자랑하는 최첨단 정보망은 공해상에서 보란 듯이 떠가는 푸에블로호를 수수방관하였단 말인가? 농구공만한 크기 물체의 움직임도 포착해낸다는 미국의 최첨단 군사위성 감시망이 제대로 가동되었다면 1천 톤 가까운 대형 선박의 공해상 이동을 방치하였을 리 없다. 푸에블로호가 유유히 지나간 공해상 인근에는 주일미군 기지로서 캠프 자마와 요코스카 해군기지, 사세보 기지, 요코타 공군기지 그리고 오키나와에 가데나 공군기지, 후텐마 해병항공기지, 화이트비치 등 유엔사 후방기지들이 존재하였다.[57] 최신예 전투기와 함정이 비상출동하면 푸에블로호 공해상 이송을 충분히 제지할 수 있는 상황이었다. 북한의 주장대로 푸에블로호가 공해상으로 이송한 사실을 몰랐던 것인지, 아니면 알면서도 속수무책으로 방치한 것인지 미국의 입장이 궁금할 따름이었다.

필자는 당시 미 국방부 장관을 역임한 윌리엄 코언을 만나 푸에

---

55) NewYork Times May 24, 2019

56) 웰스는 제2차 북미정상회담을 앞두고 기고문을 통해 북한이 푸에블로호를 미국에 반환하면 미국과 신뢰구축에 큰 도움이 될 것이라며 "북한의 해군 군함 내지 상선이 보통강에서 푸에블로호를 끌고 서해까지 이동해 미국 측에 전달하면 부산항으로 옮겨야 한다."고 구체적인 인도 방안까지 제시하였다. Foxnews January 23, 2019.

57) 문관현, "한반도 평화체제 논의에 따른 유엔군사령부 변화에 관한 연구", p.114.

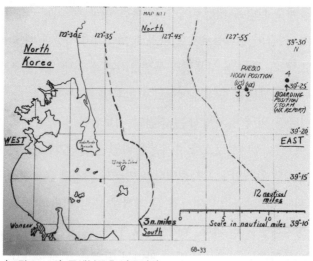

〈그림 III-18〉 푸에블로호 나포지점　　　　　　　사진=국가기록원

블로호 이송사건에 대해 질문할 기회를 가졌다. 북한이 주장하는 대로 공해상 이송이 현실적으로 가능한지에 대해 묻자, 그는 순간 당혹감을 감추지 못하였다. 하지만 푸에블로호 공해상 이송에 대해 긍정도, 부정도 아닌 애매한 입장으로 일관해 묘한 여운을 남겼다.

미 해군 정보수집함 푸에블로호가 1968년 1월 23일 오후 1시 45분 강원도 원산 앞바다 40km 해상에서 나포당하였다. 동경 127도 54분 북위 39도 25분 공해상이었다. 푸에블로호는 북한 영해에 근접한 공해를 오르내리면서 북한과 소련, 중국의 무선내용을 감청하는 임무를 수행하였다.

북한은 푸에블로호가 북한의 12해리 영해를 침범해 7.1해리까지 접근하였다고 주장하였다. 미국은 1월 25일 북한 당국이 정전협정과 국제법, 유엔 헌장을 위반해 위험하고 공격적인 군사행동을 감행해 평화에 중대한 위협이 되고 있다며 안전보장이사회 긴급회의 개최를 요청하였다.[58] 골드버그 유엔대사는 유엔 안전보장이사회 발언을 통해 푸에블로호가 북한의 해안에서 13해리 떨어진 공해상에서 작전을 펴왔다고 강조하였다.

이러한 논란은 북한이 원산 앞바다 작은 섬 요도를 기점으로 영해를 인정한 반면, 미국은 원산 해안을 기점으로 감안하였기 때문에 현격한 입장차를 보였다. 기준을 어디로 삼느냐에 따라 북한 영해를 침범하였는지, 공해상에서 머물렀는지 극명한 차이를 보였다.

북한 초계정 3척과 미그기 2대가 푸에블로호를 원산항으로 끌고 갔고, 미 해군 장교 6명과 수병 75명, 민간인 2명을 포함해 총 83명이 승선한 상태였다. 이 가운데 나포 과정에서 한 명이 사망하였다. 미국은 핵 항공모함 엔터프라이즈호와 구축함 3척을 원산만 부근으로 이동해 비상 대기시켰다. 해·공군 예비역 1만4천여 명에게 긴급 동원령을 내렸고, 전투기를 포함한 항공기 372대에 대해 출동태세를 갖추도록 하였다.

하지만 군함을 나포하고 승무원들을 인질로 잡은 북한은 느긋한 입장을 보였다. 자국민의 생명을 소중히 여기는 미국 정부의 아킬레스건을 제대로 잡고서 오히려 큰소리를 치는 상황이 벌어졌다. 푸에블로호가 나포된 지 이틀 만에 북한의 대외용 라디오 매체

---

58) Office of Public Information United Nations, Yearbook of the United Nations 1968 Volume 22(New York: United Nations, 1971), p.168.

평양방송을 통해 로이드 부커 함장의 풀 죽은 목소리가 흘러나왔다.[59]

"푸에블로호는 동해안을 따라 요도에서 7.6마일 떨어진 조선민주주의인민공화국의 영해로 깊숙이 침입하여 여러 군사시설에 대한 정탐활동을 벌이다가 자위적 차원에서 출동한 인민군 해군 초계정에 나포되었다. 우리는 다만 조선민주주의인민공화국 정부의 관대한 용서를 바랄 뿐이다."

북한은 또 승무원들이 1월 말부터 평양방송에 차례로 출연해 자백하게 만들어 미국 정치인과 당국자들의 사기에 찬물을 끼얹었다. 미국 언론들은 승무원들의 허위 자백을 대대적으로 보도하였다. 미국 국민들의 여론은 승무원들이 고문을 못 이겨 허위 자백하였다는 점과 약소 국가인 북한에 무기력하게 당해서는 안 된다, 강력하게 보복조치를 내려야 한다는데 모아졌다.

김일성은 보름 만인 2월 8일 북한군 창건 20주년 기념 연설을 통해 "조선에서 미제국주의자들의 새 전쟁 도발책동은 이미 엄중한 단계에 이르렀다."면서 "우리 인민과 인민군대는 미제국주의자들의 보복에는 보복으로, 전면전쟁에는 전면전쟁으로 대답할 것"이라고 위협하였다.

이어 "우리의 경고에도 불구하고 정세를 격화시키며 끝끝내 전쟁의 길로 나간다면 이번에는 그들이 더 큰 참패를 당하리라는 것을 단단히 각오해야 할 것"이라고 경고 메시지를 보냈다.[60]

---

59) 이태호, 『판문점과 비무장지대: 공동경비구역 JSA와 DMZ』, p.152.
60) 조선로동당출판사, 『김일성저작선집 (5)』 (일본 도쿄: 구월서방, 1972), p.6

〈그림 Ⅲ-19〉 돌아오지 않는 다리 귀환   사진= 국가기록원

김일성은 또 1968년 3월 21일 북한 노동당 중앙위원회 부부장 이상 일꾼들과 도당 책임비서들이 모인 가운데 연설을 통해 "우리가 미제의 무장간첩선 푸에블로호를 붙든 것은 나라의 주권과 민족의 존엄을 지키기 위한 응당한 자위적 조치이며 백 번 정당한 일"이라고 격려하였다.[61].

그러나 대통령 선거를 앞둔 미국으로서는 베트남 전쟁 와중에 또 다른 전선을 형성하기 어렵다는 점과 미국 내 반전여론이 거세게 일고 있다는 점, 인질로 잡혀간 승무원들의 안전을 보장할 수 없다는 점 등으로 북한에 대한 군사적 보복카드를 쉽게 꺼내들지 못하는 상황이었다. 미국이 당시 선택할 수 있는 카드는 별로 남아 있지 않았다.

이에 따라 미국은 한국 정부의 반발에도 불구하고 2월 2일부터

---

61) 이태호, 『판문점과 비무장지대: 공동경비구역 JSA와 DMZ』, p.151.

〈그림 III-20〉 어색한 경례 - 성탄절 귀환　　사진=Ron Baese 1968년 JSA Advance Camp 근무

북한과 협상에 착수하였다. 비밀협상에서 북한은 미국이 영해 침입을 시인하고 사과하면 승무원을 돌려보낼 수 있다는 입장을 보였다. 30여 차례 비밀회담 끝에 억류된 승무원들이 325일 만에 판문점을 통해 귀환함으로써 푸에블로호 피랍 사건은 마무리되었다.

미국 정부는 반전 여론에 밀려 베트남에서 철수를 고려하던 상황이었고, 한반도에서 긴장 상태를 원하지 않았기 때문에 협상 테이블에서 많은 부분을 양보하였다. 선체와 장비는 북한 당국에 몰수 당하였고, 보상금 지불에 관한 내역이 밝혀지지 않았기 때문에 떳떳하지 못한 협상이었다는 비판이 꼬리를 물었다.

미국은 사이러스 밴스(Cyrus R. Vance) 전 국방부 부장관을 특사로 한국에 파견해 "한국의 안전이 위협 받을 때에는 언제나 즉각적인 협의를 한다."고 약속하였다. 당시 박정희 대통령은 미국의 실천 여부와 의지에 의구심을 품었고 "감정적으로 고조된 상태였다."고 밴스 특사는 보고하였다. 박정희는 대북 조치에 앞서 미국과 상의한다고 약속하였지만, 실제론 미국의 충고를 받아들이지 않겠다는 입장을 고집하였다.

미국 합참은 회계연도 1968년 3월 한국에 대한 MAP 지원금을 1억 달러 증액하도록 승인하였다.[62] 밴스 특사의 방한을 계기로 한미 양국은 매년 각료급 국방회의를 개최하자고 논의하기에 이르렀다. 이에 따라 같은 해 4월 하와이에서 개최된 박정희-존슨 대통령 간 한미정상회담에서 국방 각료급 정례회담 개최에 합의하였다. 한미상호방위조약에 '안전이 위협받을 경우 상호 협의한다(제2조)'는 규정에도 불구하고 외교소통 채널이 부재한데 대한 보완책으로 풀이할 수 있다.

한편 미국 워싱턴 DC 연방법원은 푸에블로호 나포 사건에 대해 북한이 승조원과 유가족 등에게 23억 달러(2조5천억 원 상당)를 배상하라는 판결을 내렸다.[63] 생존 승조원과 유가족들이 2018년 2월 북한에서 고문과 가혹 행위를 당하였다며 집단 소송을 제기한 바 있다. 역대 미국 법원이 북한 당국에 명령한 배상액 중 가장 큰 액수다. 원래 북한이 배상해야 할 액수는 11억 5천만 달러였지만, 재판부는 북한에 대해 징벌적 배상 차원에서 금액을 2배로 늘렸다고 한다.

---

62) 증액 지원금은 F-4D 전투기 18대와 향토예비군에게 지급될 M-1 소총 30만 자루, 대침투작전에 1천300달러 구매 비용에 해당하였다.

63) 『연합뉴스』 2021년 2월 26일자.

EC 121 격추사건
— 미그기 분해·조립·격추 작전

주한미군 경계망을 뚫은 청와대 기습사건과 미 해군 푸에블로호 피랍사건에 이어 미 공군의 최신예 정찰기가 동해 상공에서 격추 당하는 어이없는 사건이 발생하였다. 정권 수립 20주년을 맞이한 북한[64]의 육군·해군·공군이 1년 3개월 동안 돌아가면서 한반도 일대 지상과 바다, 하늘에서 세계 최강을 자부하는 '골리앗 군단' 미군을 철저하게 농락해 버렸다.

북한의 열악한 공군력을 감안할 경우 한국전쟁부터 절대 우위를 차지하였던 미 공군의 최신예 정찰기를 격추시킨다는 발상 자체가 파격적이었다. 격추당한 정찰기에는 반경 400km 이내 북한군 군사시설을 손바닥처럼 들여다보는 최신형 레이다 APS-95가

---

64) 닉슨 대통령은 선거과정에서 북한을 "4등급 국가(fourth-rate power)"라고 우습게 보았다.

〈그림 Ⅲ-21〉 EC 121 격추 사건의 '공군 3인방'
좌로부터 김기옥·오극렬·조명록

사진=연합뉴스

장착돼 있었기 때문이다.

레이다를 가동하면 동해안은 물론 북한 전역에서 이륙하는 미그기를 실시간으로 포착할 수 있기 때문에 미그기에 의한 정찰기 요격은 사실상 불가능에 가까웠다.

더욱이 1965년 4월 28일 미 공군 RB47 스트라토 정찰기가 북한의 미그17의 공격을 받은 이후 정찰비행노선을 연안으로부터 80km에서 150km로 멀찌감치 후퇴시켜놓았다.

기상천외한 정찰기 공격을 감행하기 위해 김기옥 북한 공군대학장과 오극렬 공군 소장, 조명록 공군 대좌가 머리를 맞대었다. 김기옥은 한국전쟁 당시 미군 최고의 탑건 조종사였던 토머스 젤레스 대위가 몰던 전투기를 격추시켜 북한 공군 최초로 공화국 영웅이 되었다.

오극렬은 만경대혁명학원 1기생으로 공군사령관 시절 공군전력 강화에 공을 세웠다는 평가를 받았고, 조명록은 항일무장 투쟁 시절 김일성의 메신저 역할을 맡았을 정도로 신임이 두터웠다.

미국의 위성 감시망을 피해 최신형 미그 21 기체를 분해해 야간 열차편으로 이동한 뒤 동해 인근에서 재조립해 출격시키면 승산이 있다는 결론에 도달하였다. 문제는 초음속 전투기 미그 21기 2대를 평안남도 북창 기지에서 동해안에 인접한 함경북도 어랑 공군기지로 감쪽같이 이송해야 한다는 것이었다.

최신형 미그기가 미국의 감시망을 피하기 위해 해체된 상태에서 직선거리 380km 구간을 열차편으로 이동한다는 기발한 착상이 구체화되었다. 어랑 공군기지에 도착한 후에도 후미진 지역에 설치한 천막 안에서 조립작업을 은밀하게 진행하였다. 북한 지역을 샅샅이 훑어보던 미국의 정찰위성 사모스를 '까막눈'으로 만들어 버린다는 계략이었다.

미 해군 제1정찰대 소속 EC121 워닝스타 정찰기가 일본 도쿄 인근 아쓰기 해군기지를 이륙한 것은 1969년 4월 15일 오전. 북상하던 정찰기는 블라디보스토크에서 유턴하면서 소련 태평양 함대의 동향을 탐지하고 동해안을 따라 남하를 계속해 북한의 주요 군사시설을 정탐하였다.

EC121 정찰기가 블라디보스토크를 지나 북한 청진항으로 접근하던 순간에 어랑 공군기지에서 미그21 2대가 급발진하였다. 미그기들은 레이다 추적을 따돌리기 위해 수면에 닿을 듯 말 듯 초저공 곡예비행을 유지하면서 청진 동남방 150km 지점에 이르자 수직상승을 시도하였다. 북창기지에서 출발해 이송·조립 후 발진할 때까지 미군 정찰기는 낌새를 차리지 못하였다.

EC121 정찰기가 1만m 고도를 유지하면서 시속 290마일 속도로 남하하던 중이었다. 미그기들은 고도 3천m 지점에 이르러서야 자체 레이다를 작동시키자 990pps 전파를 송출하였다. 미그 21의 레이다 격자에 미 해군 전자정찰기 윤곽이 선명하게 그려지자 북한군 조종사들은 쾌재를 불렀다.

그때서야 EC121 정찰기 승무원들은 망망대해에서 갑자기 등장한 미그21의 추격을 받는다는 사실을 깨달았다. 아무리 고성능 APS-95 레이다라고 할지라도 해면 반사 때문에 수면 부근에서 급상승하는 항공기를 추적하기는 어려웠다. 불의의 습격을 당한 미군 정찰기 요원들은 한마디로 패닉 상태에 빠졌다.

미그기에서 발사된 공대공 미사일은 4km 거리를 날아가 정찰기 동체를 명중하였다. 1969년 4월 15일 오후 1시 47분이었다. 해당 미사일은 열추적 방식이기 때문에 유효 사정거리가 5km에 불과하였다. 승무원 31명이 탑승한 무게 65t의 프로펠러 정찰기는 검붉은 화염을 내뿜으면서 동해바다 속으로 사라졌다. 정찰 활동 중인 미군 항공기의 감시망을 뚫고 몰래 접근한 뒤 미사일 공격으로 격추시켰다는 사실은 생쥐가 덩치 큰 고양이에 회심의 일격을 가한 꼴이 되었다.

펜타곤에 위치한 국방부지휘센터(NMCC: National Military Command Center)에 현지 시각으로 4월 15일 오전 0시 54분 EC121 정찰기의 격추 가능성을 알리는 긴급 메시지가 입전되었다. 동시에 백악관 상황실에도 똑 같은 메시지가 황급하게 도달하였다. 약 67분 전에 북한의 해안선에서 90해리 떨어진 공해상에서

〈그림 III-22〉 북한 미그 21 전투기   사진=연합뉴스

(over international waters) 항공기가 자취를 돌연 감추었기 때문이었다.[65]

　워싱턴 정가를 강타하였던 푸에블로호 납치 사건과 달리 EC121 정찰기 격추 사건은 별다른 반향을 불러일으키지 않았다. 헨리 키신저 백악관 국가안보보좌관은 오전 1시 10분 긴급 보고를 받았지만 오전 7시를 넘어서야 대통령에게 보고하였다. 얼 휠러 미국 합참의장은 평상시와 마찬가지로 정상 출근해 다른 사안들을 논의하고 나서야 EC121 격추 사건에 대한 대응방안을 논의하였을 정도다.

　심지어 닉슨 대통령이 주관하는 국가안전보장회의(NSC)는 다음날 아침에야 개최되었다. 얼 휠러 합참의장은 이 자리에서 "24-

---

65) Walter S. Poole, The Joint Chiefs of Staff and National Policy 1969-1972(Office of Joint History, 2013), pp.223-224.

〈그림 Ⅲ-23〉 북한의 방송화면　　　　　　　　　　　　　　　사진=연합뉴스

150대 항공기를 동원해 (북한의) 1개, 2개, 아니면 여러 공항을 공습할 수 있다. 손실률이 2-8% 정도로 예상된다."고 군사적 옵션을 보고하였다. 하지만 군사적 옵션과 외교적 옵션을 놓고 난상토론을 벌였지만 최종 결론을 내리지 못하였다.

　미국은 당시 북한 요격기 이륙 비행장 공습과 원산항 해상봉쇄, 원산항 기뢰폭파, 잠수정 발사 어뢰를 통한 북한 군함 공격 등 군사적 옵션에 대해 다양한 검토를 거듭하였던 것으로 확인되었다. 아울러 판문점 군사정전위원회 논의, 유엔 안전보장위원회 회부 등 외교적 옵션 역시 테이블 위에 올려놓고 난상토론을 벌였다.

　실무선에서 마라톤협상을 계속한 결과, 4월 18일 오전에야 겨우 2개 북한 공항 공습으로 의견이 좁혀졌지만, 멜빈 레어드 국방장관이 돌연 "군사적 옵션을 사용하지 않는 것이 더 낫다"고 반대 입장을 개진하였다. 제한적 대북 공격이 자칫 전면전으로 확산될 수 있기 때문이었다. 아시아에서 베트남과 한반도 2개의 전쟁을 치를 역량이 있는지 불투명하다는 내부 반론이 만만치 않았다.

박정희 대통령이 답답한 나머지 윌리엄 포터 주한미국대사에게 "북한에 강력히 대처하지 않으면 유사한 도발이 재발할 것"이라고 강력한 대응을 주문하였지만 오히려 포터 대사는 "북한이 한국의 주요 시설을 대응 공격할 수 있다"고 유보적 입장을 내놓았다.[66]

닉슨 행정부는 미국 항공기를 격추한 북한과 정면 승부를 걸기보다 비등한 반전여론과 갈수록 불리한 베트남전쟁이 '발등의 불'이라고 판단하였던 것이다. 해법을 둘러싼 한국과 미국의 입장차는 좁혀지지 않았다.

결국 닉슨 대통령은 대북 군사적 옵션들을 모두 폐기하고 4월 29일부터 전투기 호위를 받으며 공해상에서 북한에 대한 정찰활동 재개를 지시하는 것으로 사태를 수습하였다. 취임 100여 일 만에 외교안보 시험대에 올랐던 닉슨 대통령은 북한에 경고 메시지 날리는 것 이외에 아무런 성과 없이 슬그머니 꼬리를 내렸다.

베트남전쟁에 올인한 미군은 북한의 전격 도발에 허를 찔리고도 푸에블로호 사태와 마찬가지로 이번에도 무기력하게 대응하고 말았다. 북한의 김정일 국방위원장에게 후계자 시절 자신이 미국과의 군사대결전을 직접 지휘한 사례라고 대대적으로 선전하는 빌미를 제공하였을 뿐이다.

---

66) 『연합뉴스』 2010년 5월 5일자.

가장 짧은 40분 전쟁
— 판문점 총격사건

미군 당국은 소련인 관광객의 귀순과정을 둘러싸고 판문점에서 벌어진 총격전을 '40분 한국전쟁(Forty minutes Korean War)'[67]이라고 부른다. 판문점 총격사건은 1984년 11월 23일 오전 11시 30분부터 12시 10분까지 판문점 공동경비구역에서 발생하였다. 지구상에 남은 마지막 이념대결의 현장에서 가장 짧지만, 매우 강렬한 무력충돌이 빚어진 셈이었다.

당시 김일성대학 교환학생과 모스크바 소재 국제관계연구소 연구원들로 구성된 소련인 단체관광객들이 북한군 경비병 1명의 인솔을 받으면서 판문점 군정위 건물을 견학 중이었다. 저명한 러시

---

67) Thomas Hanson, "A Forty-Minute Korean War: The Soviet Defector Firefight in the Joint Security Area, Panmunjom, Korea, 23 November 1984", On Point , Vol.20, No.4(U.S. Army Historical Foundation, Spring 2015), pp.6-13.

아 출신 북한학자 안르레이 란코프 국민대 교수가 당시 교환학생으로서 판문점 현장에 있었다고 한다.

바로 그 때 국제관계연구소 소속 바실리 야코블레비치 마투조크가[68] 북한군 경비병에게 사진을 함께 찍자며 접근한 뒤 감시 소홀을 틈타 군사분계선을 향해 내달렸다. 북한군 경비병은 권총을 뽑아들고 추격에 나섰고, 주변의 다른 북한군 경비병들도 부랴부랴 추격행렬에 가세하였다. 북한군 경비병 20명 가운데 2명은 68식 자동소총을 휴대하였고, 나머지는 권총으로 무장하였다. 쫓기는 자와 쫓는 자의 숨막히는 추격전이 판문점 일대를 경악 상태로 몰아넣었다.

당시 카투사 장명기 일병은 미군 동료 2명과 함께 제4초소 부근에서 민간인 인부들의 작업을 호위하던 중이었다. 돌발 상황에 놀란 동료 1명이 현장에서 달아나기 시작하였고, 마투조크는 "도와주세요."라고 외치면서 꽁무니를 빼는 우리 측 군인을 따라 무작정 달렸다. 흥분한 북한군들이 총을 쏘면서 마투조크를 추격해 군사분계선 콘크리트 경계선을 넘어 남쪽 150m 지점까지 침범하였다.

현장을 지키던 카투사 장명기 일병과 미군 마이클 버고인 일병이 45구경 권총을 빼들고 침착하게 달려오는 북한군들을 향해 조

---

68) 소련인 마투조크는 모스크바 고교시절부터 공산주의 압제를 벗어나기를 고대하였고, 22살 때 평양주재 소련대사관 통역관을 지원하였다. 대사관 견습직원(trainee) 신분으로 망명한 마투조크는 자신이 납치당하였다는 북한 측 주장에 대해 "내 자신의 자유의지에 따라 행동하였다"면서 "2년 동안 망명을 준비하였고, 판문점 여행은 서방으로 가기 위한 첫 번째 기회였다."고 반박하였다. stars and stripes, November 28, 1984.

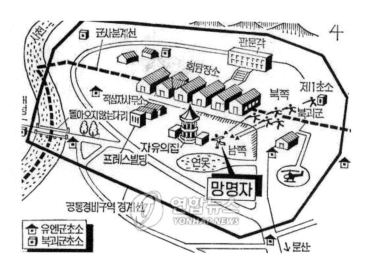

<그림 III-24> 소련인 망명사건 상상도　　　　　　　　　　　　사진=연합뉴스

준 사격하였다. 평소 강도 높은 훈련을 통해 터득한 사격술을 유감
없이 발휘하였다. 놀란 북한군은 마투조크 추격을 포기하고 곧바
로 장명기 일병을 향해 사격을 개시하였다.

　장명기 일병의 사격 덕분에 한숨 돌린 마투조크는 일단 성큰가
든 수풀 속에 몸을 웅크렸다. 뒤늦게 총소리를 듣고 달려온 카투사
경비병들이 나무아래 숨어있던 마투조크를 안전한 지역으로 피신
시켰고, 성큰가든을 사이에 두고 북한군 경비병들과 치열한 총격
전을 벌였다.

　캠프 키티호크에서 버트 미즈사와 대위가 이끄는 기동타격대
(QRF)가 출동하면서 분위기는 순식간에 아군 측으로 기울었다.
남북 양측에서 무장한 군인 20여 명이 교전에 참가해 판문점 설립

〈그림 Ⅲ-25〉 판문점 전투현장의 총탄자국
북한군이 성큰가든(Sunken Garden)에서 난사한 총탄들이 쓰레기통과 향나무 줄기 곳곳
에 박혀 치열했던 교전 상황을 말해준다.   사진=이승춘 JSA 전우회 경기남부지회장

이후 최대의 무력충돌이 벌어졌다.

실전을 방불케 하는 강도 높은 사격훈련으로 다져진 카투사 경
비병들에게 북한군 경비병들은 적수가 되지 못하였다. 1명당 연
간 1천 발 이상을 소모하며 전체 한국군 육군 권총실탄 소모량의
90%가 JSA에서 소비될 정도다.

총격전이 갈수록 치열해지면서 사상자가 속출하자 북한군이 먼
저 유엔사 측에 백기를 들었다.[69] 성큰가든에서 고립된 북한군들
이 총기를 버리고 투항하였다. 결국 유엔사의 양해를 구하고 북한
군 시신들을 수습해간 뒤 슬그머니 꼬리를 내리고 말았다.

이 과정에서 카투사 장명기 일병이 현장에서 목숨을 잃었고, 함

---

69) 북한군 박모 소령이 유엔군사령부 공동일직장교 건물로 전화를 걸어 투항의사를
표시하였다. 박 소령은 비무장요원 6명이 군사분계선을 넘어 북한군 사상자들을
수습할 수 있도록 해달라고 요청하였다.

께 권총사격을 하였던 미군 동료 1명이 총상을 입었다. 북한군도 3명이 숨지고 5명이 중경상을 입었다.[70]

미 국방부는 장명기 일병에게 동성훈장을 수여하였고, 우리 정부 역시 화랑무공훈장을 추서하였다. 거기다 장명기 일병은 상병으로 일계급 특진하였다. 유엔사 공동경비대대는 고인의 고귀한 희생정신을 기리기 위해 전투현장에 장명기 상병 추모비를 세웠고, 고인이 생활하였던 경비중대 2소대 막사를 '장 막사(Jang Barracks)'라고 부른다.

장명기 상병의 조카 장종은씨가 2005년 JSA에 자원입대하였다. 보기 드물게 삼촌과 조카가 같은 부대에 근무하는 상황이 벌어졌다. 장종은 일병은 JSA 지원 동기에 대해 "어렸을 적부터 삼촌 이야기를 많이

〈그림 III-26〉 장명기 상병의 생전 근무 모습
사진=JSA전우회 홈페이지

---

70) 마투조크의 귀순을 막지 못하고 전투에서 완패당한데 화가 난 북한군 고위 간부가 당시 투항하였던 북한군 경비병 2명을 북한군 본관 건물 뒤에서 즉결 처분하였다고 스위스와 스웨덴 중립국감독위원회 대표단이 보고하였다. 이때 처형 당한 북한군이 8·18 도끼만행사건 주역인 박 철 중위라는 탈북자 주장이 제기된 바 있다.

들었다. 삼촌이 어떤 곳에서 어떻게 근무하였으며 어떻게 돌아가셨는지 알고 싶어서 JSA에 지원하였다"고 설명하였다.

장종은 일병은 입대하기 이전 판문점에서 거행된 장명기 상병 추모행사에 유가족으로 참여하면서 감회가 남달랐다고 털어놓았다. 망설임 끝에 삼촌과 똑같이 파란색 유엔사 마크를 가슴에 단 JSA요원이 되기로 결심하였다.

2011년 육군소장 신분으로 추모행사에 참여한 당시 미즈사와 기동타격대장은 "총격전은 여러 면에서 소련 위성국가와 한미동맹 사이에서 벌어진 냉전체제 마지막 격전이었다."면서 "(장명기-버고인) 두 젊은 군인들의 행동은 비록 짧았지만 세계사에 의미를 부여하게 될 것"이라고 강조하였다.

미즈사와 소장은 레이건 대통령이 전례 없는 1984년 소련인 망명사건에 대한 소련 당국의 반응에 깜짝 놀랐다면서 "결과적으로 레이건 대통령이 소련에 강경노선 입장을 취하게 되면서 소련의 붕괴를 촉진하고 냉전을 종식하게 되었다."고 마투조크 망명사건에 상당한 의미를 부여하였다.[71]

구사일생으로 자유의 땅에 들어선 마투조크는 판문점 총격사건 이후 제3국을 거쳐 미국 보스턴으로 건너갔고, 소련 당국의 추적을 피하기 위해 이름을 바꾸고 호텔직원으로 제2의 인생을 살았다고 알려졌다. 마투조크의 미국에서의 삶은 더 이상 확인되지 않았다.

---

71) stars and stripes, November 24, 2011.

판문점 총격전이 일반인 뇌리 속에서 점점 사라지던 중 데이나 로라바커 공화당 의원과 대니얼 이노우에 민주당 의원이 미 육군부에 해당 사건을 재평가해 달라고 요청하였다.

미 육군부는 2000년 5월 18일 판문점 총격전에 참여한 JSA 경비대대 부대원들에게 전투보병휘장을 수여한다고 발표하였다. 이로써 판문점 총격전 참가자 17명에게 전투보병휘장을 착용할 수 있는 자격이 부여되었다.

당시 기동타격대를 지휘한 리처드 램 중사는 성큰 가든에서 북한군 투항을 이끌어내고 총격전을 마무리한 공적을 인정받아 은성무공훈장을 수여받았다. 이 같은 조치들은 비록 시간이 오래 걸렸지만 냉전시대를 대표한 비무장지대 분쟁과 판문점 총격 사건에 대한 미군 당국의 시각을 제대로 반영한 것으로 풀이된다.

제 4 장

카투사의 어제와 오늘

'100년 전통' 미2사단 미군과 카투사   사진=연합뉴스

전장에 핀 꽃 — 카투사 제도

세계에서 유례를 찾아보기 힘든 카투사 제도는 한국전쟁 초기 이승만 대통령과 더글라스 맥아더 극동군사령관 사이에 구두협정을 통해 성립되었다.[1] 한국군의 장비 부족과 미군의 인력난이라는 두 마리 토끼를 동시에 잡기 위해 카투사 제도라는 절충안이 탄생하였다. 카투사 제도는 한국전쟁이 끝나고 현재까지 70년이 넘도록 존속하면서 한미 양국을 연결하는 군사동맹의 가교로서 작용하고 있다.

존 J. 무초 주한미국대사가 심각한 병력부족에 허덕이던[2] 맥아

---

1) 이승만 대통령과 맥아더 사령관이 체결한 구두협정 내용을 포함한 공식 문건은 존재하지 않는다. 외교 전문과 회고록, 인터뷰, 개인 편지 등을 통해 부분적으로 확인되며, 이승만 대통령이 맥아더 사령관에게 보낸 1950년 7월 14일자 작전권 이양 서한이 카투사 제도의 성립 근거로 평가 받는다. 천용택 국방부 장관은 "미군부대에서 근무하는 한국군 카투사에 대한 법적 운영 근거가 없다"면서 "50년대 이후 관행처럼 카투사 제도가 계속돼온 만큼 법적 근거를 마련할 수 있도록 미국 측과 협의해 나가겠다."고 말했다. 『연합뉴스』 1998년 5월 14일자.

2) 제2차 세계대전 당시 1,200만 명에 달하던 미군 병력이 감축을 거듭한 결과 1950년 6월 당시 10개 사단 소속 591,000명으로 불과하였다. 미8군 한국군지원단, 『카투

〈그림 Ⅳ-1〉 이승만 대통령과 맥아더 사령관　　　　　　　　　　사진=연합뉴스

더 사령관에게 한국군 '긴급수혈' 방안을 제시하였고, 맥아더 사령관의 수락의사를 받아내 이승만 대통령에게 직접 전달하였다. 마침내 한국군 통수권자인 이승만 대통령이 한국군의 미군부대 배속을 승인하면서 카투사 제도가 빛을 보기에 이르렀다.[3]

　무초 대사는 한국군을 미군부대에 배속하기에 앞서 한국의 경

사의 어제와 오늘』(제6지구인쇄소, 1993), p.12.

3)　헤럴드 노블(Harold J. Noble) 당시 주한미국대사관 서기관은 자신의 회고록을 통해 "미군이 한국의 경찰력을 이용하고 또 한국군 병사들을 미군 사단에 배속시킨 것이 전적으로 무초 대사 덕분이라고 말하는 것은 적절치 못하겠지만 아무튼 그가 다른 어떤 사람보다 더 이 결정에 영향을 끼친 것은 사실"이라고 무초 대사의 활약을 평가하였다. Harold J. Noble, Embassy at War(Seattle & London: University of Washington Press, 1975), p.151.

찰병력을 배속할 것을 제의하였다. 김태선 서울경찰국장이 대전이 북 지역에서 전투경찰을 지휘하는 모습에 감명을 받았고, 워커 미 8군사령관에게 새로 부임한 미군 지휘관들이 한국의 경찰병력을 적절히 활용해야 한다고 건의한 상태였다.

미군부대에 배속된 한국경찰을 전투대대 단위로 편성해 방어선 저지에 투입하고 적들의 후방지역 잠입을 색출하도록 해야 한다고 주장하였다. 특히 한국경찰이 피아를 구분할 수 있는 정보력을 바탕으로 북한군들의 위장 침투에 효과적으로 대처할 수 있다는 점을 강조하였다. 한국 지형에 어둡고 적군과 아군을 구분하는데 애를 먹었던 미군 지휘부에는 눈이 번쩍 뜨일 만한 아이디어였다.

조병옥 내무 장관 역시 1950년 7월 15일 대전전투가 끝난 이후 워커 8군사령관과 함께 영동전선을 시찰하면서 피난민으로 위장한 북한군 유격대가 전선 후방지역으로 침투할 가능성이 크다고 지적하였다. 실제로 좁은 도로에 길게 늘어선 민간인 피난 행렬로 인해 미군부대들이 이동하면서 애를 먹었다.

이 과정에서 민간인 복장의 북한군 유격대에게 수시로 습격당하는 사례가 속출하였다. 워커 8군사령관은 한국경찰의 미군부대 배속을 쉽게 결론 내리지 못하였으나, 7월 23일 미8기병연대가 북한군 유격대에게 일격을 당해 참패하자 곧바로 국방부에 승인을 요청하였다.[4]

무초 대사가 제안한 한국경찰 전투대대 이외에 미군 측의 요청

---

4) 최상훈·찰스 헨리·마사 멘도사 지음 남원준 옮김, 『노근리 다리』(서울: 잉걸, 2003), pp.128-129.

에 따라 미군부대에 직접 배속되는 국립경찰화랑대대가 편성되었다. 경찰화랑대대는 대구와 부산에서 치안국 소속 경찰들을 선발해 3개 중대로 구성되었다. 이들은 카투사보다 먼저 일본 요코하마에서 군사훈련을 받고 미7사단에 배치되었다.

무초 대사는 경찰 이외에 한국군 정규 병력을 미군부대에 추가 배속할 것을 제의하였다. 한국군을 주일미군 기지에서 훈련시킨 뒤 한국의 전선에서 미군과 한국군 1명씩 짝을 지어 작전을 수행하는 이른바 '버디시스템'(Buddy System)까지 구체적으로 제안하였다. 1950년 6월 27일 맥아더 사령관이 한국을 방문하였을 때 미군부대 한국군 배속방안을 건의한 것이었다.

마침내 1950년 8월 15일을 전후해 미군부대에 증원된 한국군 병력이라는 의미로 카투사 제도가 공식화되었다.[5] 피난민들이 몰려있던 대구와 부산 등지에서 불심검문을 통한 강제징집이 실시되었다. 피난민 숙소를 급습해 자고 있던 장정들을 골라내는 이른바 '토끼몰이' 방식도 불사되었다. 미리 준비한 M1 개런드 소총을 어깨에 메고 섰을 때 소총의 개머리판이 땅에 닿지 않으면 징집대상으로 분류되었다고 한다.[6]

이로 인해 최초의 카투사 313명이 8월 16일 오전 부산항을 출발하였다. 앓고 있는 부인을 위해 약을 구하러 나섰다 끌려온 유부남부터 책가방을 든 15세 중학생도 포함되었다. 이들은 배 위에서 입영명령서를 스스로 작성해야 하였다. 이들은 일본 요코하마항에

5) 국방군사연구소, 『한국전쟁(상)』, p.37.
6) 이정환 참전용사 인터뷰 2008년 5월 1일.

〈그림 Ⅳ-2〉 63년 만에 극적인 부자상봉

낙동강전투에서 산화한 1기 카투사 반봉영 일등병의 아들 반종수 한미친선연
합회 총재가 63년 만에 유엔기념공원에서 아버지 묘소를 찾아내 오열하였다.

사진=필자 촬영

서 기차를 타고 후지산 기슭 오덴바(御殿場)역에 도착하였다. 미7
사단이 신병훈련을 위해 텐트를 치고 임시로 마련한 훈련소였다.

국방부는 1950년 9월 5일 육군본부 고급부관실에 'US 인사과'
를 설치해 미군부대에 파견된 카투사 요원들의 진급과 휴가, 전역
등 인사 업무를 취급하였다.[7] 당시 안시홍 인사과장(육군 중령)을
포함해 6-7명이 US 인사과에서 근무하였다.

---

7) 일부에서는 'UN 인사과'였다는 주장이 제기되었다. 미8군 한국군지원단, 『카투사
의 어제와 오늘』(제6지구인쇄소, 1993), p.42; 육군 본부에서 실무를 담당한 관계
자들은 US인사과였다고 증언하였다. 한국전쟁 당시 육군본부 이창호 인사과장 인
터뷰. 2008년 5월 24일.

9월 중순 인천상륙작전으로 전세를 뒤집는다는 작전계획을 세워놓은 맥아더 사령관에게 병력 충원이 절실한 상황이었다. 당초 미2사단과 제5해병연대전투단을 상륙작전 주력 부대로 활용할 작정이었지만 긴박하게 돌아가는 한반도 상황에 따라 한국에 먼저 해당 부대들을 투입하였다.

대신 일본에 주둔한 미7사단을 염두에 두었지만, 미7사단은 앞서 한국에 파견된 미24사단과 미제25보병사단, 제1기병사단의 전력을 보충하느라 해체되다시피 해 1950년 7월 말 정규 병력수의 절반 이하를 간신히 유지하는 수준이었다. 맥아더 사령관은 극동군 전입 병력의 30%를 미7사단에 우선적으로 배치하였으나 정규 병력에서 여전히 1,800명이 모자랐다.

부족한 미군의 머릿수를 채우기 위해 한국군에서 지원된 카투사 병력은 먼저 미7사단에 집중 배치되었다. 카투사 제도의 도입목적은 미군 사단의 병력부족을 보충해 전력을 유지하는데 있었다.[8] 맥아더 장군 특유의 판단력과 추진력이 돋보이는 대목이었다.

이들의 군번은 아라비아 숫자만으로 구성된 일반 한국군과 달리 'K'로 시작되었고, 카투사(KATUSA)[9], 한국 신병(Korean Recruits), 한국인(Korean Nationals), 한국군(ROK Troops),

---

8) Headquarters United States Army Forces, Far East & Eighth U.S. Army(Rear), Logistics in the Korean Operations, Vol. 1, ch 3.p.25.

9) 1950년 9월 12일 재일학도의용군 제1진 78명이 미군 수송선 피닉스호를 타고 일본 요코하마항을 출발해 인천으로 이동하였다. 갑판 위에서 이들이 "KATUSA: Korean Augmentation To the United States Army"라는 용어를 처음으로 고안해 내었다. 한동일 재일학도의용군동지회 부회장 증언, 2008년 7월 1일.

한국 병사(ROK Soldiers) 등으로 불렸다. 부산에서 요코하마를 오가는 병력보충선이 8월 24일까지 운항되었다. 전체 7사단 병력 24,845명 가운데 현해탄을 오가며 신병교육을 받은 카투사는 모두 8,637명에 달하였다.[10]

그렇다고 모든 카투사들이 일본으로 건너가 신병교육을 받은 것은 아니었다. 미2사단과 미24사단, 미25사단, 제1기병사단 등에 배속된 나머지 카투사들은 부산 구포리에 설치된 육군제3훈련소에서 신병교육을 받았다. 해당 미군부대들에는 매일 250여 명 신병이 충당되었다. 사단별로 일부 카투사에 대한 신병교육이 미흡하다는 판단이 내려지면 미군이 감독하고 한국군 장교에 의해 10일간 전입교육을 실시하였다.[11]

미 육군부는 1950년 여름 카투사 채용한도를 최대 4만 명까지 늘려달라는 요청을 승인하였고, 사단별로 약 8,300명씩 배속한다는 세부계획을 수립하였다. 9월 30일 기준으로 한국군 육군의 전체인원이 81,644명으로 파악되었고, 이 가운데 22,000명이 미군부대에 배속되었다는 점을 감안하면 육군 1/4의 병력이 카투사로 활약하였다.[12]

인천상륙작전을 실시하기 직전에 총 18,944명의 카투사들이

---

10) 당시 미7사단에는 재일학도의용군 출신 동포 78명이 포함되었다. 재일학도의용군 참전에 대한 자세한 내용은 문관현, "한국전쟁 시기 카투사제도 실태와 특성" pp.29-33 참조.

11) Kenneth W. Myers, United States Military Advisory Group to the Republic of Korea: Part Ⅳ, KMAG's WarTime Experience, 11 July 1951 to 27 July 1953, p.193.

12) 미8군 한국군지원단, 『카투사의 어제와 오늘』(제6지구인쇄소, 1993), p.56.

미군부대에서 근무 중이었고, 상륙작전을 성공적으로 마치고 본격적인 북진행렬이 이어지던 10월 중순 카투사 병력이 총 26,021명까지 급증하였다. 상륙작전을 전후해 한 달 동안 8천 명 가까운 카투사 병력이 증원되면서 주요 미군부대에는 대부분 배치되었다.[13]

카투사 제도 도입에 따른 효율성을 높이기 위해 미군과 카투사가 2인1조를 이루는 '버디 시스템'이 도입되었다. 미군이 카운터파트에 해당하는 카투사를 대상으로 무기와 장비 사용법, 개인위생, 제식훈련 등을 가르쳐 주었다. 맥아더 사령관은 자신의 회고록을 통해 버디 시스템을 평가하였다.

> "한국에서는 한국인들을 미군 내에 통합시킴으로써 총병력은 충분한 상태가 되었다. 이것은 버디시스템이라고 불리어진다. 나중에 이것은 매우 성공적인 것으로 평가되었다. 전쟁이 없는 독일에 병력이 필요하다는 이유로 워싱턴으로부터는 한 줌의 병력 밖에는 받지 못했지만 한국 정부는 태평양전쟁 기간 중에서와 마찬가지로 모든 면에서 나의 노력을 뒷받침해 주었다."[14]

카투사들이 미군부대에 배치되는 형태는 소속부대와 현지 상황에 따라 달라졌다. 제1기병사단과 미2사단, 미7사단 그리고 미25사단 2개 연대는 버디 시스템을 도입하였지만, 미25사단 나머지 1

---

13) Skaggs, David. C., "The KATUSA Experiment: 1950-1965", Military Affairs, Vol.38, No.2 (April 1974), p.53.

14) Douglas MacArthur, Reminiscences(New York: McGraw-Hill, 1964), p. 337.

<표 Ⅳ-1> 카투사 배치 현황

미군 부대	1950.9.15	1950.12.15	1953.9.5
미8군	–	1,325	7,479
KCOMZ[15]	–	–	1,020
1군단	1,227	365	–
9군단	–	315	–
10군단	–	1,132	140
1기병사단	2,338	1,456	–
2사단	1,821	1,145	1,935
3사단	–	5,943	1,932
7사단	8,325	5,452	2,059
24사단	2,786	1,843	–
25사단	2,447	1,270	2,473
40사단	–	–	2,186
45사단	–	–	1,988
5신병훈련소	–	–	426
2,3병참대	–	1,032	–
1해병사단	–	106	–
총계	18,944	21,285	21,628

Skaggs, David. C., "The KATUSA Experiment: 1950-1965", Military Affairs, Vol.38, No.2(April 1974), p.54.

개 연대와 미24사단은 카투사들로만 구성된 독립 소대를 편성하였다.

---

15) 한국전쟁 기간 중에 설립된 KCOMZ(Korean Communications Zone)는 미 육군의 한반도 전구지원사령부를 일컫었다. KCOMZ는 한반도에 배치된 주한미군과 유엔군, 한국군에 대한 군수지원을 담당하였다.

<표 Ⅳ-2> 버디 시스템 도입 현황

	버디 시스템	카투사 독립소대	비고
1기병사단	♠		
미2사단	♠		
미7사단	♠		
미25사단 2연대	♠		
미25사단 1연대		♧	미군 지휘관
미24사단		♧	한국군 지휘관
미3사단	♠	♧	미군 지휘관

　미25사단 1개 연대의 경우 미군 장교와 부사관이 카투사 소대원들을 통솔하였고, 미군 중대장이 카투사 독립소대들을 지휘하였다. 미24사단은 미군이 아닌 한국군 장교와 부사관이 카투사 병사들을 직접 이끌어 '신토불이' 한국군 소대를 구성하였다. 이밖에 미3사단은 카투사들을 미군 중대에 배치해 버디 시스템을 운영하는 동시에 미군 장교가 카투사 독립소대를 지휘하는 등 다양한 배치 형태를 보였다.

　미8군 제3병참기지사령부에서 근무하던 일본계 2세 지미 고자와 중위는 재일학도병들로 구성된 단일부대 제31독립보병대대(The 31st Korean Volunteer Battalion) 창설을 이끌어냈다. 1950년 10월 30일 대대는 3·1운동의 독립정신을 계승한다는 취지에서 2개 중대, 323명으로 구성되었다. 공산주의 세력과 싸우기를 원했던 재일학도병들을 외곽 경비와 수송, 정비 등에 투입한 데 대해 불만이 커지자 재일학도병 단일부대를 창설하기에 이르렀다. 하지만 중공군의 참전으로 전세가 역전되고 미군부대들이 서둘러 철수하는 과정에서 제31독립대대에 해산명령이 내려졌다.[16]

카투사 제도에 대한 효용성 논란 등으로 인해 1952년 3월 카투사 전체 인원이 9,129명까지 줄었으나 로턴 콜린스 육군 참모총장 방한을 계기로 마크 클라크 사령관이 요청하였던 사단별로 2,500명, 전체 20,000명까지 증원하는 계획이 승인되었다. 클라크 사령관은 한술 더 떠 밴 플리트 미8군사령관이 입안한 대로 카투사를 28,000명까지 늘려야 한다고 촉구하였다.

클라크 사령관은 나중에 28,000명 확대 방안이 승인되자, 가능한 범위에서 최선의 결과를 얻어냈다고 판단하였다. 다시 말해 더 이상 카투사를 증원하는데 한계를 느꼈다는 것이다. 만약 카투사 비율이 한계를 넘어서면 미군 지도력이 약화되고 해당 부대의 통합과 작전 능력이 크게 손상 받을 수 있다는 결론에 도달하였다.

클라크 사령관은 카투사들이 사단 편제가 아닌 포대와 연대전투단(RCT), 공병중대, 지원중대 등에 배치해 단순 노동이 아닌 운전수와 정비공, 중장비 기사, 용접공 등으로 활용해야 한다고 주장하였다. 클라크 사령관은 카투사 제도를 더욱 강화해야 한다며 다음과 같이 주장하였다.

> 카투사 요원들을 미군과 연합군 부대에 배속시켜 해당 부대의 전투력을 증강시킬 뿐만 아니라 이들이 나중에 한국군 부대

---

16) 『신동아』 2008년 8월호.

에 원대 복귀해 중요한 역할을 할 수 있도록 최고의 훈련을 제공하고 있다. 해당 인원들은 당장 미군 병사들이 부족한 부대들의 역량을 강화시키고 있다. 그들은 미군과 연합군 유지력을 향상시켰다. 카투사 병사들이 대부분 최전방에서 싸우기 때문에 우리 병사들의 손실을 줄일 수 있다. 카투사 덕분에 전투부대 미군과 연합군이 전선으로부터 교대로 나올 수 있기 때문에 사상자 수가 줄어들고 있다.[17]

알프레드 H. 하우스라트 박사의 감독 아래 실시된 미 육군부 작전연구소(Operations Research Office) 설문조사에 따르면 카투사들이 미군 동료들로부터 전쟁 막바지 전투상황에서 미군들과 동등한 능력을 발휘하였다고 평가받았다.[18] 카투사들은 무기와 탄약 사용 그리고 총검술, 소총 사격술에서 미군과 비교해 손색이 없었다. 특히 무기 관리와 수색, 매복 분야에서는 미군을 훨씬 능가하였다. 전투병 이외에 엔진 수리공과 포병 부대원, 통신부대 가설요원들에 대해서도 호평이 쏟아졌다.

카투사들이 최전선에서 수색정찰하고 포로를 심문하거나 정보를 수집하는 위험한 임무를 도맡았기 때문에 미군과 유엔군에 비해 참전자 대비 전사자 비율이 월등히 높았다. 한국전쟁 기간 전체 카투사 43,660명 가운데 6,415명이 전사해 전사율이 14.7%에 달해 미군의 전사율(2.2%)보다 7배 가까이 기록되었다.[19]

---

17) Skaggs, p.55.
18) Skaggs, p.54.
19) 한국군의 경우 전사 6,415명을 비롯해 실종 1,667명, 부상 3,283명을 기록하였다.

〈그림 Ⅳ-3〉 유엔기념공원   사진= 대한민국카투사연합회

다른 유엔군 역시 호주 4.1%, 벨기에 2.9%, 캐나다 1.9%, 콜롬비아 4.1%, 에티오피아 3.4%, 프랑스 7.1%, 그리스 4.1%, 룩셈부르크 2.2%, 네덜란드 2.3%, 뉴질랜드 0.7%, 필리핀 1.6%, 남아공 4.1%, 태국 2.1%, 터키 6.7%, 영국 2.1% 등과도 비교할 수 없을 정도다.[20]

카투사들은 북한군 또는 중공군에 포로가 되었을 때 미군보다 더 잔혹한 대우를 받았다. 미군들이 선전선동 차원에서 풀려나는 경우가 종종 있었지만 카투사들은 예외 없이 사살되었다고 한다.

_____

전쟁포로가 될 경우 가혹한 방법으로 보복을 당해 실제 피해 규모와 내용은 훨씬 더 심각하였을 것으로 추정된다. 국방부 군사편찬연구소, 『한미군사관계사 1871-2002』 (서울: 신오성기획사, 2002), p.455.

20) 유엔기념공원 https://www.unmck.or.kr/kor/04_memory/?mcode=0404010000(검색일: 2021.8.31)

북한군은 동족인 카투사 포로들을 대상으로 '미제의 앞잡이' 등으로 거칠게 비난하면서 가혹한 대우를 서슴지 않았다.

카투사 제도는 초기에 인사행정권과 작전지휘권 분리행사로 인해 미군 지휘관들의 불만을 샀고, 언어장벽과 문화격차를 해소하지 못해 곳곳에서 마찰이 빚어졌다. 이에 따라 미24사단은 9월 중순 별도의 요청이 있을 때까지 카투사 지원을 중단해 달라고 요청하였고, 다른 미군부대들도 사정은 크게 다르지 않았다고 한다.[21]

휴전협상이 막바지에 이르자 미군부대에 근무하는 카투사 병력이 23,922명에 이르렀다.[22] 카투사들이 슬슬 한국군 부대로 원대복귀하기 시작하였다. 휴전협정이 체결되자 원복절차는 속도를 더하였고, 미군부대가 속속 철수하면서 카투사들의 규모도 눈에 띄게 줄어들었다.

---

21) Skaggs, p.54.

22) Skaggs, p.55.

카투사 프로그램의 제도화
(1953-1970)

종전선언이 아닌 정전협정으로 매듭지어진 한국전쟁으로 인해 미국은 한국에 부대를 재배치하고자 하였다. 한국전쟁이 끝난 뒤에도 한미 양국 간에 추가 논의가 이뤄지지 않았지만 카투사 제도는 존속되었다.

한반도에 미군 2개 사단이 주둔하였지만, 1960년을 기준으로 보았을 때 주한미군 전체는 인가 병력의 70% 수준에 불과하였다. 부족한 미군의 자리를 채우기 위해 카투사 제도는 존속할 수밖에 없었다. 한국전쟁 과정에서 부족한 미군병력의 공백을 메우기 위해 출범한 카투사 제도는 전쟁이 끝난 이후에도 사정이 달라지지 않았다.

1954년 3월 31일 국회는 카투사 정원을 10,472명으로 승인하였고, 1956년 육군본부는 카투사 계획 배정에 대한 최종 연구를 완료하였다.[23] 1954년 11월 17일 한미 합의의사록 부록 B에는 "대한민국 국군과 군사 편성은 600,000명의 대한민국 군인 병력을 초과하지 않을 것을 합의한다. 차 목적에는 국방부, 미합중국 한국인 부대(카투사) 및 기타 모든 군인들을 포함하여 대한민국의 현역 군사편성에서 미합중국이 승인하고 인정한 제조직의 군인이 포함된다."고 명시되었다.

'카투사'라는 용어가 우리 정부의 공식 문건에 처음으로 등장하였다. 1958년 7월 23일 미 육군부는 카투사의 정원을 11,000명 수준으로 제한하라는 지시를 내렸고, 카투사들의 미군부대 극장과 스낵바, 클럽 출입을 허용한다고 발표하였다.[24]

〈표 IV-3〉 미군과 카투사 병력 추이

연도	미군	카투사	카투사 비율(%)
1953	304,830	21,638	7
1955	85,500	18,000	21
1957	70,000	16,825	24
1959	50,000	15,455	31
1962	57,000	10,888	19
1965	62,000	11,000	17
1969	63,900	10,500	17
1971	43,300	7,240	17

출처: Skaggs, p.55.

---

23) 육군 본부, 『육군인사역사: 제1집』(서울: 육군본부, 1968), p.70.
24) EUSA, "Command Information Troop Topic," No. 5-67, October 1966, p.4.

미2사단 전투병 카투사
— 군사외교관 역할

1917년 10월 26일 프랑스에서 창설된 인디언헤드 미2사단은 1950년 7월 23일 한국전쟁 참여를 계기로 한반도에 깃발을 세운 이후 1954년 8월 철군하였으며, 1965년 7월 1일부터 현재까지 한반도 평화수호 임무에서 주축을 맡았다. 104년 부대 역사를 뒤돌아보면 절반이 넘는 60년을 미국이 아닌 한국 방어를 책임지고 있다.[25]

미2사단은 "상호 합의에 의하여 결정된 바에 따라 미합중국의 육군, 해군과 공군을 대한민국의 영토 내와 그 주변에 배치하는 권리를 대한민국은 이를 허여하고, 미합중국은 이를 수락한다."는 내용의 한미 상호방위조약 제4조를 근거로 한반도에 주둔하고 있다.[26] 다시 말해 상호방위조약은 미국의 한국에 대한 안보공약의

---

25) 미2사단 홈페이지 https://www.2id.korea.army.mil/About-Us/History/(검색일: 2021.10.1)
26) 한미상호방위조약은 미군의 한국 주둔 권리만 인정하였을 뿐 주둔의 목적과 책임

구체적 수단을 실제화하고 주한미군 주둔의 근거를 제공하는 셈이다.

미2사단은 1965년 중반부터 개성-판문점-문산-서울로 이어지는 웨스턴 코리도(Western Corridor)를 방어하였다. 미2사단은 휴전선 155마일 중 서부전선 28km에 대한 방어 임무를 책임졌으나, 한국의 자주국방 노력과 함께 1971년 3월 1마일을 제외한 나머지 구역을 한국군에 넘겼다.[27] 판문점을 중심으로 동서 1마일 전선은 비록 범위는 넓지 않지만, 판문점과 경의선 철도·도로 연결 통로 등을 포함해 남북한 양쪽에는 사활이 걸린 지역이었다.[28]

미2사단은 GP 오울렛과 콜리어를 비롯해 임진강 이북지역에 캠프 보니파스와 그리브스, 리버티벨 그리고 파주 지역에 캠프 하우즈와 에드워드, 자이언트, 펠헴, 게리오웬, 스탠턴, 동두천과 의정부 지역에 캠프 케이시와 호비, 레드 클라우드 등으로 분포되었다. 전체적으로 보면 한강 이북에서 군사 분계선 이남까지 전략적 요충지에 부채꼴 모양으로 포진해 있었다.

미2사단은 겨울철에는 1개 대대, 나머지 기간에는 2개 대대를 임진강 북쪽 비무장지대에 투입하였다. 이 대대들이 인계철선(trip

---

한계, 철수 등에 대해 어떠한 구체적인 점도 명시하지 않고 있다. 만약 한미상호방위조약이 새롭게 규정된다면 미2사단의 성격과 역할도 어떤 형태로든 변화가 있을 것으로 보인다. 동아일보 특별취재반, 『철저해부 주한미군』(동아일보사, 1990), p.56.

27) 해당 지역의 공식 명칭은 군사정전위원회 본부 B지역(Military Armistice Commission Headquarters Area B)였다. 해당 지역엔 미군이 1964년부터 관할한 감시초소 오울렛과 콜리에가 위치해 있었다. Stars and Stripes, 1 Oct 1991.

28) 동아일보 특별취재반, 『철저해부 주한미군』(동아일보사, 1990), p.54.

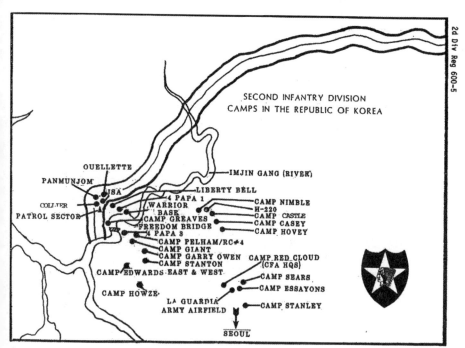

〈그림 Ⅳ-4〉 "서부전선 이상 없나"...주한미군 배치도

사진=Korea DMZ Vets 홈페이지

wire)의 제1선에 해당되었다. 인계철선이란 철선을 건드리면 자동으로 걸리게 된 일종의 덫을 의미한다. 다시 말해 북한이 무력으로 남침하면서 비무장지대에 투입된 미군 대대병력들을 건드리면 미국은 자동으로 한반도 전쟁에 개입된다는 것이다. 주한미군이 한반도에서 전쟁 억제력을 지닌다는 것은 미2사단의 비무장지대 대대병력의 인계철선에서 비롯되었다.

1990년을 기준으로 보았을 때 미2사단은 모두 3개 전투여단과 1개 포병사령부, 1개 전투지원대, 미 육군 최대 규모를 자랑하는 사단 지원사령부 등으로 편성되었다. 병력 규모는 전체 주한미군의 40%에 해당하는 17,200명이었다. 이 가운데 미군 병사는 15,200명, 카투사 2,000여 명으로 구성되었다.

미2사단 전투병 카투사들이 임진스카웃 임무를 수행하면서 뛰어난 공적으로 무공훈장까지 받는 사례도 속출하였다. 자신의 몸을 던져 미군 동료의 목숨을 구한 38보병연대 2대대 황병조 일병 스토리가 대표적이었다.[29]

황 일병은 1968년 7월 21일 비무장지대 담당구역을 순찰하던 중 북쪽에서 갑자기 휙 날아오는 수류탄 한 발을 발견하였다. 그는 순간적으로 함께 걸어가던 미군 동료의 허리를 껴안고 언덕 밑으로 굴러 떨어졌다. 그의 재빠른 행동으로 인해 미군 동료는 가까스로 목숨을 건졌고, 그는 공적을 인정받아 동성무공훈장을 받았다. 카투사가 받은 최초의 동성무공훈장이었다.

미2사단 미군 사이에서 동료의 목숨을 구한 카투사 '황 B.J.'에 대한 미담 사례가 오랫동안 인구에 회자되었고, 2000년대 들어 미2사단은 미군과 카투사 전우애 상징적 케이스로 널리 알리기 위해 황 일병 찾기 운동을 대대적으로 벌였다.

하지만 1960년대 미군부대에 파견된 카투사들에 대한 인사행정 업무가 제대로 이뤄지지 않았고, 황 일병의 주소도, 연고지도 제대로 남아 있지 않았다. 공식 문건에 이름도 '황 B.J.' 이니셜로 남아 있었기 때문에 발만 동동 굴렀다고 한다.[30]

---

29) 황병조 일병에 대한 근황이 임진스카웃 집필 과정에서 파악되었다. 38보병연대 2 대대에서 근무한 가봉현 예비역 병장이 당시 현장 상황을 구체적으로 설명하면서 황병조 일병의 소재지와 건강 상태 등에 대해 설명하였다. 2021년 8월 22일 전화인 터뷰.

30) 동아일보 특별취재반, 『철저해부 주한미군』 (동아일보사, 1990), pp.73-74.

김치 카투사·보리 카투사

1960년대 후반 미2사단에는 미군부대에 배속된 카투사 이외에 '김치 카투사'와 '보리 카투사'라는 은어들이 등장하였다. 통상 미군과 카투사가 10:1 비율로 미군부대에 배치되었기 때문에 카투사들이 비주류 설움을 겪는 경우가 많았다. 카투사 병장마저 같은 부대의 미군 이등병(PVT)과 일등병(PFC), 상병(SP4)을 지휘 통솔하려다 봉변을 당하기 일쑤였다.

김치 카투사들은 미군부대에서 미군들과 함께 일하지 않고 카투사끼리 근무하는 경우를 가리켰다. 이들은 편제상 미군부대 소속이기 때문에 미군과 똑 같은 군복을 입고서 미군식당을 이용하였으며 퀀셋막사를 공유하였다. 개인 화기를 비롯한 기본 장비들을 미군이 지급한 물품들을 사용하였다. 미2사단 직할부대 CAC가 대표적 사례였다.[31]

---

31) 재미교포가 주한미군으로 복무할 경우 '김치G.I.'로 불렸다. 이들과 카투사는 같은 한국인이라는 동질감과 원활한 언어소통 등으로 좋은 인간관계를 유지하였다. 물

〈그림 Ⅳ-5〉 대간첩중대 출동
대기 생사의 고비를 넘나든 CAC 카투사 요원들. 출동대기 중이지만 긴장된 표정들이 역력하다. 트럭 주변에서 천진난만하게 웃는 꼬마들의 표정이 대비를 이룬다.

사진=윤창식 CAC 예비역 병장

    CAC의 경우 중대장과 소대장들이 모두 육사 출신 엘리트들이었고, 중대원 전체가 카투사들로 구성되었기 때문에 다른 미군부대 카투사의 부러움과 질시를 한 몸에 받았다. 병장과 상병, 일등병, 이등병 등으로 구성된 계급체계가 확실하였고, 같은 계급이라도 입대가 빠르면 '상명하복' 질서가 일사분란하게 적용되었다.

    물론 인사행정 업무를 담당한 한국군지원단과 각 부대 단위 인사과 등은 전원 카투사들로 구성되었다. 이들 이외에 규모는 다르지만 부대 사정에 따라 카투사들로 구성된 김치카투사 부대들이

론 케이스 바이 케이스이기 때문에 반대의 상황도 배제할 수 없다.

상당수 유지되었다. 미군부대 속 한국군 부대로서 장단점을 지니고 있기 때문에 카투사들의 선호도가 엇갈렸다.

보리 카투사는 전방 지역을 지키던 한국군 정예 병력이 베트남 전쟁터로 떠나버리고 대신 후방의 예비사단들이 전력 공백을 메우는 과정에서 탄생하였다. 보리 카투사는 주한미군과 함께 작전에 참여하였지만 한국군 군복과 계급장, 식당, 막사 등 의식주 문제는 한국군 부대 운영방식을 그대로 유지하였다. 이들이 주로 보리밥과 깍두기로 짜여진 한국군 고유의 '짬밥'을 먹었다고 해서 보리카투사로 불렸다.

보리 카투사들은 한국군 군복과 계급장, 모자, 군화 등을 착용하였고, 유일한 차별성은 왼쪽 어깨에 미1군단 패치를 착용하였다. 개인 지급품이 미군과 동일한 김치 카투사와는 판이하게 달랐다. 보리 카투사들은 별도의 한국군 막사를 사용하였기 때문에 작전 상황이 아니면 미군들과 접촉할 기회가 거의 없었다.

예를 들면 1955년 창설된 제32보병사단은 예하에 97·98·99 보병연대로 구성되었다. 32예비사단은 충남 공주에서 후방방어 임무를 수행하던 중 1966년 7월 베트남전쟁에 가세한 수도사단(현재 맹호부대)의 전력공백을 메우기 위해 경기도 양평까지 약 150km를 도보로 이동하였다. 양평읍에 사단 본부를 설치하였고,[32] 비무장지대 경계 임무는 물론 수도권 일대에서 각종 공사와

---

32) 32예비사단은 1966년 11월 중부전선에서 백룡부대로 창설되었다. 향토사단이 전투사단으로 직접 전환한 것은 한국군 역사상 최초였다. 『동아일보』 1966년 11월 6일자 7면.

작전에 약방의 감초처럼 투입되었다고 한다.

볼거는 자신의 저서 Scenes from an Unfinished War에서 1968년 1월 1일 기준으로 비무장지대 근무 병력을 소개하면서 서쪽에서 동쪽으로 보면 한국 해병대 5여단과 한국군 98연대전투단, 미2사단, 한국군 6군단(25사단, 28사단, 20사단)이 차례로 배치되었다고 소개하였다. 또 태국군 22중대가 배속된 미7사단, 한국군 1군단이 종심 대형을 유지하였다고 설명하였다.

98연대전투단은 '식물통제계획 1968년' 프로그램에 따라 고엽제인 모뉴론을 우선순위 1급 지역에 뿌렸다. 살포 방법은 담당구역을 여러 코스로 나눈 다음 군인들이 자신에게 주어진 코스에 손으로 직접 살포하거나 미리 표시된 5m쯤 되는 길을 따라 손으로 살포하거나, 기계를 이용해 뿌리면 되었다고 한다. 모뉴론을 살포하는 군인들에게 추가분이 계속 공급되었다.

그런데 98연대전투단이 북한군 침투조와 조우하는 상황이 발생하였다. 98연대전투단은 즉각 기관총을 발사하며 대응에 나섰고, 박격포 발사를 승인해 달라고 미2사단 지휘부에 요청하였다. 그러나 확전을 우려한 미군 지휘부는 한국군 98연대전투단의 포격 요청을 일언지하에 거절하였다고 한다.

미군이 관할하는 구역이 전체 155마일 가운데 18마일에 불과하였기 때문에 한국군들은 나머지 구간에서 대해 요령껏 알아서 상황을 관리하였다. 심지어 미군 측과 협의과정을 거치지 않고 한국군 자체 판단과 전력으로 북한군을 대응하는 사례도 빈번하였

〈그림 Ⅳ-6〉 99연대가 구축한 구파발 벙커
사진=윤경민 헬로비전 보도국장

다.[33]

1969년 4월 미2사단 4여단 및 3여단과 함께 한국군 99연대전투단이 비무장지대에서 수색정찰 임무를 수행하였다. 미군부대에 배속된 카투사 개인 이외에 한국군 연대 단위가 통째로 미2사단장의 지휘아래 최전방에서 군사작전을 수행하였다. 99보병연대는 99보병1대대와 99보병2대대, 99보병3대대 등 3개 대대로 구성되었다.

99연대전투단 예비역 중위 정현일(광주광역시 서구 거주)씨는 "금촌 읍내에 연대 본부를 설치하였고, 2개 대대가 비무장지대에

---

33) New York Times, August 15, 1968.

투입되면 1개 대대는 임진강 하류에서 대기 근무하였다"면서 "미2사단장 지휘를 받아 작전에 투입되었지만 평소 복장과 식사, 숙소 등은 한국군 자체적으로 해결하였다"고 회상하였다.[34]

정씨는 32보병사단 99연대가 양평에서 고양 북한산으로 이동해 구파발 벙커 구축 작업에 참여하였고, 이후 전투단으로 바뀌어 경기도 파주 일대 비무장지대 수색작전에 투입되었다고 밝혔다. 벙커진지 구축작업에 남한산성 수감자들이 동원되었고[35], 군인은 주로 관리·감독 역할을 하였다는 주장도 나왔다.

한강과 임진강이 만나는 지점에 주둔한 99연대전투단 2대대 5중대는 1969년 7월 12일 임진강에서 무장공비 섬멸작전을 전개해 미군 지휘관들로부터 찬사를 받은 바 있다. 앞서 같은 달 8일 해안선을 타고 침투한 간첩을 민간인이 발견해 신고하자, 5중대가 경찰, 향토예비군 등과 함께 합동작전을 벌인 결과 4일 만에 김포반도에서 간첩 1명을 생포하는 개가를 올렸다.

---

34) 2020년 12월 4일 전화인터뷰.
35) 남한산성 수감자들과의 접촉이 빈번해지면서 당시 현역 군인들 사이에서 이들을 가리켜 '감자'라는 은어를 사용하였다.

〈그림 Ⅳ-7〉 미2사단 미군과 카투사 스나이퍼　　사진 =유후선 전 미2사단 전속사진사

제 5 장

임진스카웃 도입과 운영 실태

사진=U.S. National Archives

임진스카웃 이전의 수색정찰
(1953-1965)

美 해병대 → 24사단 → 1기병사단 順

한국전쟁이 끝나고 정전협정이 체결된 이후 미국 해병대 1사단 제1임시민정경찰중대(1st Provisional Demilitarized Zone Police Company)가 비무장지대 서부전선에 대한 수색정찰 임무를 맡았다. 앞서 중동부 전선에 배치되었던 미국 해병대 1사단은 1952년 3월 서부전선으로 이동해 경기도 파주 일대에서 치열한 고지쟁탈전에 참여하였다.[1]

미국 해병대 1사단은 1953년 9월 4일 오전 새뮤얼 G. 고이치 대위가 이끄는 민정경찰중대를 출범시켰고, 캠프 웬젤(Camp

---

1) Danny J. Crawford·Robert V. Aquilina·Ann A. Ferrante·Shelia P. Gramblin, The 1st Marine Division and its Regiments(Washington D.C.: History and Museum Division Headquarters, U.S. Marine Corps, 1999), p.66.

〈그림 V-1〉 파주 하포리 소재 캠프 웬젤과 민정경찰중대 사진= 임진스카웃 홈페이지

Wentzel)을 정찰기지로 삼았다.[2] 미국 해병대 1사단의 1·5·7·11 4
개 연대에서 각각 장교 1명과 병사 25명씩 차출해 민정경찰중대를
구성하였다. 미국 해병대 1사단 4개 연대 가운데 1개 연대가 군사
분계선 경계 임무를 수행하였고, 별도로 사단 직할부대로 편성된
민정경찰중대를 지휘하였다.[3]

　이에 따라 9월 21일 민정경찰중대는 당시 최전방 군사분계선에
서 근무 중이던 5해병연대에 배치되었다. 나머지 1·7·11 3개의 해
병연대는 멀찌감치 후방지역에서 대비태세를 갖추고 있었다. 민정
경찰중대는 1953년 10월 말까지 장교 5명과 병사 99명 등 총 104
명 규모를 그대로 유지하였고, 이후에는 장교 6명과 병사 314명으

<hr />

2)　캠프 웬젤은 임진강 이북인 경기도 파주군 진동면 하포리 일대 야산에 위치하였다.
　　U.S. Marine Operations in Korea Volume Ⅴ Operations in West Korea(Washington
　　D.C.: Historical Division Headquarters, U.S. Marine Corps, 1972, pp.457-459.
3)　미국 해병대 1사단 제1·5·7해병연대 및 배속된 3,000명의 한국 제1해병연대는 모
　　두 보병대대들로 구성되었다. 이외에 제11해병연대는 4개 포병대대와 제1전차대
　　대, 제1수륙양용대대, 제1공병대대, 기타 지원 및 보급부대들로 편성되었다. 국방
　　부 군사편찬연구소, 『한미군사관계사 1871-2002』, p.442.

로 규모를 대폭 확대하였다.

해병대 민정경찰로 선발되려면 신장이 5피트 10인치(177.8cm)를 넘어야 하며, 3개월 이상 한국에서 근무하였고, 종합배치고사 성적이 95점을 넘어야 하였다. 쉽게 말해 신체 조건과 업무 능력에서 일정 수준을 넘지 않으면 비무장지대에 발을 들여놓기 어려웠다.

정전협정에 따르면 민사행정 및 구제 사업을 집행하기 위해 비무장지대에 들어갈 수 있는 인원을 유엔군사령관이 결정하지만 총 1천 명을 초과할 수 없었다. 민정경찰 요원들은 장교 수준으로 독도법과 응급처치 요령, 무전기 조작법 등에 능숙하지 않으면 안 되었고, 외교관처럼 정전협정 조항들을 달달 외웠다.

군사정전위원회가 민정경찰의 규모와 휴대 무기를 규정하며 기타 인원들은 무기를 절대로 지닐 수 없도록 못 박았다.[4] 총 6명으로 구성된 민정경찰팀은 신변보호를 위해 45구경 권총과 M-1 소총으로 무장할 수 있으며, 유엔 공동감시소조를 군사분계선까지 호위할 수 있지만 군사분계선 이상 넘어갈 수 없었다. 군정위 회동이 군사분계선 이남지역에서 개최될 경우 유엔사는 물론 공산 측 대표들의 신변보호까지 책임졌다.

민정경찰의 임무는 비무장지대를 방문한 특별 요원들에 대해 신변보호 조치를 취하며, 정전협정 위반자나 월경한 적군을 체포하는 것이었다. 우리 측 신변보호 대상은 군사정전위원회와 공동감

---

4) 남북회담사무국 연락부, 『판문점수첩』 (서울: 웃고출판사, 1995), p.149.

시소조, 중립국감독위원회 구성원과 조사단원 또는 보조원, 군사정전위원회가 유엔사 관할구역 출입을 승인한 고위급 민간인 등을 꼽을 수 있다. 남북한 어느 방향에서 비무장지대에 출입했는지 여부에 상관없이 승인된 출입증을 소지하지 않았으면 현장에서 체포해 사단 헌병대로 즉시 이송하였다.

〈그림 V-2〉미 해병1사단 민정경찰
사진=http://campsabrekorea.com/
camps-in-korea-page-10.html

민정경찰중대는 지프차량을 타고 길이 28 마일(45km), 너비 2천 야드(1.8km)에 해당하는 부채꼴 모양의 유엔군사령부 관할 구역을 순찰하였고, 1개 소대는 만약의 사태에 대비하기 위해 별도 캠프에서 대기하였다. 이상 징후를 발견하거나 군사분계선 너머 북한군의 특이동향을 보고서로 작성해 중대 담당자에게 제출하면 연대(S-2), 사단(G-2) 정보 부서로 각각 보고되었다

각 중대는 항상 1개 수색대를 비무장지대에 투입하였고, 주간에는 수색정찰(Patrol), 야간에는 매복(Ambush) 임무를 수행하였다. 수색대 구성과 경로, 근무시간 등을 수시로 바꿔서 북한군을 혼란에 빠트렸다. 연대장은 각 중대로부터 차출한 장교 한 명을 예외 없이 비무장지대 수색대에 포함시키도록 조치해 지속적인 감독과 현장개선 효과를 얻도록 하였다.

미국 해병대 1사단은 DMZ 내부에 감시초소로 후크(Hook)[5]와 볼더시티(Boulder City), 헤디(Hedy), 181·229 고지 등을 설치 운영하였다. 민정경찰중대의 1개 분대가 감시초소 지하에 주둔하였고, 이들은 밤낮으로 불규칙하게 감시초소 주변을 순찰하였다. 감시초소 주변 곳곳에 묻혀있는 불발탄은 이들에게 위협적인 존재였다.

DMZ 감시초소는 적 동정을 감시하는 고정 장소이자 수색대가 위기에 빠졌을 때 화력을 지원하는 전초기지로서 역할을 맡았다. 미군들은 감시초소 주변에 모래주머니를 쌓아올렸고, 참호를 깊게 파놓았다. 정전협정이 금지한 기관총과 무반동총을 반입해 긴급 상황에 대비하였다.[6]

후크 감시초소 근무자들은 종종 주변의 고지대에 올라서서 사미천강 일대와 중공군 쪽에서 발화돼 해병대 기지 방향으로 옮겨가는 대규모 산불과 이로 인해 혼비백산이 된 수색대원들을 쳐다보곤 하였다.

미국 해병대 1사단 민정경찰중대는 1953년 9월부터 1955년 2월까지 비무장지대 정전협정 감시 업무를 담당하였고, 미24사단에 넘겨주고 본국으로 귀환하였다. 미24사단은 캠프 카이저에 본

---

5) 후크감시초소는 임진강 이북 경기도 연천군 장남면 판부리 사미천 좌측에 군사분계선을 끼고 형성된 해발 200m 남짓한 서북에서 동남으로 비스듬하게 걸쳐 있는 능선고지에 위치하였다. 지형이 후크(hook) 모양으로 생겼다고 해서 붙여진 이름이다. 켄 겔드 외 지음, 정광제·김용필 옮김, 『후크고지의 영웅들』(경기 고양: 타임라인, 2021), 편집자 일러두기.

6) Richard Duke, "Dead End for Infiltrators." Army Digest 23, March 1968, p.21

〈그림 V-3〉 대성동 미1기병사단 인식표
사진=구와바라 시세이(눈빛출판사)

부를 두고 비무장지대 수색정찰 임무를 수행하였고, 1957년 10월 일본으로 철수하였다. 이듬해 7월 초 독일 아우그스부르크에 둥지를 틀고 미 제11공수사단 임무를 대행하였다.

미24사단 34보병연대 F 중대 출신 글렌 리처드슨은 1955년부터 이듬해까지 비무장지대를 순찰하였다며 "하루 24시간 순찰(차량 또는 도보)과 경계 임무를 수행하였으며, 때로는 DMZ 따라 조성된 진지를 보수하거나 증축하는 잡무에 시달렸다."고 비무장지대 근무시절을 떠올렸다.

리처드슨은 "부족한 병력을 보충하기 위해 중대에 카투사 40여 명이 함께 근무하였다."면서 "내가 소속된 분대는 전체 병력이 7명에 불과하였는데 무려 4명이 카투사였다."고 당시 카투사 비중을 말하였다.[7]

미24사단이 떠난 자리에 미제1기병사단[8]이 주둔하면서 비무장

---

7) 미24사단협회 https://www.24thida.com/stories/Richardson_Glenn.html(검색일: 2021.9.8)

8) 일본 도쿄 지역의 점령군 임무를 수행하던 제1기병사단은 1950년 7월 9일 사단 예하 제7기병연대 제1대대를 경북 포항에 긴급투입하며 한국전쟁에 참여하였다. 1952년 1월 미45사단과 임무를 교대하고 일본으로 배치되었다. 제1기병사단은 1957년 한국에 다시 투입되었고 1965년 미2사단과 교체되었다.

〈그림 V-4〉 부대마크 교체하는 제1기병사단　　　사진=Korea DMZ Vets 홈페이지

지대 수색정찰 임무를 이어갔고, 1965년 7월 미2사단이 바통을 넘겨받았다. 미2사단과 임무를 교체하는 과정에서 전례를 찾아보기 힘든 기상천외한 방법이 동원되었다.

당시 미군은 기존의 보병부대를 새로운 공중강습사단으로 전환하는 작업을 추진 중이었고, 전통의 제1기병사단을 적임 부대로 지목하였다. 하지만 제1기병사단은 한국에서 비무장지대 경계 임무를 수행 중이었기 때문에 부대를 철수시키고 인원과 장비를 새롭게 투입하기엔 어려움이 많았다.

이에 따라 미국 본토 조지아주에 주둔한 미2사단과 한국 비무장지대를 지키는 제1기병사단을 '서류상 맞교환'하는 방법이 동원되었다. 다시 말해 한국에 주둔한 기존의 제1기병사단 병력과 장비는 그대로 남아 있고, 부대 깃발과 명칭만 미국 조지아주 포트베닝으로 건너갔다. 미2사단이 하루아침에 제1기병사단으로 둔갑하면서 베트남전쟁 출전준비에 착수하였다.[9]

전쟁영화 '위 워 솔저스(We were Soldiers)'를 보면 베트남에 파병된 제1기병사단 제7기병연대 1대대 병사들이 미2사단 마크인 인디언헤드 패치를 착용한 장면이 나온다. 미국 조지아 포트베닝에 주둔하던 미2사단 23보병연대 2대대 병력들이 제1기병사단 패치를 미처 달지 못한 상태로 부랴부랴 전쟁터에 투입되었던 것이다.

제1기병사단에서 미2사단으로 간판을 바꾼 기존의 병력들이 한반도 비무장지대 경계 임무를 그대로 수행하였다.[10] 사단 전체의 하드웨어는 그대로 남아있고, 소프트웨어만 서로 교환하는 부대교체 깜짝 이벤트가 진행되었다. 바야흐로 미군 가운데 최정예 전력을 보유한 미2사단의 한반도 시대가 도래한 것이었다.

---

9) http://www.first-team.us/tableaux/chapt_07/(검색일: 2021.9.8)

10) 제1기병사단 21야포 1대대 출신 이성원 예비역 병장은 "1965년 제1기병사단에서 근무하던 중 미2사단으로 교체된다는 통보를 받았지만 군복의 사단 패치를 교환하였을 뿐"이라고 말하였다. 2021년 9월 9일 전화인터뷰.

미2사단 임진스카웃 시대
(1965-1991)

1) 임진스카웃 요람 ACTA

미국이 본토가 아닌 해외에서 전투훈련학교를 운영한 사례는 1965년 미2사단 고급전투훈련교육대(ACTA: Advanced Combat Training Academy)가 처음이었다. 그리고 1년 늦게 제101공수사단이 베트남에서 RECONDO[11] 스쿨을 설립하였다. 200년 넘는 미 육군 역사상 분쟁 현지에서 전투병을 양성한 교육기관은 ACTA와 RECONDO가 전부였다. 미국이 베트남과 한반도 분쟁에 얼마나 올인하였는지 역설해주는 대목이다.

---

11) 수색특공보병(Reconnaissance Commando and Doughboy)을 의미한다. 윌리엄 C. 웨스트모어랜드 베트남 주둔 미군사령관은 1966년 베트남 나트랑에 RECONDO 스쿨을 설립하도록 지시하였다. RECONDO 교육은 3주일 동안 총 260시간의 실내 야외수업 형태로 진행되었고, 체력 훈련과 수색 요령과 응급처치, 독도법, 통신기술, 무기조작술 등을 포함하였다.

롤랜드 M. 글레저 준장이 1965년 가을 미2사단 작전담당 부사단장으로 부임하면서 임진스카웃 양성을 목적으로 ACTA를 설립하였다. 글레저 준장은 '임진스카웃'이라는 개념을 정립하였고, 독자적인 패치와 교육 프로그램을 개발해 임진스카웃 뼈대를 완성하였다. 이로써 비무장지대 군사분계선 이남에서 임진강 이

〈그림 V-5〉 임진스카웃 창시자 글레저 장군
사진=wikimedia

북까지, 행정구역상으로 경기도 파주 일대를 지키는 미2사단 전사(Warriors) 임진스카웃이 탄생하게 되었다.

미2사단 ACTA는 임진강 건너 경기도 파주군 진동면 동파리 인근 캠프 싯먼(Camp Sitman)[12]에 둥지를 틀었다. 캠프 싯먼은 비록 해발고도가 190.8m로 낮지만 험준한 지형의 일월봉[13]을 배경으로 세워진 배산임수(背山臨水)형 요새였다. 일월봉 주변은 산악행군과 도하, 암벽훈련 등을 실시하기에 적합한 천혜의 자연조건을 갖췄다. 더욱이 판문점에서 직선거리로 불과 10km 지점에 위

---

12) 캠프의 명칭은 한국전쟁 중인 1951년 2월 14일 지평리 전투에서 전사한 미2사단 23연대 M중대 윌리엄 새뮤얼 싯먼 중사(SFC) 이름을 따서 지어졌다. 싯먼 중사는 지평리 전투에서 중공군이 던진 수류탄을 껴안고 폭사해 동료들과 무기들을 지켜낸 공로를 인정받아 명예훈장을 받았다. 경기도 평택 소재 2사단 박물관은 별도로 싯먼 중사 코너를 운영 중이다.

13) 주한미군 작전지도에서는 일월봉을 스푼빌힐(Spoonbill Hill)로 표시하였다.

〈그림 Ⅴ-6〉 경기 파주 소재 캠프 싯먼의 전경

사진=1969년 3월부터 1970년 4월까지 통신병과를 담당하였던 조지 세인트 루이 병장이 2사단 협회 홈페이지에 제출한 캠프 싯먼의 항공사진. http://www.2ida.org/koreaatourofduty/MixedPhotos/SitmanACTA_RC3.html

치해 필요할 경우 교육병들을 비무장지대에 수시로 투입해 현장실습을 겸한 수색정찰을 실시하였다.

캠프 싯먼 중앙에 200여 명을 동시 수용할 수 있는 초대형 텐트 식당이 들어서고 44개 크고 작은 숙소용 텐트들이 줄지어 세워졌기 때문에 '텐트촌(Tent City)'이라고도 불렸다. 캠프 싯먼의 전체 구도를 살펴보면 캠프 정면에서 중앙을 바라보았을 때 우측으로 기간병 숙소텐트들이 배치되었고, 좌측의 비탈진 언덕에는 교육병 숙소텐트들이 올망졸망 자리 잡았다. 교육병 텐트 아래쪽에는 행

〈그림 V-7〉 ACTA 정문
사진=http://campsabrekorea.com/camps-in-korea-page-11.html

정 업무를 위한 관리동, 장교숙소용 팔가형 텐트들이 각각 설치되
었다.

　캠프 싯먼 입주식이 같은 해 11월 10일 거행되었고, 이때부터
임진스카웃 교육프로그램 준비에 착수하였다. 초대 교육대장으로
조지 마레첵 대위[14]가 임명되었고, 스튜어트 재미슨 중위와 게르
하르트 프릭 소위가 참모 역할을 담당하였다. 이들의 지휘를 받는
훈련담당 조교와 운전병, 행정병, 조리병 등 기간병이 모두 40여

---

14) 필자가 이 책을 집필 중이던 2020년 10월 3일 마레첵 예비역 대령이 미국 노스캐롤
　　라이나 자택에서 영면하였다. 향년 88세. 1932년 체코슬로바키아에서 출생한 마레
　　첵은 1951년 입대해 그린베레 등에서 근무하였고, 한국에서 근무 중 북한군 장교
　　를 생포한 전과를 올린 바 있다. 그는 초대 교육대장으로서 ACTA 프로그램을 반석
　　위에 올려놓았다고 평가를 받는다.

명 근무하였다.

마레첵 대위, 잉그람 대위에 이어 베트남전
쟁의 영웅 로저 돈런 미 육군 소령이 1967년부
터 이듬해까지 2년 동안 제3대 교육대장으로
복무하면서 ACTA에 비상한 관심이 모아졌다.
일개 육군 소령의 보직 이동에 미국 국민들의
시선이 온통 집중되었고, 미군 성조지는 특집
박스기사를 송고하였을 정도로 베트남전쟁 영
웅에 대한 미국 사회의 관심이 지대하였다.[15]

〈그림Ⅴ-8〉 베트남전쟁의 영웅
돈런 소령   사진=Wikimedia

돈런이 지휘하는 그린베레는 라오스 국경에서 15마일 떨어진 지
점에 진지를 구축하였다. 1964년 7월 6일 베트콩 2개 대대 병력이
돈런의 특수부대를 기습 공격하였고, 특수부대는 엄청난 혼란에
빠졌다. 이른바 '남동(Namdong) 전투'의 신호탄이 올랐다.

돈런은 무려 5차례 공격을 당하였지만 아랑곳하지 않고 침착하
게 부상병들을 안전한 지역으로 피신시켰다. 이 과정에서 그는 부
대 정문에서 조우한 베트콩들을 침착하게 사살하였다. 당시의 공
로를 인정받아 1964년 12월 베트남전쟁에 참전한 군인 가운데 최
초로 명예훈장[16]을 목에 걸었다.

---

15) 미국의 성조지(Stars and Stripes)는 1968년 1월 14일 돈런 소령의 주한미군 ACTA
교육대장 부임에 대해 상세히 소개하였다.
https://www.stripes.com/news/medal-of-honor-recipient-donlon-heads-
training-academy-in-korea-1.23238 (검색일: 2020.10.24)
16) 미국의 명예훈장(Medal of Honor)은 대통령이 의회 이름으로 군인에게 수여하는
최고 영예의 무공훈장이다. 베트남전쟁에 참여한 미군 270만 명 가운데 돈런을 비
롯해 불과 261명이 명예훈장의 안았다. 178만 명이 참전한 한국전쟁에서 145명이

베트남 전쟁에서 생사의 경계선을 넘나들었던 돈런 교육대장의 독특하고 기이한 취향 때문에깜짝 놀라는 사람들이 속출하였다. 돈런 교육대장의 사무실에 들어서면 예상치 못하였던 광경을 목격하고 아연실색하거나 심지어 비명까지 질렀다.

돈런 교육대장이 자신의 사무실 한켠에 밀폐된 수조를 설치하고 그 안에 한국 토종의 살모사 5마리를 잡아다 풀어놓았기 때문이었다. 돈런 교육대장은 자신을 찾아온 부하 직원이나 방문객들에게 북한군 침투조가 마치 수풀 속에 숨어있는 살모사처럼 은밀하게 침투하며, 기회를 노리다 결정적 순간에 치명적인 공격을 퍼붓는다고 설명하였다.

ACTA 교육은 미2사단 예하 부대에서 선발된 전투병 150여 명을 대상으로 22일 동안 총 262시간의 교육 프로그램을 진행하였다. 교육병들의 계급은 일등병에서 중위까지 다양하였으며, 교육을 받는 과정에서 어떠한 특혜와 차별도 인정하지 않았다.

전투병들에게 필수적인 산악훈련은 물론 독도법과 지표항법, 실탄사격을 동반한 무기조작법, 폭파, 통신, 전술, DMZ 교육 등에 대한 이론과 실습교육을 강도 높게 반복하였다.

DMZ 교육 주간에는 비무장지대에 직접 투입돼 감시초소에 머물면서 이동순찰(일명 헌터킬러)과 매복 훈련(일명 잠복)도 실시하였다. 임진강 건너편 화석정 인근 10m 높이 절벽에서 레펠 강하훈련이 이뤄졌고, 동파리 인근 무인도 초평도에서 보트상륙훈련이

명예훈장을 받는 등 남북전쟁부터 현재까지 총 3천526명이 명예훈장 명단에 이름을 올렸다.

〈그림 V-9〉 ACTA 훈련모습   사진=2ID Association 홈페이지

진행되었다.

　　1968년 여름 ACTA 과정을 수료한 박기수 38보병1대대 예비역 병장은 무기조작법을 배우는 과정에서 "기간병들이 북한군으로부터 노획한 PPS-1 기관단총과 AK-47 소총을 나눠주면서 한 발씩 직접 쏴보게 하였던 기억이 난다"고 교육과정을 회상하였다. 아군 무기는 물론이고 적군의 휴대무기까지 직접 조작해 봄으로써 실전 감각을 빠르게 키워나갔다.[17]

　　돈런 교육대장은 "교육대는 병사들에게 자신감을 심어주고 본능적으로 사격할 수 있으며 어떠한 조건에도 북한군 침투를 물리칠 수 있도록 가르치고 있다."고 교육목표를 설명하였다. 강의실에

---

17) 1967년 12월 ACTA 교육을 이수한 37포병연대 6대대 존 그래너키는 "로저 돈런 소령에게서 교육 받을 수 있는 특권을 누렸다"면서 "인생을 송두리째 바꿔주는 엄청난 경험이었다."고 만족감을 표시하였다. https://www.facebook.com/groups/404931156374682/(검색일: 2021.9.19).

서 따분한 군사이론을 전수하기보다 베트남전쟁에서 체득한 전투 감각을 위주로 현장교육을 진행하였다.

ACTA 첫 수료생들이 12월 2일부터 3주 간 정규교육을 무사히 마치고 1965년 12월 24일, 성탄절 이브에 교육대를 떠났다. 교육 병들이 초대형 텐트식당에 모여 맥주를 마시면서 임진스카웃 교육 과정을 무사히 수료한 데 대해 자축하면서 서로의 무운을 빌었다.

ACTA는 이듬해 1월 중순 두 번째 기수 임진스카웃을 대상으로 교육에 들어가는 등 명실공히 임진스카웃 요람으로서 자리를 구축하였다. 매년 1천800명 안팎의 임진스카웃을 배출하였고, 이로 인해 비무장지대 방어력이 더욱 증강되었다.[18] ACTA는 출범 7년 만인 1972년 1월 부대배치 조정에 따라 싯면 시대를 접고 경기도 동두천 소재 캠프 케이시(Camp Casey)로 이전하였다.

---

18) UPI James Kim 기자는 현지 르포기사를 통해 "ACTA는 사이클 150명을 대상으로 유격훈련과 탐색전술, 산악, 수색, 외국무기 브리핑, 비무장지대 이론과 실습 등에 대한 교육을 실시하며 매년 1,800명 배출을 목표로 한다"고 설명하였다.

2) 레논이 좋아한 임진스카웃 패치

전설의 록밴드 비틀즈 존 레논이 임진스카웃의 존재를 알리는데 일등 공신이 되었다. 레논은 1972년 8월 미국 뉴욕 메디슨스퀘어가든 뉴욕시 라이브 공연에서 임진스카웃과 미2사단 인디언헤드 패치, 병장 계급장이 새겨진 군복(OG-107)[19]을 입고 등장해 눈길을 끌었다.

반전평화운동에 앞장섰던 레논이 주한미군 정예요원 복장으로 군중 앞에 섰다는 것이 아이러니하였지만, 레논은 이후에도 다른 공연무대와 방송출연 등에서 임진스카웃 복장을 즐겨 입었다. 이로 인해 총 대신 마이크를 든 '레논 병장(Sergeant Lennon)'이 가장 유명한 임진스카웃 부대원이라는 우스갯소리도 나돌았다.

이에 따라 레논이 임진스카웃 군복을 입수한 경위에 대해 비상한 관심이 모아졌다. 레논은 "제가 어느 날 독일의 공항에서 식사를 하고 있는데 베트남 주둔 미군부대에서 방금 전역하였다는 남성이 다가와 '군복을 선물하고 싶다'고 제의해 승낙했더니 나중에 우편물로 보내왔어요. 그게 몇 년 전의 일입니다."라고 군복을 입수한 사연을 설명하였다.[20]

---

19) 미 육군이 1952년부터 1989년까지 착용한 최장수 군복을 가리킨다. OG는 Olive Green 색상을, 107은 면과 폴리에스테르 혼방소재를 의미한다. 한국전쟁에 참여한 미군 모두가 이 민무늬 군복을 착용하였고, 한국군 역시 육·해·공군 모두 일본 병참기지에서 공수된 해당 군복을 입고 전장에 나섰다. [남보람의 전쟁 그리고 패션 - 174] 1. 요즘 세대는 모르는 군복 'OG-107'. 『매일경제』 2020년 12월 16일자 참조.

20) 존 레논에게 군복을 선물한 군인은 미2사단 출신 피터 제임스 라인하트 병장이었

레논이 즐겨 입은 임진스카웃군복

〈그림 V-10〉
존 레논 임진스카웃 군복 입고 열창

레논 덕분에 유명세를 톡톡히 치른 임진스카웃 패치의 역사는 1965년으로 거슬러 올라간다. ACTA는 1965년부터 2년 동안 교육과정을 이수한 미2사단 전투병에 한해 임진스카웃 패치 착용을 허용하였다. 독특한 임진스카웃 패치는 미2사단 전투보병 가운데 선망의 대상으로 떠올랐다.

임진스카웃 패치를 살펴보면 한반도를 바탕으로 북한 지역은 붉은 색으로, 남한 지역은 파란 색으로 각각 분류하였고, 남북을 가르는 휴전선을 황금빛 실선으로 처리하였다. 북쪽을 겨

다. 라인하트 병장은 1968년 경기도 파주 38보병1대대에서 임진스카웃으로 복무하였다. 라인하트는 전역 후 델타항공에서 근무하였고, 어머니를 만나기 위해 항공기에 탑승하였다 레논과 우연히 동석하였다. 그는 자신이 입고 있던 군복이 낡아 새 것을 보내주겠다고 제의하였고, 레논은 답례 차원에서 끄적이던 그림에 사인을 해 선물하였다.
https://www.feelnumb.com/2017/03/07/feelnumb-the-man-who-gave-beatles-john-lennon-us-army-coat-military-jacket/#lightbox/2/ (검색일: 2021.9.1)

냥한 화살머리 중앙에 미2사단을 상징하는 인디언 헤드를 배치하였다. 전투복을 착용할 경우 기존의 '튀는' 색상 대신에 위장색 버전을 사용하였다.

그런데 1967년 초 임진스카웃 패치 아래 부분에 'DMZ'라는 단어를 새겨 넣은 새로운 버전이 등장하였다. 비무장지대에서 임진스카웃 임무를 수행한 수색대원들이 DMZ 임무를 성공적으로 수행한 기념으로 DMZ 버전을 새로 만든 것으로 추정되었다.

ACTA 졸업 전투병들이 대부분 비무장지대 수색정찰에 투입되었지만, 모든 수색대원들이 ACTA 교육을 이수하지 않았다. 수색대 1개팀이 전투병 이외에 통신병과 의무병, 통역병, 방공포병, 공병 등 다양한 보직으로 구성되기 때문이었다. 수색대를 편성하는 과정에서 기존의 전투부대 골격에 필요한 다른 보직들이 추가 배치되었다.

경기도 파주와 동두천 미군부대 정문 주변에 즐비한 재봉틀 아저씨들에게 달러 몇 푼 쥐어주면 임진스카웃 패치를 뚝딱 만들어주던 시절이었다. 이에 따라 ACTA 졸업생과 DMZ 임무 수행자들이 각기 다른 패치를 사용하기에 이르렀다.

서로 다른 임진스카웃 패치 착용을 둘러싸고 미묘한 갈등이 일었고, 결국 미2사단 본부는 'DMZ' 단어를 포함한 임진스카웃 패치 디자인으로 통일시켰다. 곧 ACTA 이수 여부와 상관없이 DMZ 수색정찰 임무를 수행한 보병대대 단위로 임진스카웃 패치를 착용하도록 허용하였다.

미2사단 672-3 규정은 다음 조항들을 충족시키는 경우에 한해 임진스카웃 패치 착용을 승인하였다.

    (1) 철책 또는 DMZ에서 다음 작전에 20차례 참가한 경우

        (a) 모든 형태의 순찰 활동

        (b) 감시초소/관측소 임무

        (c) 기동타격대 임무

        (d) 무장호위 임무

        (e) 레이더팀 임무

        (f) 순찰추적 작전

    (2) 철책 또는 DMZ에서 다음 행정 또는 병참 임무에 20차례 참가한 경우

        (a) 지뢰밭 정리

        (b) 폭발물 제거

        (c) 상기 임무수행을 위해 배속되거나 파견된 의료지원팀

        (d) 도로 건설/보수

    (3) 적 침투요원을 무력화하는 원인을 제공하거나 직접적으로 협조한 경우

    (4) 적 침투요원과의 실제 접촉에서 부상한 경우[21]

---

21) 미 육군 제2보병사단 규정 672-3

3) 임진스카웃 전초기지 워리어베이스

미2사단 수색대원들은 경기도 파주시 군내면 정자리 710 일대 워리어베이스에 여장을 풀고 90일 동안 비무장지대 순찰 임무를 반복하였다. 워리어베이스는 수색정찰하는 임진스카웃에게 베이스 캠프와 같은 공간이었다. 임진강 이북에 위치한 캠프 그리브즈와 캠프 리버티벨에 주둔한 일부 보병부대는 자체 막사를 그대로 사용하였기 때문에 예외였다.

워리어베이스는 전남 목포에서 평북 신의주를 연결하는 1번 국도 도로변에 설치되었다. 남북한을 관통하는 한반도 대동맥과 같은 1번 국도는 한국전쟁 당시 북한군이 남진할 때 사용하였던 주요 침투루트였다. 이에 따라 주한미군 군사용어로는 해당 도로를 1번 주요보급로(MSR1: Main Supply Route One)[22]라고 부른다. 임진스카웃들은 이처럼 세계에서 가장 뜨거운 지점에서 근무할 수 있다는 생각에 자부심을 느꼈다고 한다.

임진스카웃들은 워리어베이스를 '텐트촌(Tent City)'이라고 불렀다. 워리어베이스에는 가로 400m, 세로 300m 부지에 수백 개 텐트들이 들어서 있었기 때문이었다. 외부로부터 침입을 막기 위해 워리어베이스 주변에는 3중 철조망이 설치돼 있었다.

워리어베이스는 행정 업무를 총괄하는 대대 행정실과 인사과

---

22) 일제 강점기에 건설된 1번 국도를 의미한다. 전남 목포시에서 출발해 평안북도 신의주까지 총연장 1천68km이다. 현재는 분단 상황으로 인해 경기도 파주시 문산읍 임진각이 종점이지만 2000년 경의선 도로 연결공사로 인해 개성공단과 연결되었다. 판문점내 돌아오지 않는 다리 역시 1번 국도에 포함된다.

<그림 V-11> 워리어 베이스 정문　　　　　　　　사진=장현근 72전차2대대 예비역 병장

(S-1), 초대형 식당, 실내체육관, 검열용 텐트, 진료소, 교회, 이발소와 샤워장, 카투사 스넥바, 트레일러로 만든 미니 PX, 탄약고 등이 들어서 있었다. 최전방 지역에 작은 군사도시를 옮겨놓은 듯한 인상을 주었다.

워리어베이스 정문 초소 둘레에는 허리 높이 정도 모래주머니를 쌓아올렸고, 2개의 국기 게양대가 설치돼 있었다. 게양대에는 성조기와 수색 임무를 수행 중인 보병대대의 깃발이 힘차게 나부꼈다.

텐트 주변 모래주머니 두 줄 사이로 도랑을 파놓아 빗물이 흘러가게 만들었다. 미2사단 주요 부대들이 주둔한 동두천 캠프 케이시와 호비 등에는 1.8-2.4m 깊이 콘크리트 배수로를 만들었지만,

〈그림 V-12〉 워리어베이스 내부 모습

워리어베이스. 천막 사이의 통로에 나무깔판을 깔아놓고 모래주
머니로 배수로를 만들어 놓았다.　　사진=Korea DMZ Vets 홈페이지

워리어베이스는 깊이 60cm에 미치지 못하는 실개천 수준이었다.
하지만 장대비가 쏟아지는 장마철에는 나름대로 역할을 하였다.

　임진스카웃들은 도랑을 '거북이 하천(turtle ditch)'이라고 불
렀다. 마크 히스코 예비역 병장은 자신의 저서에서 새로 배치된 군
인들이 술을 먹고 거북이 하천에 빠지는 경우가 종종 발생하였다
고 회상하였다. 그는 장대비가 쏟아지던 날 병사 한 명이 서둘러
걸어가다 거북이 하천에 그대로 처박히는 장면을 목격하였다. 히
스코 병장이 다가가 "괜찮은가?"라고 걱정스럽게 물었고, 그는 "음
나는 괜찮아."라고 혼자서 중얼거리며 텐트 사이로 사라졌다.[23]

23) Mark Heathco, Call Sign Purple Three: Patrolling the US Sector of the Korean
　　DMZ(Lulu Publishing Service, 2018), p.18.

임진스카웃에게 독특한 방식의 분뇨소각 작업이 잊을 수 없는 추억으로 남아 있다. 민간인 통제선을 한참 지나 군사분계선을 코앞에 둔 최전방에 워리어베이스가 위치한 탓에 모든 잡일을 스스로 해결하지 않으면 안 되었다. 자동차 휘발유와 디젤유를 섞은 혼합연료를 부어가면서 분뇨를 태웠고, 분진들이 바람을 타고 인근 사방으로 날아갔다. 휴일이 되면 천막지붕에서 분진을 터느라 부산을 떨었다.

〈그림 V-13〉 Agent Brown 처리 요령

사진=Korea DMZ Vets 홈페이지

임진스카웃 주요 부대

미국은 한국전쟁에 육군 8개 사단과 해병대 1개 사단, 해군 7함
대, 공군 20개 비행단 및 70개 비행대대 등을 대대적으로 투입하
였다. 1953년 7월 정전협정이 체결될 당시 육군 7개 사단과 해병
대 1개 사단의 지상군 병력 30만2천483명이 주둔하고 있었다.[24]

정전협정이 체결되고 나서 주한미군 병력은 급격히 감소해 2년
만에 지상군 병력이 1군단 2개 보병사단과 지원 부대들로 줄어들
었다. 'Shield of Seoul(수도방어)'를 모토로 한 미1군단 미24사
단이 중서부전선 18.5 마일(29.7km) 구간을 지켰고, 1957년 10
월 제1기병사단으로 교체되었다. 미7사단은 예비 병력으로 경기도
동두천에 주둔하였고, 인디언 헤드 미2사단이 1965년 7월 비무장
지대에 거대한 방패막을 형성하였다.[25]

미2사단은 1971년 3월 말까지 대부분 휴전선 방어 업무를 한

---

24) 국방부 군사편찬연구소, 『한미군사관계사 1871-2002』, p.674,
25) Finley, op cit., pp.15-16.

〈그림 V-14〉 미2사단 열병식

미2사단이 경기도 파주 소재 캠프 하우즈에서 열병식을 개최하였다. 미2사단 상징인 인디언 복장의 사단 마스코트가 눈에 띈다.　　　　　　　　사진=Korea DMZ Vets 홈페이지

국군에 인계하고 미7사단이 위치하였던 동두천으로 이동하였다. 이로써 정전 18년 만에 한국군은 판문점 주변 1마일 경계를 제외한 154마일 휴전선 전체에 대한 방어 임무를 맡게 되었다.[26]

　주한미군은 1950년대 군단 포병부대와 방공포부대, 군수사령부, 지역대 지원 및 서비스 부대 등으로 5만 명 수준을 유지하였다. 유엔사 본부는 1957년 7월 태평양 지역의 미군부대 재배치 계획에 따라 일본 도쿄에서 서울로 이전하였다. 이에 따라 한국의 미육군 선임 장교는 유엔군사령관과 주한미군사령관, 미8군사령관 자격으로 지휘권을 행사하였다.

---

26) 국방부 군사편찬연구소, 『한미군사관계사 1871-2002』, p.697.

임진스카웃 임무를 맡은 주한미군 지상군 병력은 비무장지대에
서 비정규전 분쟁에 참여하였다. 이에 따라 군사분계선 이남의 한
반도 지역을 미군 제1군단과 한국군 제1·2 야전군사령부 등 3개
단위로 책임구역을 분할하였다.

아래 〈그림 V-15〉에서 보는 것처럼 한강 이북의 동부전선은 한
국군 제1야전군사령부가 경계 임무를 담당하였고, 임진강 일대를

〈그림 V-15〉 한·미 군사 책임구역   출처: Bolger, p.19.

포함한 서부전선은 미군 제1군단이 맡았다. 그 이외에 후방 지역은 한국군 제2야전군사령부가 책임을 지도록 역할 분담을 하였다. 미군 제1군단 지역은 비무장지대와 임진강 이남지역, 철원 계곡 등으로 3등분해 경계 병력을 배치하였다.

<표 V-1> 비무장지대 부대 배치표

지역	부대	여단	대대
비무장지대	미2사단	4여단	38보병1대대
			23보병3대대
		3여단	38보병2대대
			9보병2대대
			32보병3대대
	한국군※	99연대전투단	99보병1대대
			99보병2대대
			99보병3대대
임진강 이남지역	미2사단	2여단	9보병1대대
			23보병2대대
			72전차1대대
		1여단	23보병1대대
			72전차2대대
		7기병4대대	
		기동타격대	
철원계곡	미7사단	3여단	31보병1대대
			31보병2대대
			32보병1대대
			32보병2대대
		1여단	17보병1대대
			17보병2대대
			73전차1대대
			10기병2대대
	태국군	22중대	

※ 한국군 99연대전투단은 미2보병사단장의 작전통제를 받았다.　　출처: Bolger, p.81

1969년 4월 30일을 기준으로 살펴보면 비무장지대에서 미2사단의 4여단(38보병1대대, 23보병3대대)과 3여단(38보병2대대, 9보병2대대, 32보병3대대), 그리고 한국군 99연대전투단(99보병1대대, 99보병2대대, 99보병3대대) 등 3개 부대가 비무장지대 임무를 수행하였다. 보기 드물게 연대 규모의 한국군 99연대전투단이 미2사단과 함께 비무장지대에서 한미 연합작전을 수행한 점이 눈에 띈다.

38보병연대 1대대의 경우 본부중대와 전투지원중대(Combat Support Company), 1·2·3중대 등으로 대대 편제가 완성되었다. 전투지원중대는 본부소대와 TOW 미사일로 무장한 중화기 소대, 수색소대(Scouts), 박격포소대(Mortars), 1·2소대 등으로 구성되었다. 지프 차량에 미사일을 싣고 이동하다 적군의 탱크를 발견하면 유효사거리 3.2km 이내에서 제압할 수 있다.[27]

임진강 이남지역에는 미2사단의 2여단(9보병1대대, 23보병2대대, 72전차1대대), 1여단(23보병1대대, 72전차2대대), 사단 직할부대인 대간첩중대, 7기병4대대 등이 주둔하였다. 철원계곡에는 미7사단 3여단(31보병1대대, 31보병2대대, 32보병1대대[28], 32보병2대대), 1여단(17보병1대대, 17보병2대대, 73전차1대대, 10기병2대대) 그리고 태국군 22중대[29]가 진지를 구축하였다.

---

27) Mark Heathco, Call Sign Purple Three: Patrolling the US Sector of the Korean DMZ, pp.2-38.

28) 미7사단 32보병1대대는 1971년 3월부터 1978년 10월까지 미2사단 소속이었다. Colin Powell, 류진 역, 『콜린 파월 자서전』(서울: 샘터, 1997), p.281.

29) 유엔군사령부는 1966년까지 주한미군과 태국군 22중대, 일부 국가의 의장단으로

콜린 파월 전 미 합참의장은 백악관 근무를 마치고 1973년 9월 주한미군 2사단 제32보병1대대장으로 취임해 1년 동안 비무장지대 경계 임무를 맡았다. 파월은 당시 근무 실태에 대해 "카투사들은 내가 지휘해 본 가장 훌륭한 군인에 속한다. 그들은 절대 술 취한 채 나타나지 않았고, 없어지는 경우도 없었다. 그들은 지칠 줄 모르고 군기가 있었으며 지식습득 능력이 우수했다"고 술회하였다.

1971년 4월 미7사단이 철수하면서 한반도에는 유일하게 미2사단이 남게 되었다. 미2사단은 1991년 10월 비무장지대 서부전선 방어 임무를 한국군 1사단에 넘겨주고 한강이북 지역에 예비 병력으로 남았다. 이로써 판문점 군사정전위원회 구역 말고는 주한미군의 지상군 병력이 휴전선 일대에서 모두 빠져나간 셈이었다

구성된 상징적 존재였다. 이론상으로 다른 참전국들은 한반도에서 전쟁이 발발할 경우 유엔군사령부에 복귀한다는 방침이었다. 실제로 유엔군사령부의 임무는 소모적이고 성과 없는 판문점 군사정전위원회 회의 참석이 주를 이뤘다. Bolger, pp.5-6.

1) 9보병연대 — "Keep Up the Fire"

미국의 국가대표급 전투부대 9보병연
대는 미군부대로서 특이하게 '만추(the
Manchus, 중국 동북3성의 옛 지명 만
주를 의미)'라는 중국식 별칭과 용 문양
의 부대마크를 갖고 있다. 1798년 설립
된 9보병연대와 만추의 결합은 1900년
6월 발생한 중국의 외세배척운동 의화
단사건[30]으로 거슬러 올라간다.

〈그림 V-16〉 9보병2대대 용마크
사진=필자 촬영

청나라 말기에 중국의 보수적 관료와 지방의 신사, 농민들
이 규합해 반기독교, 반제국주의 폭동인 '의화단의 난(Boxer
Rebellion)'을 일으켰다. 반란군은 산둥(山東)성과 허베이(河北)성
을 중심으로 의화단 조직을 결성해 베이징(北京)을 침공해 외국 공
사관을 점령하였다. 이 과정에서 닥치는 대로 공사관과 교회를 파
괴하였고 외교관과 외국인 선교사, 기독교인 등을 무차별 살해하
였다.

이에 미국과 영국, 프랑스, 러시아, 일본, 오스트리아, 이탈리아,
독일 등 8개국 연합군이 결성돼 자금성을 점령하고 신축조약, 베
이징의정서를 채택하였다. 당시 미국을 대표해 파견된 전투부대가

---

30) 의화단의 난은 찰턴 헤스턴과 에바 가드너가 주연한 영화 '북경의 55일(55 Days in
Peking)'에 반영돼 있다. 1963년 니콜라이 레이 감독 작품. 홍콩에서 서양 열강의
만행을 위주로 '팔국련군(八國聯軍)'이라는 영화가 제작되었다. 1975년 장철 감독
제작.

9보병연대였고, 연합군 병력 가운데 전투력이 뛰어난 미군 9보병연대가 가장 먼저 자금성에 진입하는 수훈을 세웠다.[31]

신축조약을 체결한 결과 청나라는 각국에 엄청난 액수의 배상금을 지불하였다. 하지만 미국은 교육 분야 투자를 조건으로 배상금 일부를 청나라에 돌려주었고, 이를 바탕으로 1911년 청화대학(清華大學) 전신인 청화학당이 설립되었다.[32]

청화학당의 이름은 청나라 황실 정원인 청화원(清華園)에서 유래하였고, 미국이 요구한 대로 유학인재양성예비학교였다. 1928년 국립청화대학으로 명칭이 바뀌었고, 중화인민공화국이 세워진 뒤 공식 명칭이 청화대학으로 결정되었다.

'중국의 MIT'로 불리는 청화대학은 오늘날 후진타오·시진핑 국가주석과 주룽지 총리 등 다수의 국가 지도자들을 배출하였다. 청화대학 출신들이 3-5세대 지도자 그룹을 형성하면서 눈부신 경제성장을 주도한 결과 명실공히 미국과 중국이 G2, 양국집단 구도를 이루게 되었다. 갈수록 첨예해지는 미중 갈등 구도에서 미국의 경제적 배려 속에 설립된 청화대학의 동문들이 약진해 새삼 주목을 받고 있다.

막강한 전투력을 과시하던 미국의 국가대표 9보병연대는 한국

---

31) Michael W. Rauhut, "Our Manchu History", 「2nd Battalion 9th Infantry Regiment History and Command Briefing」(2008), pp.34-37.

32) 중국의 바이두 백과사전에는 "학교명 청화는 학교 소재지인 '청화원' 지명에서 유래한다. 청화학당은 청나라 정부가 설립한 미국유학 예비학교로서 1908년 미국이 반환한 경자배상금으로의 일부로 학교 창설 기금이 마련됐다"고 청화대학 설립배경을 설명한다. 校名"清华"源于校址"清华园"地名,是清政府设立的留美预备学校,其建校的资金源于1908年美国退还的部分庚子赔款。

〈그림 V-17〉 중국 지도자 양성의 산실 청화대학

사진=유복근 주중한국대사관 경제공사

전쟁을 계기로 한국과 남 다른 인연을 맺었다. 한국전쟁 당시 북한의 기습남침으로 낙동강전선까지 밀렸을 때 9보병연대는 미국 본토에서 가장 먼저 7월 31일 부산항에 도착한 첫 증원군이었다.

천군만마처럼 등장한 9보병연대는 곧바로 낙동강전투에 투입되었고, 201고지를 점령해 수세에 몰렸던 유엔군 반격의 계기를 만들었다. 9보병연대는 한국전쟁 기간 중 피의능선 전투를 비롯해 단장의 능선, 불모고지, 폭찹힐, 티본고지 전투 등 10여 개 주요 전투에서 혁혁한 공을 세웠다.[33]

---

33) 9보병연대 부대원 가운데 6명이 한국전쟁 공로를 인정받아 명예훈장(Medal of Honor)을 받았다. 군사분계선 가장 가까운 곳에 위치한 JSA 오울렛 감시초소는 9

8월 중순 이후 카투사 제도가 도입되었고 초기의 카투사 병력이 9보병연대에 대거 배속되면서 한미 연합전력의 상징처럼 떠올랐다.[34] 실제로 부산 유엔기념공원 상징구역에 안장된 카투사 36명 가운데 단일부대로는 가장 많은 11명이 9보병연대 소속이었다. 정전협정 체결 60주년을 앞두고 2013년 6월 6일 현충일 9보병2대대 대대장과 부대원들이 주한미군 부대 최초로 한국군 묘역을 참배하였다.

마이클 라훗 9보병 2대대장은 국내 공중파 방송과 인터뷰에서 "나는 카투사 없이는 나의 방식대로 임무를 제대로 수행할 수 없다. 낙동강 전선에서 부상병들이 늘어날 때 카투사들이 (9보병연대에) 처음 합류하였다. 그날 이후로 카투사 프로그램은 임무 수행하는데 중심이 되었다"고 '만추 카투사' 역할을 강조하였다.

1957년 미2사단이 해체되자 9보병연대 전투단은 유콘 사령부에 배치되었고, 1960년 미2사단이 조지아주 포트베닝에서 재출범하면서 9보병 1대대와 2대대만으로 진영을 갖추었다. 나머지 4대대는 포트웨인라이트에 남아있다 베트남전쟁에 투입되었고, 3대대와 새로 만들어진 5대대는 11군단(예비)에 각각 배속되었다.

9보병 2대대는 1965-68년 한반도 비무장지대 분쟁에 참여하였고, 포트루이스에서 1971년 해체되었다 4년 만에 다시 창설된 뒤 한국에 들어와 경기도 파주 캠프 그리브즈와 리버티벨에 주둔

보병연대 H중대 조셉 R. 오울렛 일병을 기리기 위해 이름을 지었다.

34) 문관현, "한국전쟁 시기 카투사제도 실태와 특성", pp.75-76; 『연합뉴스TV』 2013년 6월 6일자 https://www.yna.co.kr/view/MYH20130607001600038(검색일: 2021.8.19)

〈그림 V-17〉 마이클 라훗 9보병2대대장   사진=김상훈 강원대 교수

하였다.

9보병2대대 A중대는 1976년 판문점 도끼만행사건 때 한국군 특전사요원 60명과 미군 공병대원 16명, 38포병, AH-1 코브라헬기, F-111 전폭기, B-52 스트라토 포트리스, 7함대 등과 함께 폴 번연(Paul Bunyan) 작전[35]에 투입되었다.

9보병1대대는 2004년부터 수차례 이라크전쟁에 투입되었고, 콜로라도 포트 카슨에 자리를 잡았다. 9보병2대대는 2015년까지 경기도 파주 그리브즈와 리버티벨, 동두천 케이시 등에 차례로 주둔

---

35) 미국의 전설적인 나무꾼 폴 번연에서 유래한 군사작전을 일컫는다. 1976년 8월 18일 판문점에서 미루나무 가지를 치던 미군 장교 2명이 북한군에 의해 살해당하였다. 이에 8월 21일 데프콘 2가 발령된 가운데 미2사단과 한국군 제1공수특전단이 미루나무를 절단하였고, 김일성은 이틀 만에 유감을 표명하고 재발 방지를 약속하였다.

하였고, 9보병4대대는 이라크전쟁을 거쳐 워싱턴 포트루이스에 둥지를 트는 등 한반도와 세계 각지의 분쟁 현장에서 활약하였다. 이처럼 9보병연대는 미국의 가장 대표적인 전투부대로서 위상과 명성을 이어가고 있다.

미군부대에서 내로라하는 베테랑들이 즐비한 9보병연대이지만, 배속된 카투사들의 활약도 만만치 않다. 9보병 2대대에는 수색대원과 전차병, 통신병, 행정병, 전산병, 군종병 등 70여 명의 카투사들이 복무하였다. 백전노장 미군들이 포진한 최강의 전투부대에서 카투사가 극복해야 할 난관이 수두룩하지만, 여러 분야에서 미군의 성과들을 훌쩍 능가하는 사례를 찾기는 어렵지 않다.

예를 들면 2006년 9보병2대대 소속 카투사들이 '보병의 꽃' 우수보병휘장(EIB: Expert Infantryman Badge)[36] 테스트에 11명이 지원해 무려 10명이 통과하였다. 탈락한 1명은 상병이었고, 합격자 전원이 이등병과 일등병, 이른바 Private들이었다. 이들이 합작한 전무후무한 90% 합격률에 마이클 라홋 대대장과 실스비 대대 주임원사는 기쁜 표정을 감추지 못하였다.

미 육군이 전 세계에 파견된 보병들을 대상으로 일제히 실시하는 EIB 테스트는 사격과 체력 측정, 독도법, 행군 등 37개 관문을 통과해야 한다. EIB 테스트는 부대 사정에 따라 다르지만 통상 13% 내지 14% 정도의 낮은 합격률을 기록하였다. 카투사라고 해

---

36) 1943년 도입된 EIB 테스트는 매년 전 세계 주둔한 보병과 특수부대원을 대상으로 37개 분야에 대한 평가를 실시한다. 체력 검정과 응급조치, 화생방, 무전기, 독도법, 개인화기, 수류탄 등 모든 장비와 무기, 전술에 대해 숙련된 능력을 입증해야 한다. 3개 과목에서 탈락하면 자격이 박탈된다.

〈그림 V-19〉 판문점 일대 만추마일
사진=문관현의 통일열차 블로그

서, 계급이 낮다고 평가 기준이 달라지지 않는다.

10명이 지원하면 한 명이 합격의 영광을 누릴 정도로 좁은 바늘구멍 관문이다. 전투력이 뛰어난 주한미군 2사단은 1989년 테스트에서 미군 합격률이 13%, 카투사 합격률이 39.8%를 기록하였다. 2008년도 미군 합격률이 39.4%를 보였는데 카투사 합격률은 두 배 가까운 58.0%를 기록해 압도적 우위를 유지하였다.[37]

9보병2대대 한무진 일병은 왼쪽 어깨를 가리키면서 "태극기 달았어요. 태극기에 부끄럽지 않게 열심히 하는 것이 저희 카투사의 의무입니다."라고 전투병 카투사에 대한 자부심을 표현하였다.

9보병2대대는 한국에 주둔하는 동안 의화단의 난 전승을 기념하기 위해 매년 2차례 25마일(40km) 무장행군, 만추마일(Manchu Mile)을 실시하였다. 대대 전원이 참석하는 만추마일은 통상 6월과 11월 동두천 소요산 일대와 판문점 인근 임진강 유역

37) 문관현, "한국전쟁 시기 카투사제도 실태와 특성", p.5; 동아일보특별취재반, 『주한미군』(서울: 동아일보사, 1990), p.75 참조.

에서 진행되었고, 미8군 다른 부대 미군과 중립국감독위원회 소속 스위스 군인, 미2사단 예비역 카투사들이 참여해 축제 분위기를 연출하였다.

친한파 미군장성으로 유명한 빈센트 브룩스 주한미군사령관은 9보병2대대장 시절 유창한 한국어로 애국가를 4절까지 불렀을 정도로 한국에 대한 각별한 애정을 지녔다.[38] 해당 부대는 2015년 5월 20일 캠프 케이시에서 만추마일 행사를 끝으로 해체되고 역사 속으로 사라졌다.

2) 72전차연대 — 한국전쟁 기갑전의 승자

한국전쟁 초기에는 최신식 소련제 전차 T34 242대와 SU 자주포 176대를 앞세운 북한군 위력에 한국군은 무기력하게 밀릴 수밖에 없었다. 한국군은 당시 전차가 한 대도 없었고, 그나마 장갑차 39대를 보유한 게 전부였다.[39] 결과적으로 3일 만에 수도 서울을 내주고 황급히 남쪽으로 피난을 떠나게 되었다.

주일미군 가운데 긴급 투입된 스미스 특임대대는 7월 5일 오산 죽미령에 방어진지를 구축하고 저지에 나섰으나, 불과 1시간 만에 와해 수준으로 전락하였다. 기고만장하게 한국 땅을 밟은 스미스 특임대대는 실전 경험이 있는 병력이 15%에 불과하였고, 경황없이 참전하면서 대전차 파괴포탄을 겨우 6발만 가지고 현해탄을 건너

---

38) 『국민일보』 2018년 1월 26일자.
39) 권주혁, 『기갑전으로 본 한국전쟁』 (지식산업사, 2008), p.71.

왔다. 이로 인해 밀려드는 북한군 전차 33대 중 4대만 파괴하는데 그쳤을 뿐, 쓰라린 고배를 마셨다.

미24사단 딘 소장은 자서전을 통해 당시 사단 전체의 전투력이 전쟁 상황을 기준으로 보았을 때 2/3수준으로 전락하였다고 털어놓았다.[40] 미24사단은 7월 10일 충청남도 연기군 전의면에서 전쟁 개시 이후 처음으로 M24 체피(Cheffy) 경전차 14대를 긴급 투입하였다. 한국전쟁에서 첫 전차대결이 벌어진 셈이었다.

하지만 주일미군이 치열한 지상전을 치르지 않고 일본 열도에 입성하였기 때문에 전차전에 대한 대비를 제대로 하지 않았다. 이로 인해 최신형 소련제 T34전차를 앞세운 북한군이 파죽지세로 밀고 내려갔다.

85mm 주포로 무장한 T34전차(32t 중량)와 75mm 포탄을 장착한 M24(16t 중량)의 대결은 화력과 장갑 능력이 월등한 북한군 승리로 싱겁게 끝났다. 기갑전으로 본 한국전쟁의 비극을 예고하는 대목이었다. 한국전쟁 초기에는 전차부대의 전력이 승패를 가르는 핵심변수였다.

미24사단은 대전에서 배수진을 치고 긴급 공수된 3.5인치 로켓포 등으로 북한군 전차부대의 남진을 막으려 하였으나, 이번엔 T34 8대를 파괴하는데 그쳤다. 급기야 후퇴 명령이 내려진 가운데 사단 병력은 오합지졸이 되었고, 초유의 장군 행방불명 상태가 된 딘 사단장은 전북 진안에서 북한군에 체포돼 전쟁포로(POW) 신

---

40) 당시 긴박했던 개전 초기 상황은 William Frische Dean, General Dean's Story(New York: Viking Press, 1954), pp.13-16 참조.

세가 되었다.[41]

낙동강 유역까지 밀고 내려온 북한군의 남진행렬은 T34보다 성능이 월등한 M26 퍼싱, M46 패튼 중전차가 한국전쟁에 투입되고 서야 겨우 한풀 꺾였다. 8월 3일 제89전차대대에 이어 7일 제5전차대대, 제70전차대대, 제73전차대대가 속속 부산에 도착하였고, 16일에는 제72전차대대 B중대가 미2사단에 가세하면서 낙동강 전선에는 거대한 전차진용이 완성되었다.[42]

72전차대대 합류를 계기로 미군은 6개 전차대대를 확보하였다. 9월 총반격 때까지 낙동강전투에 투입된 전차는 500여 대로 북한군 전차 규모를 2배 이상 능가하였다. 앞서 M24 경전차부대가 낙동강까지 후퇴하면서 북한군 T34 전차부대의 전진 속도를 지연시키는데 그쳤다면, M26·46 전차부대는 T34의 공세를 성공적으로 막아내고 반격에 나서는데 결정적 실마리를 제공하였다.

72중전차대대 A중대 전차장 어니스트 쿠마 중사는 낙동강 전

---

41) 버클리 ROTC 출신 윌리엄 프리시 딘은 제2차 세계대전에서 연대장으로서 혁혁한 공을 세워 종전 이후 사단장에 임명되었다. 1945년 9월 주한미군에 파견돼 군정청 장관을 역임하였고, 1948년 귀국하였으나 한국전쟁 발발로 제24사단장으로서 한반도에 돌아왔다. 대전 전투에서 궤멸 수준으로 대패해 철수하던 중 부상병에게 줄 물을 뜨러다가 실종되고 말았다. 미국 정부는 1951년 말까지 딘 소장이 전사한 것으로 추정하였고, 명예훈장이 추서되기도 하였다. 본인은 군정청 장관과 24사단장으로서 한국 정부를 많이 도왔다고 생각하였으나, 한국의 언론과 정치인들이 포로 신분을 지나치게 부각시키는 점을 서운하게 생각해 말년에 한국과 인연을 끊다시피하고 살았다. 하지만 캘리포니아 자택에서 눈을 감을 때까지 한국에 대한 각별한 애정을 지니고 있었다고 한다. 지갑종 종군기자가 딘 소장의 자택을 방문했을 때 냉장고 문을 열자 김치 박스가 쏟아져 나왔고, 직접 숭늉을 만들어 함께 먹었을 정도였다. 지갑종 한국전쟁 종군기자 인터뷰. 2008년 6월 25일.

42) 국방부 군사편찬연구소, 『낙동강선 방어작전』 (국방부, 2008), pp.69-70.

〈그림 V-20〉 한국전쟁 초기 M26전차　　　　　사진=U.S. National Archives

투에서 북한군 250명을 사살해 한국전쟁 참가자 가운데 1호 명예
훈장을 받았다. 쿠마 중사의 빛나는 전과는 오디 머피가 제2차 세
계대전 때 세웠던 240명 사살 기록을 단숨에 갈아치웠다. 전쟁사
에서 전무후무한 쿠마 중사의 뛰어난 활약을 소재로 전쟁영화 '퓨
리(Fury)'가 만들어졌다고 한다.

　72중전차대대는 낙동강 전투에서 북한군의 전차 공격을 격퇴
하였고, 여세를 몰아 38선을 넘어 북진하는데 선두 자리를 맡았
다. 72중전차대대는 낙동강 전투에서 수훈을 세워 대한민국 대통
령 표창을 받았고, 인천상륙작전에서 돌격을 주도하였다. 이후에
홍천·용문산·가평 전투에서 공로를 인정받아 4번이나 부대 표창을

받았다.

특히 72중전차대대가 가평전투에서 중공군 포위망에 걸려 궤멸 위기에 빠졌던 한국군 제6사단과 영연방군 제27여단을 구출한 일화는 너무나 유명하다. 72중전차대대는 이어 프랑스대대와 함께 제브라 기동부대를 편성해 4월 30일부터 5월 17일까지 미2사단 최전선을 이끌었다.[43] 6·25 가평전투기념사업회는 이 같은 전차부대의 공적을 기리기 위해 2006년 12월 4일 경기도 가평군 설악면 천안리 98번지에 72중전차대대의 전적비를 세웠다.

72전차2대대는 1943년 1월 미국 남부 아칸소 소재 캠프 체피에서 5기갑연대 B중대를 모태로 출범하였고, 16기갑사단에 배속되었다. 이후 717전차대대 B중대로 소속이 바뀌었고, 1944년 유럽으로 배치돼 프랑스에서 패퇴하는 나치군 추격 작전에 투입되었다.

궁지에 몰린 독일이 반격에 나선 벌지대전투(Battle of the Bulge)에서 72전차2대대는 제79보병사단의 일원으로 참여해 엄청난 희생을 치르기도 하였다. 부대해체의 아픔을 겪은 뒤 1948년 4월 6일 워싱턴

〈그림 V-21〉 72전차대대 참전 기념비

사진=서대운 가평군청 자치행정과

---

43) 권주혁, 『기갑전으로 본 한국전쟁』, pp.339-341.

포트루이스에서 중전차대대로 재창설되었고, 같은 해 10월 미2사단에 합류해 한국전쟁에 참여하였다.

1954년 10월 워싱턴 포트루이스로 복귀하였고, 캘리포니아 소재 어윈으로 이동하였다. 1958년 부대해체 후 1963년 1월 15일 조지아 포트 스튜어트에서 재창설돼 미2사단에 배치되었고, 1965년 7월 태평양을 건너 한국에 도착하였다.

1974년 부대는 해체되었지만 1978년 소집돼 한국에 재투입되었다. 72전차2대대는 해병 원정대를 지원하기 위해 2004년 9월 이라크 사막으로 이동하였다. 이라크 임무를 완수한 2005년 말 72전차 2대대는 한국으로 들어오는 대신 부대해체 절차에 들어갔다.

제72전차2대대 카투사 70여 명은 본부중대 수색소대와 박격포소대, 예하 전차 중대 탄약수와 사수 등으로서 뛰어난 활약을 보였다. 기갑부대 특성상 사고가 많이 발생하기 때문에 기동훈련시 근무 기율이 엄격하기로 유명하지만 카투사끼리 돈독한 우애감과 동료애가 남다른 것으로 알려졌다.

전차부대 수색소대에 근무한 장현근 씨는 "일등병 시절 스나이퍼 스쿨을 다녀와 미군들로부터 업무능력을 인정받았다."면서 "카투사로서 열심히 노력한 만큼 미군들로부터 예우를 받았기 때문에 군대 생활이 즐거웠다"고 자신의 스나이퍼 라이프를 회상하였다.

장씨가 1988년 5월 이수한 스나이퍼 스쿨은 경기도 동두천 캠프 케이시와 캠프 호비 사이에 있었으며, 미2사단 보병부대 전투

〈그림 V-22〉 전설의 스나이퍼 장현근 병장

스나이퍼 장현근 병장이 M21 저격용 소총을 들고 전차대열 경계를 서고 있다. 저격수들은 평소 자유로운 복장을 허용하였다.　　　　　　　　사진=장현근 72전차 2대대 예비역 병장

병과 오키나와 주둔 미 해병대와 그린베레 등을 대상으로 4주 동안 강도 높은 저격수 훈련을 실시하였다. 당시 해당 부대에서는 내로라하는 모범 병사 40명이 저격수가 되고자 도전장을 내밀었으나 장씨를 포함해 불과 9명이 졸업할 정도로 합격률이　낮은 편이었다.

　장씨가 소속되었던 수색소대의 경우 전체 30여 명 가운데 카투사 5명이 스나이퍼 스쿨을 비롯한 각종 교육에서 우수한 성적을 거뒀기 때문에 미군들을 직접 지휘·통솔하는 사례가 많았다. 평소 각종 총기와 폭발물을 취급하고 비무장지대에서 실전과 똑같이 수색정찰 임무를 수행하는 미군부대 수색대에서 카투사들에게 지

〈그림 V-23〉 스나이퍼 영점사격 '다임 적중'　　　사진=장현근 72전차 2대대 예비역 병장

휘봉을 맡긴다는 것은 좀처럼 보기 드물었다.

과연 스나이퍼로서 장씨의 사격 솜씨는 어느 정도였을까? 장씨는 M16 소총 영점사격에서 다임 동전의 반경(1.79cm) 안에 세 발 모두를 적중시키는 명사수였다. 장씨는 사격술 이외에 침투와 도피, 위장 요령 등 스나이퍼 실력을 유감없이 발휘해 미군 지휘관들로부터 표창장을 수차례 받았을 정도였다.

장씨는 카투사 선임병장 시절 수색소대에서 인사과로 보직이 변경되었음에도 불구하고 비무장지대 임무에 합류시켜 달라고 졸라 대 비무장지대 수색정찰 임무에 투입되었다. 장씨의 적극적 태도에 호감을 갖고 있던 미군 부사관들은 전역을 앞둔 장씨를 초빙해 별도로 축하모임을 해주었을 정도로 카투사의 귀감이 되었다.

장씨와 함께 비무장지대 수색정찰 임무를 수행한 염재호씨는 "미군부대 카투사로 생활하다보니 우리 땅에서 이방인 취급을 받는 현실이 안타까웠다"면서 "우리가 주인이라는 생각을 갖고 군대 생활을 하다 보니 많은 보람을 느꼈다."고 전차부대 저격수 시절을 회상하였다.

3) 503보병연대 — "블랙호크 40번 타면 전역"

논산훈련소를 거쳐 3주 동안 카투사 신병교육을 마치고 평택카투사교육대에서 마지막 밤이 되면 대부분 교육생들이 밤잠을 설쳤다. 정든 입대 동기들과 헤어진다는 아쉬움과 함께 자대배치를 받는다는 설렘이 교차하는 순간이기 때문이었다.

카투사 교육생들은 너도나도 서울 용산기지 행정병 근무를 선호하지만, 미2사단 기지들이 분포된 경기도 동두천과 의정부, 파주로 배치되는 것을 꺼렸다. 카투사 자대배치 기준을 둘러싸고 온갖 징크스와 속설들이 난무하였고 카투사 교육대에서 마지막 꿈도 예외는 아니었다.

미2사단으로 배치된 카투사 교육생들이 마지막 밤에 청바지 꿈을 꾸었다는 속설이 전해진다. 이들은 동료들과 이야기꽃을 피우다 동틀 무렵에야 설풋 노루잠을 자게 되었다. 꿈속에서 청바지 가게를 쇼핑하는 꿈을 꾸었다고 한다. 이들이 "야호" 환호하면서 집어든 청바지들이 청춘의 우상 제임스 딘이 즐겨 입었다는 리바이스 501, 503, 506 시리즈.

그런데 청바지 꿈을 꾼 교육생들이 받아든 부대배치 명령서를 보고 얼굴이 청바지처럼 새파랗게 질렸다고 한다. 바로 이들이 더

〈그림 V-24〉 미군과 카투사 보병
사진=권좌상 503보병 예비역 병장

〈그림 V-25〉 블랙호크 다운
사진=권좌상 503보병 예비역 병장

플백을 메고 정신없이 뛰어갈 부대들이 501정보여단[44]과 503보병연대 1·2대대 그리고 506보병연대 1대대였기 때문이었다. 이처럼 카투사들이 꿈속에서도 가기 싫은 청바지부대 503·506보병연대는 과연 어떤 부대들일까?

'503 낙하산보병연대', '503 공수보병연대'로 유명한 503보병연대는 1942년 2월 미국 조지아주 포트베닝에서 창설되었고, 태평양전쟁 당시에 뉴기니와 필리핀 민도로섬, 코레히도르 요새 등

---

[44] 501정보여단은 한국전쟁 당시 경기중학교 본관에 둥지를 틀고 한반도 전역에서 군사작전에 필요한 정보수집과 분석 임무를 담당하였다. 현재 제3·524·532·719·368정보대대로 구성되었고, 리벳 조인트(RC-135W)와 가드레일(RC-12X), RC-7 항공기 등을 동원해 북한의 신호감청 정보와 영상 정보 등을 수집해 분석한다. 해당 부대에서의 카투사들이 맡은 핵심 역할은 군사 보안상 설명을 생략한다.

에 투입되었다. 이후 11공수사단과 24사단, 25사단, 82공수사단, 101공수사단을 거쳐 오키나와 제173공수여단 전투단으로 이적하였다.

503보병연대 1·2대대는 1986년 12월 경기도 동두천 소재 캠프 호비에 둥지를 틀었다. 이들은 캠프 그리브즈 주둔 506보병연대 1대대와 함께 미2사단 2여단을 구성하였으며, 워리어베이스에 베이스 캠프를 차리고 비무장지대 수색정찰 임무를 수행하였다.

503보병연대 1대대는 서울-동두천 축선의 전술 기동로를 방어하고, 해당 지역의 주요 전술자산을 방어하는 임무를 수행하였다. 이를 위해 대전차 무기인 토우(TOW)[45] 미사일을 운용하는 중대를 별도로 갖추었다.

이들은 콜리어, 오울렛, 128 감시초소를 지키면서 기동타격대 임무를 맡았다. 503보병연대 2대대는 1990년 9월 해체되었지만 503·506 1대대는 그대로 남아 사단의 공중강습대대로 변신하였다. 이에 따라 부대원들은 수시로 블랙호크를 타고 공중강습훈련을 실시하는 바람에 카투사 사이에서 "블랙호크 40번 타면 전역한다."는 속설이 나돌았을 정도다.

503보병들은 지상군 병력들에게 다소 생소한 보트상륙훈련을 주기적으로 실시하였다. 임진강에 설치된 교량들이 모두 폭파될

---

45) 대전차미사일 TOW는 1970년부터 기존의 MGM-32 ENTAC 미사일과 M40 106mm 대체용으로 채택되었다. 베트남전쟁과 걸프전쟁 등에서 미군의 주력화기로 등장하였다. 특히 2003년 이라크전쟁에서 미 101공수사단이 후세인의 두 아들을 사살하는데 사용하는 등 지상전에서 상당한 위력을 발휘하였다. 한국군은 2010년 도태 장비로 지정하고 대신 현궁을 실전배치하였다.

〈그림 Ⅴ-26〉 임진강 보트 상륙훈련

사진=권좌상 503보병1대대 예비역 병장

경우 대성동 주민과 임진강 이북 지역에 남아있는 민간인들이 대피시키기 위해 임진강 일대에서 보트상륙훈련을 받았다.

　해당 부대에서 복무한 권좌상 예비역 병장은 임진강 초평도 일대에서 보트상륙훈련을 실시하였다면서 "임진강 물살이 빠르고 변화무쌍하기 때문에 항상 사고위험이 도사리고 있었다."고 보트 전복 가능성이 높았다고 고충을 털어놓았다. 실제로 2005년 7월 임진강에서 도하 훈련을 벌이던 JSA 경비대대 요원들이 급류에 휩

쓸려 사망하는 등 수상 사고가 잇따랐다.[46]

카투사 역사상 '학력 인플레이션'이 가장 심하였던 2001년 1월 논산훈련소에는 엘리트 신병들이 구름처럼 모여들었다. 입대자 140명 가운데 50여 명이 석·박사 학위를 소지하였고, 70여 명이 해외유학파였다. 나머지 20여 명 중에도 국내 SKY 명문대학 출신들이 즐비한 바람에 논산훈련소 교관들이 혀를 내둘렀다고 한다.

카투사교육대(KTA) 시험성적에 따라 개인별로 소속 부대와 보직 등이 결정되었기 때문에 교육과정에서 치열한 경쟁이 벌어졌다. 국내파와 해외파 가릴 것 없이 공부의 신들이 점수경쟁을 벌이는 이상 열기는 상상을 초월하였다. 논산훈련소에 들어가기 이전에 교육대 배치시험을 잘 보기 위한 개인 과외까지 성행하였을 정도다.

이처럼 쟁쟁한 기수에서 치열한 경쟁을 뚫고 수석 졸업한 서울공대 출신 박성용 씨가 화제의 대상으로 떠올랐다. 대부분 수석 졸업자에게 주어지는 용산 인사과 행정병 티켓을 마다하고 남들이 꺼리는 미2사단 전투병을 자원하였기 때문이다.

조그마한 체구의 박성용씨는 동두천 캠프 케이시 주둔 503공중강

〈그림 V-27〉 '카투사의 전설' 박성용씨
사진=박성용 503보병1대대 예비역 병장

---

46) 『연합뉴스』 2005년 7월 26일자.

습대대에 배치되고 나서 또 다시 입소문을 탔다. 자대배치 2달 만에 우수보병휘장(EIB)을 따내었고, 5개월 뒤에는 공중강습기장(AASLT)을 거머쥐는 괴력을 발휘하였다.

상병 진급을 코앞에 두고 도봉산 캠프 잭슨에서 실시한 '미군 초급지휘자양성과정(PLDC)'[47]에 참가해 골드타이거(전체 1-3위 졸업생 수여) 마크를 추가하였다. 육군사관학교 대표화랑에 해당하는 선임병장(Senior KATUSA) 보직까지 수행해 전투복 가슴에 병장 계급장 이외에 4개 휘장을 주렁주렁 매달았던 보기 드문 케이스다.

직업 군인으로 장기 근무하는 미군들이 수차례 도전해 EIB 타이틀을 따내지만 불과 30개월 복무하면서 온갖 자격증을 싹쓸이하는 사례는 좀처럼 찾아보기 힘들었다. 그래서 박씨는 자신의 SNS 아이디 '카투사의 전설'처럼 미2사단 전투병 사이에선 전설적인 존재로 알려졌다.

한편 2001년 12월 깃발을 다시 올린 503보병연대 2대대는 한반도 대신 이탈리아 비첸차 반도로 주둔지를 옮겼다. 유럽은 물론 아프리카와 중동 지역에서 비상사태가 발생하면 긴급 투입해 진압 임무를 수행하기 위한 차원으로 풀이된다.

---

47) 미군이 부사관으로 진급하기 위해 반드시 거쳐야 하는 '초급지휘자양성과정 (PLDC)'. 도봉산 입구에 설립된 캠프 잭슨에서 주한미군과 주일미군, 카투사 200여 명을 대상으로 4주 동안 지도자교육을 실시하였다. 직업군인 미군들과의 치열한 경쟁을 뚫고 카투사들이 수석 졸업하는 사례도 빈번하였다.
https://news.naver.com/main/read.nhn?mode=LSD&mid=sec&sid1=102&oid=001&aid=0004090248(검색일: 2020.11.3)

(4) 506보병연대 — "Stands Alone"

'라이언 일병 구하기(Saving Private Ryan)', '밴드 오브 브라더스(Band of Brothers)', '콜 오브 듀티(Call of Duty)', '세인트 앤 솔저(Saints and Soldiers)', '위드아웃 리모스(Without Remorse)' ….

미국 대중들로부터 꾸준히 사랑받는 전쟁영화에는 한 가지 공통점이 존재한다. 바로 506보병연대 스토리를 주제로 삼고 있다는 점이다. 수 많은 미군부대 가운데 유달리 506보병연대가 영화와 드라마, 소설, 게임 등에 독보적으로 등장하는 이유는 무엇일까?

거기다 트럼프 행정부에서 영화 속에서 등장할만한 지휘계통(Chain of Command) 상황이 벌어졌다. 미국 합참의장과 주한미군사령관이 같은 506보병연대 1대대 출신이라는 교집합이 형성된 것이었다.

먼저 마크 A. 밀리 장군이[48] 미군 4성 장군들의 종착역이라는 육군참모총장에서 군복을 벗는 대신에 화려하게 재기해 군부서열 1위에 해당하는 합참의장 권좌에 올랐다. 밀리 의장은 40대 영관

---

48) 마크 A. 밀리 미국 제20대 합참의장은 직업 군인으로서 보기 드물게 아이비리그 프린스턴대학교에서 정치학 학사학위를 취득하였고, 콜럼비아대학교와 미해군 전쟁대학에서 2개의 석사학위를 받았다. 이어 2007년 MIT 국제문제연구소에서 'Seminar XXI 국가안보연구' 프로그램의 펠로 과정을 수료하였다. 합참 2인자인 존 하이튼 차장(공군 대장)이 하버드 공대 출신으로, '아이비리그 파워'를 과시하였다. 밀리 의장은 82공수사단과 7보병사단, 25보병사단 등 보병부대에서 잔뼈가 굵었고, 육군 참모총장을 역임하였다. 1996-98년 경기도 파주 소재 캠프 그리브즈에서 1/506 대대장으로 근무하였고, 506협회 창설을 적극 도운 바 있다.

〈그림 V-28〉 라이언 일병의 후예들　　　　　사진=윤승준 506보병1대대 예비역 병장

장교 시절인 1996년부터 2년 동안 임진강 건너 캠프 그리브즈에서 506보병연대 1대대장을 역임한 바 있다. 이로 인해 밀리 의장은 2018년 7월 육군참모총장 재직 시절에 우리 정부로부터 보국훈장 통일장을 수여받았다.

이어 폴 라캐머러 미육군 태평양사령관이 합참의장의 지휘를 받는 주한미군사령관에 지명되었다. 라캐머러 사령관 역시 506보병연대 1대대 작전장교를 지낸 특수작전 분야 베테랑이다. 506보병연대는 초대 지휘봉을 쥐었던 로버트 F. 싱크 대령이 육군 중장에 오른 것을 비롯해 솔브 H. 매더슨 미2사단장 등을 배출하였다. 임진강 자유의 다리 건너서 비탈진 언덕에 위치한 캠프 그리브즈가 그야말로 별들의 고향으로 부상한 것이다.

<그림 V-29> 506대대장 출신 육군참모총장
1996년 경기도 파주에서 대대장을 역임한 밀리 참모총장 오른쪽 가슴에
해당부대 마크가 달려 있다.   사진= 대한민국카투사연합회

전설의 506보병연대는 1942년 제2차 세계대전을 배경으로 탄
생하였고, 미국 동부 조지아주 커래히(Currahee)⁴⁹⁾ 산기슭 캠프
토코아에 둥지를 틀었다. 초대 연대장을 맡았던 로버트 F. 싱크 대
령은 당시 일본군의 살인적인 행군기록을 듣고 깜짝 놀랐다.

그래서 자신의 부대를 이끌고 캠프 토코아에서 포트 베닝까지
220km 구간을 75시간 15분 만에 주파해 일본군 행군기록을 갈
아치웠다. 각종 부대행사를 제외하고 실제 행군한 시간은 33시간
30분이기 때문에 평균 시속 6.5km를 기록하였다.

제2차 세계대전과 베트남전쟁에서 전공을 세웠던 506보병 1대
대는 1987년 3월 경기도 파주시 군내면 백연리 산 72-1 소재 캠

---

49) 체로키 인디언 부족어로 커래히는 "Stands Alone"를 의미하고, 이는 506보병연대
   의 모토로 선정되었다.

프 그리브즈에서 9보병연대 1대대와 임무를 교환하였다. 해당부대는 한국전쟁에는 참여하지 않았지만, 서부전선 방어에서 핵심적 역할을 수행하였다.

유사시에는 서울-문산 간 미군 전력의 기동로를 확보하며, 판문점 공동경비구역에 배치된다.[50] 1년 동안 3분의 2이상 기동·사격·교전 등의 야외훈련에 참여하기 때문에 '오늘 밤이라도 전투할 수 있다(Fight Tonight)'는 비상태세를 갖춰야만 하였다.

임무는 오울렛과 콜리어 초소 근무를 비롯해 비무장지대 수색정찰, 비무장지대 통문 관리, 자유의 다리 검문검색 등을 수행하는 것이었다. 506보병 1대대가 임진강 자유의 다리 남단 초소를 지켰고, A중대가 남방한계선 통로인 'OP128' 출입을 관리해 비무장지대 수문장 역할을 담당하였다. 다시 말해 506보병 1대대가 지키는 관문을 두 차례 무사히 통과해야 비로소 판문점에 도달할 수 있었다.

이를 위해 부대원이 대부분 캠프 그리브즈에서 주둔하였지만, A중대는 별도로 캠프 보니파스와 연결된 캠프 리버티 벨(Liberty Bell)에 자리를 잡았다. 캠프 리버티벨에는 미국 대통령을 비롯한 주요 인사들이 판문점을 방문할 때 이용하는 헬기장이 설치되었다. 헬기장 주변 잔디밭 모양이 종을 연상시켜 자유의 종(鐘)이라 불렸다.

A중대는 판문점과 대성동 일대에 비상이 걸리면 기동타격대로

---

50) 『중앙일보』 2004년 5월 18일자.

〈그림 V-30〉 캠프 리버티벨 　　　　　　사진=Korea DMZ Vets 홈페이지

투입되었기 때문에 항상 긴장의 끈을 놓치지 않았다. A중대는 북한군 코앞에서 근무한 탓에 워리어베이스 또는 캠프 그리브즈를 농담 삼아 '후방 지역'이라 불렀을 정도다. A중대는 1992년 가을 캠프 리버티 벨 시대를 마감하고 임진강 아래쪽 캠프 자이언츠로 자리를 옮겼다.

　미8군 가운데 유일하게 임진강 이북에 주둔한 506보병 1대대 카투사들은 전투복 왼쪽 가슴에 'ROKA: 민정경찰' 휘장을 달도록 허용되었다. 506보병 1대대는 열악한 근무여건을 감안해 2001년 1월부터 위험근무수당(Hardship Duty Pay) 150달러를 지급

하였다.[51]

A중대 출신 윤승준 예비역 병장은 "(임진강 이북의) 캠프 그리브즈에서 506보병 1대대 행사를 하던 중 A중대만 비상 걸리는 바람에 캠프 리버티 벨에 복귀한 적이 많았다."면서 "힘들고 어려웠던 보병부대에서 복무하였던 만큼 나름대로 강한 자부심을 느낀다."고 강조하였다.

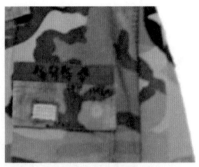

〈그림 V-31〉 카투사 군복 민정경찰 마크
주한미군 전투복에 'ROKA: 민정경찰' 마크가 허용되었다.

사진=윤승준 506보병 1대대 예비역 병장

506보병연대 1대대 출신 박정민씨는 1989년 11월 경기도 강화에서 해병대 2사단과 함께 '블루 드래곤' 훈련을 실시하였다며 수륙양용장갑차를 타고 상륙훈련까지 소화해냈다고 말하였다. 이에 따라 506보병 카투사들은 지상(수색정찰)은 물론 수상(보트 상륙), 공중(헬기레펠) 훈련까지 모두 소화해 내는 자신들이야말로 '임진강 UDT/SEAL'이라고 자부하였다.[52]

---

51) 506협회 홈페이지(http://old.506infantry.org/his2id/hiskoreamap01.html) (검색일: 2020.12.7).

52) Underwater Demolition Team / SEa, Air, Land의 약자로서 바다와 하늘과 육지를 누비며 임무를 수행하는 수중폭파팀을 의미한다. 전우신문은 "대규모 한·미 연합 도하훈련이 6일 해병 청룡부대장과 미2사단장을 비롯한 한·미 양국군 각급 부대장과 참모 및 관계 장병들이 참가한 가운데 서부전선 00해안에서 실시되었다. 이날 훈련에서 해상 침투조가 고무보트를 이용해 도하 지점으로 상륙하면서 각종 장애물을 제거하자, 곧 LVT(수륙양용장갑차) 0대가 뒤를 이어 도하작전을 전개했다. 이날 훈련에서는 특히 헬기로부터 공중기동강습과 공병대의 리본문교 및 중문교 운용시범이 함께 펼쳐져 어떠한 상황에서도 반격을 전개할 수 있는 유비무환의 작

〈그림 V-32〉 506보병 참여 한미연합 상륙훈련 　　　　　　사진=국방일보

　　한반도 비무장지대 최전방을 수호하던 506보병연대 1대대는 2004년 이라크전쟁에 투입되면서 한국을 떠났고, 이듬해 미국 콜로라도주 포트 카슨에 주둔한 제101공수사단 4여단 전투단으로 소속이 바뀌었다.

전태세를 입증시켜보였다.”고 소개하였다. 『전우신문』 1989년 11월 8일자.

5) 학살의 주홍글씨 — 제7기병연대

영화 '라스트 사무라이'에 등장하는 제7기병연대의 기원은 인디언 부족들과 치열한 전투를 벌이던 1866년 9월로 거슬러 올라간다. 부대 창설 10년이 지난 1876년 6월 조지 암스트롱 커스터 중령[53]이 지휘한 제7기병연대 소속 260여 명이 인디언들에게 포위돼 몰살당한 리틀빅혼 전투는 수많은 소설과 드라마, 영화 등으로 제작되었다.

오늘날 인디언 원주민들의 권리가 신장되었고, 학자들의 연구 활동이 체계화됨에 따라 인디언 소탕 작전에 대한 새로운 평가들이 쏟아지고 있다. 이로 인해 한때 백인들의 영웅으로 추앙받았던 제7기병연대는 와시타 강의 학살과 운디드 니 학살이라는 씻을 수 없는 오명을 안고 있다.

제7기병연대는 1921년 9월 창설된 제1기병사단에 통합돼 제2차 세계대전에서 뉴기니와 루손 등에서 치열한 전투를 벌였고, 베트남전쟁과 걸프전쟁, 이라크전쟁, 테러와의 전쟁 등에도 적극 참여하였다.

헤럴드 무어 중령이 이끄는 제7기병연대 1대대는 1965년 11월

---

53) 커스터 중령 이름이 미 육군가(The Army Song)에 나올 정도로 인디언에 맞선 백인 영웅 이미지로 포장되고 찬양 받았으나 최근 원주민 학살 등에 대한 책임론이 부각되고 있다. 레이건 전 대통령이 1940년도 영화 '산타페 트레일'에서 커스터 역할을 열연한 적이 있다. Second Chorus: Valley Forge, Custer's ranks, San Juan Hill and Patton's tanks, And the Army went rolling along Minute men, from the start, Always fighting from the heart, And the Army keeps rolling along.

〈그림 V-33〉 7기병연대 2대대 낙동강전투 장면   사진= wikipedia

베트남 중부전선 이아 드랑 계곡 전투에서 북베트남 4천여 명의
포위망을 저지하고 승리한 것으로 유명하다. 미국 지상군과 북베
트남군 첫 교전에서 북베트남군 전사자는 1,519명에 달하였고, 미
군 역시 1,000여 명 가운데 305명이 전사하였다.

특히 한국전쟁 때 노란색 제1기병사단 패치를 달고 참전하였으
며, 이들 중 제7기병연대 2대대는 노근리 양민학살 사건[54]의 장본
인이라는 비난을 받았다. 해당 부대는 1950년 7월 26일부터 4일
동안 충북 영동군 황간면 노근리 일대에서 무고한 피난민들을 대
상으로 총격을 가해 200여 명이 사망하였다. 한국전쟁 최대의 오

---

54) 노근리 양민학살에 대한 자세한 내용은 정은용, 『그대 우리의 아픔을 아는가: 노
근리 정은용 실화소설』 (파주: 다리미디어, 2007) 참조.

〈그림 V-34〉 미군 포로가 된 문인석
1978년 파주 캠프 스탠턴 막사 입구.　　　　사진=페이스북 7기병연대4대대 홈페이지

점으로 남았던 노근리 양민학살사건은 피아를 구분할 수 없는 상황에서 발생하였고, 클린턴 미국 대통령이 반세기 만에 "깊은 유감"을 표시하였다.[55]

　제7기병연대는 해산의 아픔을 겪고 1957년 11월 재소집돼 한국에 주둔한 제1기병사단에 배치되었고, 제7기병연대 4대대는 1965년 미2사단에 배치돼 비무장지대 서부전선 방어 임무를 담당하였다.

　7기병연대 4대대는 1988년 1월 17기병연대 5대대로 부대 명칭을 바꾸고 경기도 파주시 문산읍 캠프 게리오웬에 주둔하였고, 이

---

55) 『연합뉴스』 2001년 1월 12일자.

듬해 2월 독일 뷔딩엔 소재 3기갑사단 멤버로 재탄생하였다. 이들은 1990년 12월 서남아 지역 작전에 참여하였고, 걸프전쟁 지상전에서 3기갑사단의 선두를 지켰다.

7기병연대 4대대는 1991년 10월 독일에서 다시 해체되었고, 17기병여단 5대대가 7기병연대 4대대로 바뀌면서 한국 주둔 미2사단에 배속되었다. 7기병연대 4대대는 2004년 12월 경기도 파주 소재 캠프 스탠턴과 캠프 게리오웬이 폐쇄되면서 동두천 외곽지대인 캠프 호비로 본거지를 옮겨 오늘에 이르고 있다.

이에 따라 7기병연대 4대대는 미2사단 직속의 기갑대대에서 제1중여단 전투단 기갑수색대대로 변신하였다. 이는 작전전개 주체가 사단급에서 여단급으로 옮겨감에 따라 유사시 증원 투입이 가능한 여단급 부대 숫자를 늘리기 위한 차원으로 풀이된다.

6) JSA 경비대대 — "In front of them all"

"나는 가장 민감한 지역에 위치한 대한민국 유일한 연합전투 부대원으로서 국군을 대표하여 최상의 대비 태세를 유지하며 위국 헌신한다. 오늘 이곳에서 국가 안보 수호의 결의를 다지며 다음과 같이 결의한다...(하략)"

공동경비구역 유엔군사령부 경비대대(UNCSB: United Nations Command Security Battalion - Joint Security Area) 요원이 되기 위해 판문점 돌아오지 않는 다리에서 해당 결

의문을 목청껏 외쳐야 한다. 구체적으로 군사분계선을 따라 설치된 1천292개 팻말 가운데 서쪽에서 동쪽으로 90번째 앞에서 치르는 JSA의 독특한 통과의례다. 다리 건너편에서 북한군들이 도끼눈을 뜨고 노려보지만 아랑곳하지 않고 끝까지 읽어 내려간다.

JSA 경비대대는 한국전쟁 절정으로 치닫던 1952년 5월 5일 창설되었다. 당시에는 정전협정 협상을 지원하기 위해 장교 5명과 병사 10명으로 출발하였고, 정전협정이 체결되던 시기에는 업무가 폭증해 한때 1천900여 명까지 확대되었다. 초기에는 부대원이 모두 미군으로 구성되었지만 현재는 미군 40여 명과 한국군 700여 명이 함께 근무하고 있다.

공식 명칭은 군사정전위원회 판문점 공동경비구역(Military Armistice Commission Joint Security Area-Pan Mun Jŏm)이며, 통상 짧게 공동경비구역(JSA; Joint Security Area)으로 부르며, 더 짧게 판문점이라고 부르고 있다.

이들의 임무는 판문점 공동경비구역 경비 활동과 정전체제를 관리하는 군사정전위원회와 중립국감독위원회에 대한 업무 지원, 대성동 자유의 마을 치안 유지 등으로 요약할 수 있다.

JSA 경비대대는 본부중대와 2개 경비중대, 1개 민정중대로 편성되었고, 1개 경비중대와 1개 민정소대 병력이 교대로 최전방에 배치되었다. 민정소대는 매일 자정부터 이튿날 오전 5시까지 대성동 일대에 대해 통행금지를 실시한다. 대성동 주민은 대한민국에서 유일하게 납세와 병역면제 혜택이 있지만, 매일 통행의 자유를

〈그림 V-35〉 판문점 경비병들의 풍경
판문점 미군과 북한군이 콘크리트 경계석을 사이에 두고 상대방을 노려보는 대신 애써 서로를 외면한 채 잠시 휴식을 취하고 있다.　　　　　　사진=Korea DMZ Vets 홈페이지

제한 받고 매년 대피훈련에 참가해야 한다.[56]

　한국전쟁 중 북한군이 정전회담 개최장소로 경기도 장단군 진서면 널문리를 제시하였고, 널문리에는 콩밭 옆에 초가집 세 채와 무명 주점이 있었다고 한다. 유엔군은 콩밭에 천막 회담장을 짓고 유엔군과 중공군, 북한군이 당사자로 참여하는 정전회담을 개최하였다.

　이 과정에서 회담개최 장소인 널문리를 영어와 중국어, 한글로 표기하면서 널문을 판문(板門)으로, 주점(酒店)에서 점(店)을 떼서 '판문점'이라는 명칭이 탄생하였다. 이에 따라 영어로는 'Panmunjom', 중국어로는 '板門店', 한글로는 '판문점'이 한적한

주막마을에서 세계적 뉴스의 초점으로 떠올랐다.

판문점은 서울에서 서북쪽으로 62km, 개성에서 동쪽으로 10km, 평양에서 남쪽으로 215km 지점에 위치하였고, 동서 좌우 거리가 800m, 남북 상하거리가 600m에 불과한 장방형 공간이다. 현재의 건물들은 1953년 10월 유엔군과 북한군, 중공군 등이 합의해 군사정전위원회 본부구역에 설립되었다.

판문점 6천여 평 구역에는 건물 24개동과 유엔군 초소 3개, 북한군 초소 5개가 운영되고 있다. 건물 가운데 유엔군사령부가 T1(중립국감독위원회 회의실)[57], T2(군사정전위원회 회의실), T3(공동 일직장교 사무실) 건물을 관리하며, 북한군은 회색의 퀸셋 막사 4개동을 운영한다. 중립국감독위원회 감독 아래 설립된 하늘색 건물들은 유엔군 측, 회색 건물들은 북한군 및 중공군 측 포로교환 장소로 이용되었다.[58]

분단의 애환이 서린 판문점은 군사분계선상에 분포되었고, 경기도 파주시 진서면 어룡리[59]와 북한의 개성직할시 판문군 판문점리라는 2개의 행정구역 주소로 존재하였다. 인근 비무장지대에는 한국전쟁 때 대량 살포한 미확인 지뢰들이 곳곳에 숨어 있고, 군사분계선이 존재하기 때문에 작업 인부들의 접근이 어려워 미등

---

57) T는 temporary의 약자로서 임시건물이라는 뜻이다.

58) 판문점 일대는 1976년 8월 18일 도끼만행사건으로 사망한 보니파스 대위의 이름을 따서 캠프 키티호크를 캠프 보니파스로 부르는 것 이외에 북한군에게 희생된 군인들의 이름을 따라 지은 장 막사와 앤더슨 막사, 배럿 막사, 볼린저 홀 등의 건물이 즐비하다. 『시사저널』 2000년 10월 12일자 참조.

59) ibid.; 과거에는 경기도 장단군 진서면 어룡리로 불리다 1972년 파주시로 편입되었다.

〈그림 V-36〉 판문점 공동경비구역

사진=연합뉴스

록 토지로 남아 있었다.

　대한민국 정부는 2020년 12월 23일 정전협정 체결 이후 67년 만에 처음으로 판문점을 포함한 비무장지대에 대한 미등록 토지 135필지, 59만2천㎡를 파주시 토지로 복원하였다. 이에 따라 판문점 공식 주소는 경기도 파주시 진서면 선적리 그리고 자유의 집과 평화의 집은 경기도 파주시 진서면 통일로 3303과 경기도 파주시 진서면 통일로 3301[60] 등으로 새 주소를 갖게 되었다.

　JSA 경비대대가 비무장지대 판문점과 대성동 마을에 대한 민사 행정 업무를 맡았다. 대성동 마을은 대한민국 정부로부터 동의와 지원을 받아 유엔사가 설립하였다. 1953년 7월 27일 정전협정이

---

60) 『연합뉴스』 2020년 12월 24일자; 『한겨레』 2020년 12월 25일자.

〈그림 V-37〉 판문점 군사분계선에 집결한 참전 16개국 대표단   사진= 국가기록원

체결되고 다음 달 3일부터 유엔사 군사정전위원회는 대성동을 '자유의 마을'이라고 불렀다. 정전협정 제1조 10항이 "비무장지대 내의 군사분계선 이남의 부분에 있어서 민사행정 및 구제 사업은 국제연합군 총사령관이 책임진다."고 규정한다. 대성동 주민들이 모두 대한민국의 국민들이지만 유엔군 사령관의 작전 및 행정통제 지역에서 거주하기 때문에 대한민국 정부가 아닌 유엔사의 통제를 받는 것이다. 이를 위해 유엔사는 A4 용지 15장 분량의 유엔사 규정 525-2 대성동 민사행정(Civil Administration Regulation for Taesong-dong) 규정을 제정해 실시하고 있다.

대한민국 국가대표 부대인 JSA 경비대대는 카투사 지원병 위주로 선발하였고, 일부는 논산훈련소 등에서 운동선수와 무술 유단자들을 뽑아 합류시키는 경우도 적지 않았다.[61] 이들은 훈련소에서 평범한 한국군으로 훈련받다 차출돼 카투사교육대(KTA: KATUSA Training Academy)에서 카투사로 분류된다. 임진강을 건너 캠프 보니파스에 자대배치를 받으면 유엔사 소속 'JSA 요원'으로 거듭나게 된다.

물론 캠프 보니파스에 도착한다고 무조건 JSA 요원이 되는 것은 아니다. 눈물을 쏙 뽑아내는 혹독한 '터틀(turtle)' 신병교육 과정을 통과해야 한다. 수시로 강도 높은 체력훈련이 실시되기 때문에 체력이 바닥나 땅바닥을 기어 다닌다고 미군들이 '거북이'라고 부르다 보니 신병훈련의 고유명사로 자리 잡았다.

해당 기간 JSA 신병들은 항상 15° 상방으로 시선을 고정해야 하며 부동자세를 유지해야 한다. 조교의 허락이 내려지지 않으면 일절 발언도 제대로 할 수 없다. 수십 페이지 분량의 카투사 고참명단과 행정예규, 교전수칙 등을 통째로 외워야 하였다. 그리고 나서 부대원 전체가 모인 자리에서 테스트를 받고 통과해야 부대원으로서 인정받게 된다.

또 JSA 요원이 되기 위해 오래달리기 코스에서 살아남아야 하였다. 바바리언 코스와 4코너 코스, 229코스 등 다양한 코스가 있지만 반환점에서 포천막걸리 한 사발 들이키고 돌아오는 통일촌 코

---

61) JSA 요원은 훈련소에서 신장 174cm, 체중 65kg이 넘는 다부진 체격을 가진 훈련병을 뽑아 신원 조회를 거쳐 선발하였다. 1990년대 초반까지만 해도 무술유단자들을 위주로 선발해 '무도군번'이라고 불렀다. JSA 요원으로 선발되면 카투사교육대에서 3주간 미 육군 기초 군사훈련을 마치고 캠프 보니파스에 배치되었다. 『시사저널』 2000년 10월 12일자 참조.

스, 파주 용주골 윤락녀들을 깨우기 위해 군사를 목청껏 불렀다는 선유리 코스 등은 죽음의 코스 그 자체였다.[62]

JSA 업무는 한미 간 주요임무 전환에 따라 2004년 11월부터 육군 제1군단이 맡고 있지만 판문점은 여전히 유엔사 군사정전위원회 관할구역이다. 유엔군사령관이 임명하는 미군 중령이 공동경비구역 경비대대장을 맡고 있기 때문에 군령권은 미군이 쥐고 있다.

까마득한 과거에는 카투사와 북한군 경비병들이 서로 '형', '동생'하면서 통일되면 서로의 집에 놀러가자고 고향집 주소를 교환하던 시절도 있었다고 한다. 1975년 6월 30일 판문점 구내에서 미군 핸더슨 소령이 북한 군인들에게 둘러싸여 집단구타를 당하고 목뼈가 부러지는 사건이 발생하였다. 이때 JSA 요원들이 나이 많은 북한군에게 "형, 왜 이래?"하면서 뜯어말렸다고 한다. 하지만 이러한 자유왕래와 인적교류는 이듬해 발생한 판문점 도끼만행사건으로 자취를 감췄다.

JSA 경비대대는 단연 국내 최상의 부대시설을 자랑한다. 화장실에 에어컨과 비데가 설치되었는가 하면, 사우나, 수영장, 면세점, 미니골프장을 갖추고 있을 정도다. 비무장지대에서 근무하는 카투사 사이에서 JSA 식당에서 제공하는 짜장면은 높은 인기를 누렸다. 인근 캠프 리버티벨과 그리브스, 워리어베이스 등에 근무하는 한국인 군무원과 카투사 병사들이 짜장면을 먹기 위해 달려와 긴 줄을 서기도 하였다.

---

62) 『오마이뉴스』 2000년 10월 4일자.

〈그림 V-38〉 지구상에서 가장 위험한 골프장   사진=Korea DMZ Vets 홈페이지

   미국의 대표적인 골프잡지 『골프다이제스트』는 2004년 4월호
를 통해 "세계에서 가장 위험한 골프장"이라고 JSA 골프장을 소개
하였다. 파3 1개홀(전장 192 야드)로 구성된 JSA 골프장은 티 박
스를 기준으로 왼쪽 울타리 넘어 논(과거는 지뢰밭)이기 때문에 골
프 볼이 날아가면 OB(아웃 오브 바운드) 처리한다. 장타 대회에
참가한 사람들은 그 곳에 널려 있는 지뢰를 맞힐 경우 맥주 한 잔
을 부상으로 받는다고 JSA 골프장의 이색 풍속도를 소개하였다.
한편 미군들은 재미 삼아 북한군 조종사들을 상대로 설치된 비행
경고 표지판을 골프공으로 맞히거나 재미있는 로컬룰을 만들어
전투 골프를 즐기는 것으로 알려졌다.

비무장지대 수색일지

주한미군 2사단 제38보병연대 1대대가 1985년 여름 수행한 비무장지대 수색활동을 4일 단위로 나눠 재구성하였다. 마크 히스코가 저술한 Call sign purple three: Patrolling the US sector of the Korean DMZ[63]를 참조하였다.

1) Day 1 — 워리어베이스 도착

제38보병연대 1대대 임진스카웃이 비무장지대 임무를 수행하기 위해 1985년 여름 경기도 동두천 캠프 호비에서 최전방에 위치한 워리어베이스로 이동하였다. 관광객들이 붐비는 임진각을 지나 자유의 다리를 통과하면 민간인통제구역에 진입하였다. 왕복 2차선 도로 주변에 대전차 장애물과 대전차 장벽, 지뢰지대, 남방한계

---

63) Mark Heathco, Call Sign Purple Three: Patrolling the U.S. Sector of the Korean DMZ(Lulu Publishing Service, 2018).

선, 비무장지대 유엔사 담당 구역, 판문점, 돌아오지 않은 다리 등
이 주마등처럼 이어졌다.

비무장지대하면 가장 먼저 떠올리는 철조망은 언제 들어섰을
까? 북한의 무장공비 침투가 본격화되었던 1964년 한신 장군이
지휘하던 제6군단에 처음 등장하였다. 6군단은 남방한계선 초소
와 초소를 잇는 GOP 선상에 목책을 설치하기 시작하였다. 오늘날
철책선 효시에 해당한다.[64]

1967년 무장공비들이 침투해 한국군 21사단 부연대장의 목을
베어간 사고가 발생하였다. 이에 한국전쟁 당시 북한군 중좌 출신
으로 낙동강전선에서 귀순한 정봉욱 특임 예비역 소장과 이재전
준장 등이 대침투작전위원회를 출범해 대책마련에 착수하였다.

대침투작전위원회는 155마일 휴전선 전체에 철책선을 치자는
의견을 내놓았고, 즉각 대응을 위한 5분대기조를 편성하기로 결정
하였다. 하지만 정규군이 야간에 적이 침투하면 가까운 거리로 유
인해 생포하거나 사살해야 한다는 원칙주의가 우세하였다. 정작
막대한 설치공사를 감당할 예산 확보가 발등의 불이었다.

한반도에 38선을 처음 그었던 본스틸 사령관이 해결사로 등장
하였다. 이재전 준장의 설명을 듣고 나서 20분 만에 "O.K." 승인
을 내렸다. 본스틸 사령관은 주한미군 설비를 제공하였는가 하면,
일본 오키나와 기지의 창고를 뒤져 철책선 공사에 필요한 장비를
조달하였다. 마침내 1968년 7월 말 한반도를 가로지르는 철책선

---

64) 김 당, "제1화 온고지신(19) 철책선 설치비화-상-" 『국방일보』 2003년 4월 14일
자.

이 완공되었다.

임진스카웃은 캠프 그리브즈를 지나 워리어베이스에 도착해 여장을 풀고 90일 동안 비무장지대 임무에 돌입하였다. 임진스카웃이 휴대한 개인 장비는 더플백 2개, 배낭, 개인 화기, 헬멧, 엑스반도, 방독면, 미사일 유도장비, 통신장비, TV, VCR 등 합하면 113kg이 충분히 나갈 정도로 무거웠다.

임진스카웃은 텐트를 배정받자마자 곧바로 비무장지대 수색정찰을 위한 준비 작업에 착수하였다. 가장 먼저 강력 접착테이프를 사용해 전투복과 모자에서 계급장과 명찰을 가렸다. 감시에 나선 북한군이 미군 부대와 신원, 계급 등을 알아차리지 못하도록 취한 조치였다.

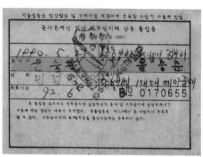

〈그림 V-39〉 비무장지대 상용 출입증
사진= 윤승준 506보병1대대 예비역 병장

전투모자 뒷면에 1인치 크기로 삼각형 형광 테이프를 붙였다. 일명 '고양이 눈'이었다. 고양이 눈은 가까이 보면 잘 보이지만, 멀리 적군들에게 위치를 노출시킬 만큼 크지 않았다. 또 엑스반도 뒷부분에 형광물질을 부착하였다. 엑스반도 형광물질은 칠흑 같은 어둠속에서 상대방을 확인하는데 유용하였다.

모든 임진스카웃은 개인별로 전투복에 착용하는 DMZ 완장을 지급 받았다. 완장은 길이 25cm, 너비 17cm로 검은색 바탕에 흰색으로 영문자 "DMZ MP"라고, 뒷면에 한글로 "민정경찰"이라고 새겨졌다. 전투복 왼쪽 어깨 위 인디언헤드 마크를 가리게 되었다.

군번줄에 달린 인식표 두 개가 서로 부딪혀 소음을 낸다거나 빛을 반사하기 때문에 테이프를 붙였다. 엄격한 신원조회 끝에 발급받은 DMZ 출입증 한쪽은 영문으로 표기되었고, 다른 면은 한글로 적혔다.

낙하산 줄, 일명 '파라코드 550'을 이용해 엑스반도 물품들을 단단히 고정하였다. 응급처치 주머니를 비롯해 실탄 주머니, 수통 등이다. 중요한 점은 내용물이 윗부분을 향하도록 하는데 덤불이나 매복 장소에서 간단한 스냅만으로 주머니가 열리지 않도록 하기 위한 조치였다.

엑스반도 오른쪽 실탄 주머니와 수통 사이 위치에 대검 칼집을 벨트 버클에 고정시켰다. 칼집 아래쪽에는 조그만 구멍이 있는데, 파라코드 한쪽을 구멍 사이로 밀어 넣고 파라코드 다른 쪽은 벨트 버클에 단단히 묶었다.

임무 첫날 임진스카웃은 실탄을 지급 받았다. 클립 당 30발이 장전되었고, 12명 분대원 각자에게 7클립씩 총 84개 클립이 배당되었다. 접착테이프를 잘라내 모든 탄창 윗부분에 붙였다. 비무장지대를 휘젓고 다닐 때 무심코 탄알이 빠져나가는 것을 방지하기 위한 조치였다. 하지만 북한군으로부터 불시에 총격을 받았을 때, 볼트가 탄알을 장전하는 기능을 테이프가 막아버리는 상황이 발생할 수 있었다.

M203 유탄발사기용 조끼에는 고폭탄 6개와 연막탄 6개가 각각 들어갔다. 클레이모어 2개를 비롯해 PVS-5 야시경 고글 3세트, 붉은색 오성신호탄, 녹색 오성신호탄, 흰색 오성신호탄 그리고 붉

은색 연막 수류탄, 녹색 연막 수류탄, 흰색 연막수류탄 등이 지급되었다.

만약 북한군이 비무장지대 내부에서 미군 장비를 하나라도 찾아낸다면 군사분계선 이북에서 발견하였다고 우기곤 하였다. 1953년 7월 27일 체결된 정전협정을 위반한 증거물이라고 억지를 부렸다. 자신들이 비무장지대 침투 행위를 자행하면서 미군을 겨냥해 국제법 위반 행위라고 공세를 펴부었다.

임진스카웃은 비무장지대에 투입되기 이전에 4번의 검열을 통과해야 하였다. 첫 번째는 소대장 검열이고, 장비에 대한 지식, 전술, 수색-특별 검열 순이었다. 4개 분야에 모두 완벽하게 대비를 해야 하였다. 비공식적인 5번째 검열은 돌발 상황에 대한 대응 시나리오였다.

2) Day 2 — 수색연습

시계바늘이 오전 8시 30분을 가리켰다. 수색대원들은 무기고에서 서명하고 개인 화기를 받아 텐트로 돌아왔다. 수색조장이 수색 박스를 열어 형광 테이프를 꺼내 너비 1.2cm, 길이 5-7cm 크기로 테이프를 잘라냈다. M16 소총 총구 앞부분 가늠쇠에 형광 테이프를 붙였다.

총기에서 멜빵끈을 제거하고 멜빵 연결고리에 테이프를 감아 소음이 나지 않도록 만들었다. 총열 덮개를 테이프를 감싸서 덜그럭거리지 않게 하였고, 개머리판 내부 완충 스프링이 덜컹거릴 수 있기 때문에 개머리판에도 테이프를 부착하였다.

수색대원들은 오전 10시 20분부터 트럭 승·하차 훈련을 실시하였다. 저격수 2명이 먼저 내려 엄호하는 사이에 알파팀이 내려 수풀 속에 자리를 잡을 때까지 브라보팀이 경계 태세를 유지하였다. 그리고 나서 브라보팀이 트럭에서 내려 합류할 때까지 알파팀은 사주 경계를 철저히 하였다. 두 팀이 합류하면 알파와 브라보팀은 모두 360도 방향으로 경계 태세를 유지하였다. 10분 동안 또는 출발 승인이 날 때까지 경계 태세를 유지한다는 원칙이었다. 출발선에서 트럭에 오르내리기를 여섯 번 반복해 실시하였다. 손목시계를 들여다보니 오전 11시 15분이었다.

점심식사를 마치고 위험 지역과 경계유지 훈련을 실시하였다. 수색 중 도로에 들어서면 절대로 멈춰서지 말아야 한다고 지시하였다. 탁 트인 넓은 공간을 가로지를 경우 대형을 흐트러뜨리지 않고 상호 간 거리를 10m 간격으로 넓히고 수풀에 도달하면 다시 5m 간격으로 좁히도록 훈련하였다.

알파팀이 논을 향해 매복 위치로 들어가는 동시에 브라보팀은 알파팀을 지나쳐 전방의 논두렁을 따라 벌판을 가로지르도록 연습하였다. 만약 브라보팀이 총격을 받으면 알파팀은 곧바로 엄호사격에 들어가고 브라보팀이 엄폐물에 의지하면서 알파팀 후방으로 빠져나가도록 지시하였다. 이때 알파팀은 적군을 향해 제압사격을 퍼붓는다.

경계유지 훈련에 이어 개인화기 점검을 위해 캠프 리버티벨을 돌아 25m 영점사격장에 도달하였다. 산기슭 한편을 깎아내려 만

〈그림 V-40〉 비무장지대 수색정찰　　사진=US National Archives

든 임시사격장이었다. 탄창에 실탄 9발을 넣고 3발씩 쏘는 영점사격을 실시하였다. 워리어베이스로 복귀한 임진스카웃 모두 도구를 지급받고 자신의 간이침대에서 무기청소에 열중하였다.

3) Day 3 ― 검열의 관문

대대장이 비무장지대 투입 전날 오후 2시 검열을 실시하였다. 이전에는 소대장, 중대장, 대대장 순서로 검열을 실시하였으나, 오늘은 중간 과정을 생략하고 대대장이 검열에 나선 것이었다. 이날

〈그림 V-41〉 "출동준비 끝"　　　　　　　　사진=Korea DMZ Vets 홈페이지

만큼 라디오 청취와 TV 시청 모두 금지되었다. 가장 중요한 대대장 검열에 최대한 집중해야 하기 때문이었다.

　오후 2시 텐트 출입문이 활짝 젖혀지는 순간, 수색대 조장이 "수색대 차려!"라고 외마디 소리를 질렀다. 나머지 수색대원들은 대열을 갖추고 대대장이 접근하는 순간을 기다렸다. 조장이 대대장에게 거수경례를 하면서 "검열 준비 끝"이라고 고함쳤다.

　총 12명의 수색조는 조장이 1번이고, 부조장이 2번, 저격수가 3번, 보조 저격수가 4번, 무전병이 5번, 보조 무전병이 6번, 포인트맨이 7번, 보조 포인트맨이 8번, 페이스맨이 9번, 보조 페이스맨이 10번, 통역이 11번, 위생병이 12번 순서로 구성되었다.

　대대장은 장비 검열을 마치고 나서 주간수색과 야간매복에 대해 질문 공세를 퍼부었다. 출발시간과 도착시간, 좌표, 방위각, 매복 장소와 방향, 주야간용 주파수 약어표와 호출부호 등을 물어보았다. 대대장은 수색 임무에 대한 전반적인 사항들을 골고루 질문하였다.

대대장은 수색대원들을 불러 집합시켰다. 여태껏 보아온 수색대 가운데 최고 수준이라면서 대대 검열을 통과하였다고 선언하였다. 모두들 쳐다보는 가운데 대대장은 검열텐트를 빠져 나갔다.

4) Day 4 — 임무 수행

(1) 주간수색

드디어 비무장지대 수색 임무에 투입되는 날이 왔다. 수색대원들은 오전 7시 기상해 서둘러 아침식사를 마쳤다. 식당텐트에는 무거운 침묵이 흘렀다. 모두들 긴장한 표정들이었다.

오전 9시 무기고 텐트에서 개인 화기를 지급받았고, 9시 30분 실탄을 배포하였다. 오전 10시 수색에 투입될 수 있도록 얼굴위장을 끝냈고, 오전 11시에 5톤 트럭에 올라탔다. 트럭 왼쪽에 푸른색 깃발 그리고 오른쪽에 흰색 깃발을 세워졌다. 트럭이 JSA와 감시초소 128 방향으로 덜커덩 거리며 북쪽으로 달려가자 배기구에서 검은 연기가 피어올랐다.

감시초소 128은 모래주머니 벙커로서 비무장지대 유엔사 담당 지역을 출입하는 관문이었다. 해당 비무장지대에는 통틀어 총 4개의 감시초소가 있었다. 감시초소 126과 127이 도로 왼쪽 방향에 설치되었고, 감시초소 128과 129는 도로 오른쪽에 있었다. 126 과 127, 129는 타워 형태로 남방한계선과 그 너머 지뢰밭을 100 야드 거리를 두고 감시할 수 있었다. 감시초소들은 각각 100m 간격으로 설치되었다. 감시초소 앞길은 폭 25m 모랫길이 조성되어 있었다. 모든 감시초소에는 지뢰밭을 비추기 위한 조명시설을 갖추고 있었다. 하루 24시간, 1주일 7일, 2명씩 교대로 감시초소에서 근무하였다.

남방한계선 북쪽으로 세워진 모든 전신주에는 고유 번호가 28 번까지 부여되었다. 전신주마다 형광물질로 번호를 새겨놓았기 때문에 운전병들이 칠흑 같은 어둠 속에서 얼마든지 식별할 수 있었다. 도로 왼쪽으로 논과 수로들이 보였다. 북쪽에서 시작해 남쪽으로 흘러 감시초소 콜리어를 감고도는 커다란 강바닥이 보였다. 강은 도로를 타고 하류로 흘러 댐과 호수로 이어졌다. 눈을 들어 오른쪽 방향을 쳐다보니 앤더슨 힐(Anderson Hill)[65] 옆에 우리가 서 있었다. 이 산의 공식 명칭은 56고지(Hill 56)였다.

트럭은 선전마을 대성동으로 진입하는 도로를 지나쳤다. 대성동 마을은 매일 오후 6시에 통행금지가 내려지고 다음날 새벽 6시에 해제되었다. JSA 민정소대는 30분 정도 마을 주민들을 점호하고 캠프 보니파스 숙소로 복귀하였다. 이들은 야간에 대성동에 머물

---

65) 1979년 12월 실수로 지뢰밭으로 들어가 자신은 즉사하고 부대원들에게 크고 작은 부상들을 입혔던 앤더슨 상사의 이름을 따서 부르게 되었다. 앤더슨 상사는 방향 감각을 상실해 군사분계선에서 우왕좌왕하다 지뢰밭으로 들어간 뒤 양쪽 다리를 절단 당하였다. 겨우 군사분계선 방향으로 빠져나왔지만, 이번에는 또 다른 지뢰를 건드려 폭사하였다고 한다.

〈그림 V-42〉 대성동 마을 수색정찰 　　　　　　　　　사진=마크 히스코

지 않았다.

　트럭이 속도를 늦추기 시작하였고, 수색대원들에게 내릴 준비
하라고 지시가 내려졌다. 두 명의 스나이퍼는 먼저 트럭 뒷문으로
뛰어내려 무릎쏴 자세를 유지하였다. 나머지 대원들이 트럭에서
내려 긴 갈대숲으로 들어가기 전까지 스나이퍼들은 사주경계를 게
을리하지 않았다.

　북한군은 비무장지대 곳곳에 깊이 5m, 너비 4m의 탱크장애물
을 설치해 물을 가득 채워놓았다. 말이 탱크 장애물이지 실제론
귀순자나 간첩들을 생포하는데 활용되고 있다. 또 깊은 함정을 파
고 바닥에 창과 대못을 거꾸로 박아놓거나 돌벼락 지뢰나 전기충
격을 가하는 장치들도 헤아릴 수 없을 정도로 설치해 놓았다.

북한군은 비무장지대 군사분계선을 중심으로 하루 24시간 1만 볼트 고압전류가 흐르는 만선, 6,000선, 3,000선, 2,000선 등 4개의 고압선을 거미줄처럼 설치해 그야말로 '철의 장벽'을 구축하였다. 전력난에 허덕이는 상황에서 평양화력발전소에 직선으로 연결돼 2,000선에 접촉하면 머리가 깨지든지, 신체 약한 부위가 터져 죽게 되며, 만 고압선에 걸리면 사람이 그 자리에서 시커멓게 타버린다고 하였다.

이밖에 2중 가시철책선과 격자 철망이 설치되었고, 10m 간격으로 감시등이 켜져 있었다. 북한군 모든 초소에는 러시아제 화상 시스템과 일본제 각종 탐지기들이 비무장지대를 손바닥처럼 들여다보고 있었다. 판문점에서 임진강까지 서부전선에는 북한군 15개 초소가 산재해 있고, 8개 전투중대가 경계 근무를 서고 있다.[66]

임진스카웃은 수색코스 주변에 날아온 북한의 선전물을 찾으면서 전진을 계속하였고, 평소와 다른 징후가 있는지 여부를 체크하였다. 아군 일거수일투족을 살펴보는 북한군 초소 223에 대해 충분히 알고 있었다. 첫 번째 체크포인트에 도착하였다.

잠시후 체크포인트를 출발해 언덕 위 나무 아래 그늘진 지역으로 이동하였다. 수색대는 사주경계 태세를 유지하면서 두 번째 체크 포인트 주변에 진지를 구축하였다. 수색대는 울창한 덤불 사이를 지나 논으로 진입하였다. 호수 북쪽과 감시초소 오울렛 진입로를 따라 북쪽으로 이동하였다.

---

66) 주성일, 『DMZ의 봄: 비무장지대 인민군 병사의 수기』(서울: 시대정신, 2004), pp.134-135.

〈그림 V-43〉 어룡리 기념비   사진=마크 히스코

　북한군 감시초소 223 전체가 시야에 들어왔다. 임진스카웃
은 커다란 기념비가 나올 때까지 이동하였다. 어룡리 기념비가 나
타났다. 어룡리 마을 입구에는 높이 16피트(4.8m), 너비 4피트
(1.2m), 두께 3피트(0.9m) 크기의 검은색 화강암 추모비가 그대
로 남아 과거 삶의 흔적을 보여줄 뿐이었다. 수색대는 사주경계를
유지하면서 휴식에 들어갔다. 세 번째 체크포인트이자 두 번째 야
간 매복 장소였다.

　손목시계를 들여다보니 벌써 오후 1시였다. 최소한 한 시간 동안
이곳에서 머물 예정이었다. 그래서 수색대를 버디 팀들로 나눠 주
변을 수색하도록 지시하였다. 마을 기념비에서 50m 이상 멀리 가
면 안 된다고 주지시켰다.

수색대는 자리를 털고 일어나 이동을 시작하였다. 450m가량 떨어진 다음 능선에 도착하기 위해 넓은 논을 통과하지 않으면 안 되었다. 알파팀이 왼쪽 도랑을 따라 이동하였고, 브라보 팀은 오른쪽 방면을 담당하였다. 도랑은 진흙 투성이였고, 미끌미끌한 상태였다. 도랑을 통과하려면 더욱 느리게 이동하는 수밖에 없었다.

수풀이 거의 말라버린 언덕에 올라섰다. 이제 수색대는 감시초소 오울렛 외곽 경계선으로 이어지는 능선을 서둘러 올라가고 있었다. 수색대는 북한의 선전물을 수거하면서 산 정상에 올랐다. 수색대원들은 사주경계를 하면서 휴식을 취하였다. 모든 이들이 엎드렸다. 쉬는 시간에 물을 충분히 마시라고 지시하였다.

손목시계를 쳐다보니 오후 4시 15분이었다. 15분 안에 감시초소 오울렛 정문에 도착하면 되었다. 사전에 감시초소 오울렛 측과 접촉해야 하는 이유는 벙커 의 무기들을 무장 해제시켜야 하기 때문이었다.

(2) 야간매복

감시초소 오울렛에서 충분한 오후의 휴식을 취하고 시계를 쳐다보니 벌써 오후 10시였다. 이제 슬슬 움직일 시간이었다. 수색대원들은 일어나 어두운 참호 라인을 타고 벙커 12로 돌아갔다. 경계병들이 정문을 열어 제쳤다. 수색대원들이 뛰쳐나가면서 곧바로 왼쪽으로 돌아 가파른 언덕길을 내달렸다. 오르락내리락, 다시 오르락하는데 경사가 급하였다.

안개가 끼어 있었기 때문에 대원끼리는 한팔 거리를 유지하였

〈그림 V-44〉 스타라이트 조준 완료
임진스카웃 박기수 일병이 M14 소총에 스타라이트 조준경을 달고 비무장지대 야간경계 근무를 서고 있다. 1968년 8월 125 Foxhole.　　　사진=박기수 38보병1대대 예비역 병장

다. 나중에 인원점검 결과가 돌아왔는데 12명이었다. 임진스카웃
은 오전 4시 15분 분진점에 도달하였고 무전병은 DMZ TOC에
무전교신을 시도하였다. 수색대는 비포장도로에서 사주경계 형태
로 멈춰 섰고, 습관적으로 장비점검 지시를 뒤풀이하였다.

　수색대원들을 실은 트럭이 감시초소 128에 도착해 엔진시동을
껐다. 초소 부사관이 다가와 "수색번호가 어떻게 되는가?"라고 질
문하였다. 부사관이 가도 좋다는 손짓을 보내면서 비무장지대 임
무를 종료되었다.

제6장

대간첩중대
(Counter Agent Company)

사진=윤창식CAC 예비역 병장

미군부대 한국군 별동대 탄생

미2사단이 주둔한 경기도 파주·문산 일대에서 매년 무장간첩 200-300여 명이 출몰하였으나, 한국군 입장에서 제대로 대응할 수 없었기 때문에 발만 동동 굴렀다.[1] 북한군 침투조들에겐 이미 부대와 부대 사이 '전투지경선'을 이용하라는 지침이 내려졌고, 실제로 한국군과 미2사단 경계지역 또는 미2사단 관할 구역에 집중적으로 침투하는 경향을 보였다.[2]

전체 주한미군 시설의 절반에 가까운 50여 개 미군 캠프들이 경기도 파주 일대에 집중적으로 분포되었다. 임진강 건너 민간인통제선 지역에 캠프 그리브즈[3]를 비롯해 15개 캠프, 임

---

1) 이성근 예비역 대령 전화인터뷰. 2021년 1월 26일.

2) 대표적인 사례로 경기도 연천군 장남면 고랑포리와 반정리 일대를 들 수 있다. 남방한계선에서 임진강까지 4km 구간에 낮은 구릉지대가 길게 형성되었고, 임진강 강변에는 갈대숲이 조성되었다. 실제로 1968년 1월과 9월 북한의 무장공비들이 해당 루트를 통해 침투한 사례들이 많다. 김신조, 『나의 슬픈 역사를 말한다』, p.21.

3) 캠프 그리브즈는 1879년 아파치 인디언과 전투 중 동료를 구하였던 9기병 C중대 소속 클린턴 그리브즈 상병을 추모하기 위해 이름을 지었다. 미국 해병대 1사단이

진강 이남에는 미2사단 본부가 위치한 캠프 하우스를 포함해 크고 작은 35개 캠프, 4개 휴게소(Recreation Centers, RC#1·RC#2·RC#3·RC#4), 사격장, 통신시설이 밀집한 찰리블록 등 경기도 파주는 대한민국이 아닌 미국의 거대한 군사도시를 방불케 하였다.

이에 고민을 거듭하던 윤필용 육군방첩부대장[4]은 한국군 기동타격대를 미군 관할구역에 파견해 대간첩작전을 전개한다는 구상에 이르렀다. 하지만 미2사단 지휘부와 협의하는 과정에서 한국군 기동타격대 대신 미2사단 소속 카투사들을 활용하는 방향으로 계획을 수정하였다.

부대 규모는 카투사 300여 명으로 구성된 1개 중대로 결정하였다. 미군 측에서도 기동타격대 운영을 환영하는 입장이었기 때문에 첨단 군사장비와 고급 인력 등을 적극 지원하였다.

박정희 대통령 '오른팔'로 유명한 윤필용 방첩부대장이 결심한 만큼 부대창설 절차는 그야말로 거침이 없었다. 윤필용 방첩부대장이 CAC의 창설과 운영을 사실상 총지휘하였고, 수시로 전투현장을 방문해 부대원들을 격려하였다.[5] 방첩부대는 풍부한 인적 정

1953년 캠프 그리브즈를 건립하였고, 비무장지대 수색정찰을 위한 전방 기지로 활용하였다. 미 해병대가 철수한 이후에는 1수륙양용트랙터대대를 비롯해 미24사단 19보병연대 3대대, 1기병사단 9기병1대대, 그리고 1987년 미2사단 506보병1대대 등이 주둔하였다. 캠프 그리브즈는 2004년 미군기지 이전계획에 따라 한국 정부에 반환되었다.

4) 국방부는 1968년 9월 23일 육군방첩부대를 육군보안부대로 명칭을 변경하였다. 국방부 군사편찬연구소, 『국방사건사 제1집』 (국군인쇄창, 2012), p.331.

5) 윤필용 육군 방첩부대장은 별도의 지휘 계통을 통해 미2사단 대간첩중대로부터 직

〈그림 VI-1〉 윤필용 방첩부대장 윤필용 방첩부대장이 한국군 참전부대를
격려하기 위해 베트남을 방문하고 있다.　　　　사진=대한민국 정부기록사진집

보와 체계적인 지휘계통을 이용해 일사천리로 '미군부대 내 한국
군 별동대'를 편성하였다.

　　부대 창설멤버인 이성근 소위(육사 21기)는 "(한국군 전방 수색
대 소대장으로 근무 중인데) 윤필용 방첩부대장이 1966년 말 전
통문을 통해 미2사단 대간첩중대를 창설할 계획인데 간부요원으
로 차출한다고 통보하더라."고 자신의 발탁 배경을 설명하였다.

접 보고를 받았고, 대간첩중대 부대원들에게 "내 부하"라는 표현을 수시로 사용하
였을 정도로 중대 운영에 깊게 관여하였다고 한다. 이성근 전화인터뷰. 2021년 1월
26일.

이 소위는 "기존의 카투사 가운데 체격 조건이 뛰어나고 학력 수준이 높은 300여 명을 차출해 대간첩중대를 창설하게 되었다."면서 "그 당시 소대원만한 부하들을 (다른 부대에서) 지휘해본 적이 없을 정도로 우수한 자원들이 모였다."고 초기 부대원들에 대한 자부심을 표시하였다.

1967년 1월 31일 경기도 연천군 청산면 백의리 소재 미 제1군단 포병사령부가 소재한 캠프 바바라(Camp St. Barbara Korea)에서 윤필용 육군 방첩부대장과 본스틸 사령관 등이 참석한 가운데 주한미군 한국인 특공대 창설식을 개최하였다.

부대의 공식 명칭은 미2사단 직할부대 대간첩중대(CAC: Counter Agent Company)이었다. 한미 양국군 주요 인사들이 참석해 CAC 출범식을 지켜보았고, 산파 역할을 맡았던 윤필용 방첩부대장은 축사를 통해 남다른 자신의 감회를 피력하였다.

미2사단은 CAC 조직 체계와 임무, 구성원 등에 대해 모두 대외비로 처리해 마치 '유령 조직'처럼 운영하였다.[6] 미2사단이 직할부대로서 7기병연대 4대대와 CAC 등을 운영하였다는 사실이 임진스카웃 출신 예비역들이 뒤늦게 공개한 미2사단 공식 기구표에서 확인되었다. 직할부대로는 2사단 본부중대 이외에 제122통신대대와 제2정보대 분견대, 제2공병대대, 제2헌병대 등도 포함되었다.

여기서 7기병연대 4대대는 헬리콥터 기동성까지 확보하였다는

---

6) 집필 과정에서 만난 CAC 예비역들은 심지어 소속 부대의 지휘계통에 대해 정확히 알지 못하였다. 일부는 한국군 방첩부대 소속이었다고 진술하였고, 일부는 미2사단 카투사 부대로 잘못 알고 있었다. 윤창식 CAC 예비역 병장 인터뷰. 2021년 1월 20일.

ORGANIZATION OF THE 2D INFANTRY DIVISION

1ST BRIGADE

1-23 Infantry
2-72 Armor
2-9 Infantry (M)

2D BRIGADE

1-38 Infantry
3-23 Infantry
1-72 Armor

3D BRIGADE

1-9 Infantry
2-23 Infantry (M)

4TH BRIGADE

*1-31 Infantry
2-38 Infantry

97TH (ROK) RCT

1st Bn, 97th RCT
2d Bn, 97th RCT
3d Bn, 97th RCT
298th Arty Bn (105)(T)
1st Recon Co
2d Recon Co (OPCON)
1st Engr Co

SUPPORT COMMAND

HHC & Band
2d Admin Co
2d S&T Bn
2d Med Bn
702d Maint Bn
2d Avn Bn
    (less OPCON)

DIVISION ARTILLERY

1-15 Arty (105) (T)
7-17 Arty (105) (T)
5-38 Arty (105) (T)
6-37 Arty (155) (8")
1-12 Arty (HJ)

DIVISION TROOPS

4-7 Cav Sqdn
2d Engr Bn
122d Sig Bn
HHC, 2d Inf Div
2d MP Co
Counter Agent Co
2d MI Det

*1-31 Infantry from 7th Infantry Division under operational control of the 4th Brigade.

**Brigade Headquarters from 7th Infantry Division under operational control of 2d Infantry Division.

***97th ROK RCT from 32d ROK Division under operational control of 2d Infantry Division.

〈그림 VI-2〉 미2사단 조직도   사진=Korea DMZ Vets 홈페이지

점에서 장갑차와 탱크 위주로 구성된 72전차 2대대 및 72전차 1
대대와 차별성을 지녔다. 한반도 상황의 특수성을 감안해 기존의
지상군 기갑부대와는 다른 형태로 운영되었고, 첩보 분야에서 발
군의 실력을 발휘한 CAC라는 조직과 연계되면서 더욱 빛을 발휘
하였다.

세계 최강의 전투력을 과시하는 미2사단이 1986년 이후에 503·506 보병연대의 주한미군 배치를 계기로 공중강습(AASLT) 작전 개념을 도입하였다. 그런데 이보다 20여 년이나 앞선 시기에 주한미군이 헬리콥터를 이용한 기동타격대, CAC를 운영하였다는 사실을 주목해야 한다. 이처럼 시대를 앞서간 지휘부 선택과 집중이 북한군의 게릴라 도발책동에 단단히 빗장을 걸었던 셈이다.

CAC부대는 지상 운송수단마저 변변치 않았던 시절에[7] 헬리콥터의 기동력을 앞세워 적재적소에 투입되었고, 한국의 농촌과 산악 지형, 주민 성향 등에 대한 해박한 지식을 활용해 대간첩 작전에서 적지 않은 성과를 올렸다. 미군의 첨단 기동력과 카투사들의 우수한 정보력이 결합해 엄청난 시너지 효과를 발휘한 것이었다.

초대형 C-130 수송기를 타고 3천m 이상 상공에서 낙하산을 타고 점프하는 기존의 공수부대보다 헬리콥터를 이용한 공중강습 부대는 산악지형인 한반도에서 효율적인 기동력을 과시할 수 있었다. 특히 미2사단이 주둔한 경기도 파주 일대는 산악과 하천 지형이 복잡하게 어우러져 헬리콥터 기동성이 필요한 상황이 적지 않게 발생하였다.

이 같은 장점을 충분히 반영한 덕분에 1968년 6월부터 11월까지 6개월 동안 비무장지대 미2사단 지역을 뚫고 침투하였던 무장

---

7) 본스틸 사령관은 1966년 9월 1일 한국에 부임하였을 때 4-5대 휴이 헬리콥터밖에 없었다고 주장하였다.
Lieutenant Colenel Robert St. Louis, 「General Charles H. Bonesteel Ⅲ Oral History transcript」(U.S. Army War College/U.S. Army Military History Institute's Senior Officer Oral History Program Project 73-2, 1973). p.332.

공비 27명 가운데 25명을 격퇴하거나 사살하였다.[8] 함께 작전에 참여한 한국군 역시 북한군 침투를 저지하는데 성과를 올렸다고 평가 받았다. 이처럼 비무장지대 방어망이 갈수록 견고해진 결과 북한군 특수부대원들의 지상 침투는 실패를 거듭하게 되었다.

---

8) James Binder, "On the Line in Korea: Porous War," Army 19(January 1969), p.53.

'올라운드플레이어' 대간첩중대

CAC는 일반 중대보다 1개 소대가 더 많은 5개 소대들로 중대를 구성하였다.[9] 베트남전쟁의 영웅 이춘근 대위(당시 34세, 육사 15기)가 중대의 사령탑을 맡았고, 육사 출신 엘리트 장교들이 전원 카투사들로 구성된 5개 소대를 각각 지휘하였다.[10]

미2사단 본부는 1969년 5월 14일 제출한 'DMZ 대반란작전 참가 부대의 경험' 제목의 작전보고서에서 "사단 카투사 요원들로 5개 소대 ROK 대간첩중대를 임시적으로(provisionally) 구성해 후방지역(rear area) 방어활동에 투입하였다."고 주장하였다.[11]

맹호부대 제1기갑연대 3대대 9중대장을 맡았던 이춘근 대위는

---

9) Bolger, p.51.

10) 초창기 대간첩중대는 중대장 이춘근 대위와 부중대장 이재국 중위, 1소대장 이성근 소위, 2소대장 이번생 소위, 3소대장 이향수 소위, 4소대장 송선찬 소위, 5소대장 최청길 소위 등이 포진하였다. 이성근 인터뷰 2021년 1월 26일.

11) Headquarters, 2d Infantry Division, Experiences of Unit Engaged in Counterinsurgency Operations DMZ KOREA 1 February 1969 to 30 April 1969, Operational Report Lessons Learned(14 May 1969), pp.1-2.

〈그림 VI-3〉 이춘근 생도와 이춘근 대위

함경남도 북청읍 출신 이춘근 대위는 육사 생도 시절 투박한 함경도 사투리를 구사해 동기생들에게 강렬한 인상을 남겼다. 축구를 비롯해 운동에 남 다른 재능을 보여 만능 스포츠맨으로 활약하였다. 강직한 성격 탓에 하급생들에게 엄격한 선배로서 '군기반장' 역할을 맡았다고 한다.　　　　　　　　　　　　　　　사진=민병돈 육사 15기, 전 육군사관학교 교장

1966년 8월 9일 월맹군 정규군 2개 대대의 기습공격을 받았으나 침착하게 섬멸해 두코 혈전(Ducco Battle in Operation)의 영웅으로 떠올랐다. 호랑이 중대장으로 유명한 이춘근 대위가 평소 실전을 방불케 하는 전투훈련을 반복한 탓에 두코혈전에서 아군 피해는 전사 7명, 부상 42명에 불과하였다.

당시 월맹군 189명을 사살하고 6명 생포하였으며, 60mm 박격포 5문과 중·경기관총 11정, 개인화기 62정, RPG-2 발사관 12문, 실탄 10만여 발을 노획하는 전과를 올렸다. 치열한 전투가 끝난 뒤 현장을 둘러보던 미군 지휘관들의 입이 쩍 벌어졌다고 한다. 미군 여단장 워커 준장은 제2차 세계대전을 치르기도 하였지만 이렇게 많은 시체를 본 적이 없다고 말하였다. 바로 앞에 있는 철조망

〈그림 VI-4〉 대간첩중대 깃발　　사진=대한민국카투사연합회

옆에서 30여 구의 시체가 나뒹굴고 있을 정도였다.[12] 이로 인해 이춘근 대위는 미국 존슨 대통령으로부터 은성 무공훈장을 받았고, 우리 정부가 수여한 을지 무공훈장까지 가슴에 달았다.[13]

　　두코혈전 승리를 계기로 연대·대대 단위 작전을 고집하던 주월미군이 한국군의 '중대전술기지 개념'에 관심을 가졌고, 미국 보병학교에서 교리 연구과제로 채택하였다. 추후에 노획된 베트콩 문건에서 "100% 승산이 없는 한 한국군과 교전은 피하라"는 조항이 발견될 정도로 한국군이 공포의 대상으로 급부상하였다.

　　이춘근 대위는 고명승 전 3군사령관과 권영해 국방부장관·안기부장과 권정달 전 육군보안사 정보처장, 나중배 전 한미연합사령부 부사령관, 민병돈 전 육군사관학교 교장, 이진삼 전 육군참모총

---

12) 이기윤, 『별』(경기 파주: 북앳북스, 2006), p.524

13) 한국을 방문한 존슨 미국 대통령이 이 대위를 김포국제공항 청사로 직접 불러 은성무공훈장을 달아주었다. 미국 정부의 파격적 우대에 깜짝 놀란 한국 정부는 이 대위에게 베트남 두코 전투 승리에 대한 훈장을 한 번 더 수여하였을 정도다. 민병돈 전 육군사관학교 교장 자택 인터뷰 2020년 12월 11일.

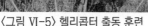

〈그림 VI-5〉 헬리콥터 출동 훈련 　　　　　　사진=윤창식 CAC 예비역 병장

장[14] 등 내로라하는 육사 15기 동기생들을 제치고 그야말로 탄탄한 출세가도를 달렸다. 그러나 이춘근 대위는 전쟁에 적합한 강골 군인과 승진에 능한 정치 군인 가운데 굳이 분류하자면 전자에 해당하였다.[15]

CAC는 매일 새벽 동틀 무렵 캠프 바바라에서 연천 전곡까지 '알통구보'로 하루 일과를 시작하였고, 강도 높은 체력훈련과 독도법, 수색정찰 및 매복작전, 사격술, 수류탄 투척, 클레이모어 폭파등 다양한 전투훈련을 실시하였다. 베트남전쟁 참전부대와 한국군 최전방 수색대 출신 간부들이 실전을 방불케 하는 고된 훈련을 끊

---

14) 이진삼 전 육군참모총장은 1967년 가을 작전명 '필승공작'으로 609특공대를 이끌고 3차례 북한 황해도 개풍군에 침투해 북한군 33명을 사살하였다. 『중앙일보』 2011년 2월 8일자; 김신조는 필승공작이 2개월 반 뒤 1·21사태를 촉발시켰다는 지적에 대해 "시기적으로 우연히 연결되었을 뿐"이라며 "1967년과 1968년은 상황이 완전히 달랐다."고 연관성을 부인하였다. 채널A 시사병법 189회 2015년 1월 21일 방송 인터뷰. https://krplus.net/chaeneola-nyuseu/fJR7iWSfnYbliYo(검색일: 2021.9.6)

15) 이춘근 대위는 중령으로 예편하였고, 2000년 4월 사망해 국립대전현충원에 안장되었다.

〈그림 VI-6〉 "근무 중 이상무" — 민간인 복장 근무
민간인 복장 편의대 요원들이 임진강 강변 일대에서 근무 중이다. 부대 동료들이 정복을 입고 반구정 현장을 찾아 인증샷을 남겼다. 1968년 6월 촬영 사진=윤창식CAC 예비역 병장

임없이 반복시켰다.

초기에는 엘리트 출신 카투사들이 특수부대 유격훈련을 소화해내기 쉽지 않았지만, 하루가 다르게 적응해 나갔다고 한다. 1소대장을 맡은 이성근 중위는 "미8군사령관의 지시에 따라 일본 오키나와에 배치된 미군 특수부대와 해병대까지 (방한해) 참관한 가운데 수색정찰과 매복작전 요령을 시범 보인 바 있다"면서 CAC 전투력을 높게 평가하였다.

1개월 동안 혹독한 예비훈련을 마치고 경기도 파주 봉일천 소재 캠프 하우즈에 CAC 중대 깃발이 세워졌고, 임진강 건너 왼쪽부터 1소대(23보병3대대. Camp Greaves)·2소대(9보병1대대. Camp Dodge)·3소대(23보병1대대. Camp Young)가 각각 배치되었다.

〈그림 VI-7〉 대간첩중대 훈련 모습 　　　　　　　　사진=윤창식 CAC 예비역 병장

　육사 21기의 3인방 이성근·이번생·이향수 중위들이 사관학교 생도시절부터 다져진 팀워크와 초급장교 시절 최전방 수색대에서 익힌 실전 능력을 적극 활용하였다. 1·2·3소대는 각각 1개 분대 단위로 비무장지대에 투입돼 수색정찰 및 매복 작전을 전개해 나갔다. 미군부대에서 나오는 군수물자도 풍부해 비무장지대 투입 이전에 1인당 5발씩 지향사격을 실시해 실전 감각을 극대화하였다.

　임진강 이남에는 4소대가 파주시 파평면 늘노리(1여단 본부. Camp Blue lancer Valley[16]), 5소대가 파주시 파평면 주내리(2여단 본부. Camp Custer) 등에 각각 둥지를 틀었다. 늘노리에는

---

16) 영국군 제29보병연대(글로스터셔 연대)가 주둔하였던 부지에 텐트촌 형태로 들어섰고, 미군이 1971년 철수한 뒤 현재 25사단 신병교육대로 활용하고 있다.

〈그림 VI-8〉 대간첩중대 여가생활
사진=윤창식 CAC 예비역 병장

미2사단 1여단 본부와 함께 38보병 2대대, 702정비대대 B중대 등
이 주둔하였고, 주내리에는 2여단 본부 이외에 헌병대 602방첩대,
3CID 등이 각각 배치되었다.

　1967년 10월 CAC 1소대가 담당한 구역에서 무장공비 침투 사
건이 발생하였다. 무장공비는 남방한계선 철조망을 통과하던 중
발각되자 수류탄을 던져 주한미군 경계병 2명이 현장에서 즉사하
였다. 이에 1소대가 즉각 출동해 추격 작전을 벌이던 중 무장간첩

이 다른 매복조에 걸려 사살되었다. CAC 창설 10개월 만에 첫 전과로 기록되었다.

당시 AFKN이 1소대의 대간첩작전 성과에 대해 대대적으로 보도하였을 정도다. 주한미군 사이에 카투사들로만 구성된 CAC 존재감을 드러내는 순간이었다. 미2사단이 서부전선을 대대 단위로 나눠 담당구역을 지켰지만, CAC는 사단 전체 구역을 헤집고 다니면서 '올라운드 플레이어'로서 역할을 수행하였다.

미2사단은 1967년 12월 작전 개념을 바꿔 CAC 병력을 비무장지대에서 임진강 이남지역으로 모두 철수시켰다. 중대 병력을 재배치하는 과정에서 3소대는 미군 정보부대에 별도로 배치되면서 카투사들이 머리를 기르고 민간인 복장으로 첩보 활동에 참여하는 '편의대' 형태로 운영되었다.

편의대 요원 2-3명이 조를 이뤄 임진강 강변에 조성된 파주 마정리와 운천리, 내포리 등 이장집에서 '하숙생'으로 위장해 거주하였다.[17] 이들은 매일 민간인 차림으로 마을 주변 북한군 예상 침투로를 점검하였고, 이상 징후가 발견되면 휴대용 무전기 PRC-25를 통해 미2사단 상황실(TOC)에 보고하였다. 신고가 접수되면 추격조가 7기병연대 4대대 무장 헬리콥터를 타고 곧장 현장에 출동하는 신속대응 시스템을 운영하였다.

윤창식 예비역 병장은 편의대 임무에 대해 "동네 어귀 풀숲을

---

17) 조장이 포함된 마을에는 3명이 배치되었다. 사복이 귀한 시절이라 개조한 군복을 입고 민간인처럼 행세하였던 편의대원들이 많았다. 이문규 CAC 편의대 출신. 2021년 6월 6일 인터뷰.

〈그림 VI-9〉 CAC 후예들 — JSA 기동타격대 사진=이승춘 JSA 전우회 경기남부지회장

살펴보면 풀잎이 특정 방향으로 쓰러져 있거나 임진강 갯벌에 동물 아닌 사람의 발자국이 남아있다면 곧바로 보고하였다"면서 "미군이 할 수 없는 첩보 업무를 카투사들이 훌륭하게 수행해 내면서 CAC의 존재 가치를 충분히 각인시키는 계기가 되었다"고 자평하였다.

CAC는 첩보 수집과 포로 심문 등에서 혁혁한 공을 세웠고, 일부는 추격조에서 북한군을 체포하는데 주도적 역할을 수행하였다. '미군 눈은 속여도 카투사 눈은 못 속인다'는 말이 나돌 정도였다.

CAC 중대는 크고 작은 대간첩작전에서 혁혁한 전과를 올렸지만 1970년대 들어 미7사단이 한반도에서 철수하고 대신 미2사단이 파주에서 동두천으로 이동하면서 판문점 공동경비구역(JSA) 기동타격대에 임무를 넘기고[18] 출범 5년 만에 역사 속으로 퇴장하였다.

---

18) CAC 중대원들은 대부분 다른 부대에 배치되었으며 어학 특기자와 우수 자원들은 JSA 기동타격대로 옮겨 기존의 업무를 그대로 수행하였다. 이성근 예비역 대령 인터뷰 2021년 1월 26일.

임진강 갈대밭의 전설
— 9·19 대첩 압승

CAC 출신들은 1968년 9월 19일 경기도 연천시 장남면 반정리 일대 임진강 갈대밭에서 벌어졌던 무장공비 섬멸작전을 최고의 전과로 평가하였다. 비록 아군의 사상자가 다수 발생하였지만 북한군 침투조 전원을 몰살시킨 사례는 흔치 않았다. 더욱이 미군 병력을 제외한 카투사들로 구성된 CAC가 단독작전을 통해 올린 성과이기 때문에 한국군 차원에서 각별한 의미를 지녔다.

볼거는 저서에서 9·19 대간첩작전에 대해 지면을 할애해 비교적 상세히 설명하였다.[19]

"새로운 유엔군사령부의 전술이 먹혀들었다. 9월 19일 전형적인 사례를 들 수 있다. 미2사단은 3여단 구역에서 철책선을 넘어온 북한군 침투조 5명을 발견하였다. 미군들은 한국군 대간첩중대의

---

19) Bolger, p.80.

〈그림 VI-10〉 대간첩작전 지휘 이성근 중위
미제2보병사단 한글판 기관지 『2사공보』 1968년 9월 25일자

지원을 받으면서 공중강습대응군과 기갑부대, 기계화보병부대들을 조직해 북한군 침투조를 고립시키고 섬멸하였다.”

하지만 볼거는 대간첩작전의 주도적 역할을 누가 하였는지, 카투사 2명 전사와 7명 부상이라는 희생 규모, 북한군 침투조 4명 사살과 1명 도주 중 사망 등에 대해 구체적으로 언급하지 않았다. 카투사 역사상 최대의 전과를 기록한 CAC 존재와 역할 등에 대해 평가 절하하였다고 볼 수 있다. 그날의 전투상황을 재구성해 보면 다음과 같다.

소속을 알 수 없는 북한군 무장공비 5명이 이날 오전 2시 30분께 비무장지대 미2사단 3여단 감시초소 오멜리 옆을 통과하였다. 해당 지역은 김신조 일당이 같은 해 1월 침투하였던 고랑포 루트였기 때문에 경계병들의 감시태세가 최고조에 달한 상태였다. 3인 1조 미군 경계팀은 무전기를 들고 사단 상황실(TOC)에 북한군의

〈그림 Ⅵ-11〉 '무장공비 전멸' 보도

7기병연대 4대대 알바레스 중사는 장갑차를 몰고 가다 죽어있는 시체 3구를 확인하였다면서 "CAC가 공세를 퍼붓는 북한군 침투조를 사살하거나 부상을 입혔을 것"이라고 주장하였다.　사진=인디언헤드 1968년 9월 26일자

침투사실을 보고하였고, 오전 4시 30분께 CAC에 비상이 걸렸다.

공교롭게도 호랑이 중대장 이춘근 대위와 1소대장 이번생 중위가 외박을 나가고 공석이었다. 3소대는 경기도 파주 일대 민간인 마을에 편의대 형태로 숨어들어 정보수집 활동을 하였기 때문에 비상출동팀에서 제외되었다. 이로 인해 부대 막사를 지키던 2·4·5 소대원들이 소총을 움켜쥐고 출동하였다.

중대장 대리 역할을 맡은 5소대장 이성근 중위가 중대병력을 이끌고 오전 5시 30분 리비교 건너 북서쪽 3km지점에 도착하였고,[20] 침투로 주변도로와 강변에 경계망을 구축하고 수색작전에 돌입하였다. CAC 이외에 38보병 2대대, 7기병연대 4대대, 9보병 2대대 등이 함께 나서 그야말로 미2사단의 주력 부대들이 총출동한 셈이었다. 하지만 이날 작전의 주인공은 단연코 CAC였다.

미2사단 CAC는 비상출동시 개인별로 M-14 소총과 실탄 200발, 수류탄 2발, 비상식량, 압박붕대 등을 휴대하였고, 분대별로 PRC-25 무전기 1대, 수타식 조명탄 4발, 연막탄 등 미군부대에서 지급되는 등 풍부한 물자를 확보한 상태였다.

전역을 보름 남겨놓고 새벽잠을 설치던 CAC 5소대 왕고참 박만득·김상훈 병장들이 누구보다 먼저 자리를 박차고 일어났다. 한반도에 전운이 감돌고 군사적 긴장이 고조되면서 부대원들의 사기가 하늘을 뚫고 남을 기세였다.

똑같이 전남 승주에서 나고 자란 박만득과 김상훈 병장은 같은 날 신병훈련소에 동반 입대할 정도로 각별한 사이였다. 이들은 같은 부대에 배치되면서 CAC에서 35개월 동안 한솥밥을 먹으면서 생사고락을 함께 하였다. 이들은 군대생활 유종의 미를 거두자며 하이파이브를 나눴지만 두 사람 모두 싸늘한 주검으로 돌아올 줄은 아무도 몰랐다.

---

20) 이춘근 중대장과 1소대장이 당시 외박 중이었고, 부대 창설 멤버이자 선임 장교로서 이성근 중위가 중대 지휘봉을 잡았다. 이성근 예비역 대령 전화인터뷰. 2021년 1월 22일.

미2사단은 먼저 CAC가 후방 보급로를 차단하고 미군의 예비 병력이 철책선에서 남쪽 방향으로 밀고 내려오는 압박작전을 구사하였다. 동틀 무렵까지 숨막히는 수색작전이 계속되었지만, 북한군은 흔적조차 보이지 않았다. 혹시 최전방 감시초소에서 잘못 파악한 것이 아닌가하는 의구심이 들었다. 하지만 북한군 침투조는 예상보다 빠른 속도로 남쪽으로 이동해 이미 포위망을 빠져나간 상태였다.

이에 이성근 소대장은 미2사단 작전담당 부사단장 린치 준장에게 임진강 갈대밭에 숨어들었을 가능성이 높다고 보고하였다. 정전협정 체결 이후 15년 동안 인적이 끊겼던 임진강 강변에는 성인의 키를 훌쩍 넘는 갈대숲이 조성되었다. 한 치 앞을 내다볼 수 없는 갈대숲은 울창한 밀림을 연상시켰다.

그래서 리비교 북단에서 남방한계선까지 다른 부대들을 곳곳에 배치하면 CAC가 갈대밭 일대를 정밀 수색하겠다고 제의해 흔쾌히 받아들여졌다. 미군들이 갈대밭으로 뛰어드는 것을 꺼리기 때문에 카투사들로 구성된 CAC가 위험을 무릅쓰고 수색작전을 벌이겠다는 것이었다.

아니나 다를까 북한군은 임진강 갈대밭에 슬그머니 숨어있던 상태였다. 최전방 수색대에서 잔뼈가 굵은 이성근 중위의 동물적 감각이 빛을 발하는 순간이었다. 북한군 침투조들이 지형지물을 이용해가면서 미군부대를 공략해보려 하였으나 오히려 노련한 한국군 지휘관에 걸려들어 제 꾀에 넘어간 셈이었다.

CAC는 비상식량으로 아침식사를 해결한 뒤에 오전 8시부터 갈

〈그림 Ⅵ-12〉 9.19 대간첩작전 현장

9.19 대간첩작전의 무대였던 임진강 갈대밭이 농지로 개간돼 비닐하우스 등이 설치돼 있다. 현장을 원형대로 복원하고 추모공원을 조성해야 한다는 여론이 조성되고 있다. 현장에서 멀지 않은 경기도 연천군 장남면 반정리 294번지에 김신조 일당의 침투사건을 소재로 한 1.21역사공원이 존재한다.　　　　　　　　　　사진=필자 촬영, 2021년 2월

대밭 일대를 샅샅이 뒤지기 시작하였다. 이성근 중위가 갈대밭 전체가 내려다보이는 언덕 위에 올라서 포위망 압축작전을 총지휘하였다. 제2소대(중앙 담당)와 제4소대(좌측 담당), 제5소대(우측 담당)가 일렬횡대 대형을 만들고 착검한 M14 소총으로 '앞에 총' 자세를 유지하며 전진하였다.

　'저벅', '저벅' 갈대밭을 밟는 중대원들의 군화 발소리와 거친 숨소리가 갈대 사이로 퍼져나갔다. 긴장한 채 발걸음을 옮기던 중대의 신출내기 박광식 이등병이[21] 무성한 갈대 아래에 숨겨진 검은

---

21) 박광식 이등병은 당시 갈대밭에 숨어 있던 무장간첩들을 가장 먼저 찾아 사살한 공로를 인정받아 인헌무공훈장을 받았다.

색 군용배낭을 발견하였다. 비상 출동한 지 4시간째인 오전 8시 30분이었다.

수상히 여긴 박광식 이등병은 유심히 갈대밭 인근을 둘러보던 중 인근 2m 거리에 웅크리고 숨어있던 북한군을 발견하자마자 즉각 방아쇠를 당겼다. 갈대숲을 뚫고 날아간 7.62mm 실탄에 북한군이 "악" 비명을 지르면서 앞으로 고꾸라졌다. 9·19 대간첩작전의 첫 개가를 올리는 순간이었다.

주변에 숨죽이고 엎드려 있던 무장공비들이 노출된 사실을 직감하고 "드르륵·드르륵" 기관단총을 갈겨대기 시작하였고, CAC 중대원들은 움직이는 검은 그림자를 향해 '타·타·타' M14 소총을 연발 사격하였다. CAC 중대원들은 총성이 울리는 방향으로 방아쇠를 당겼고, 아군과 적군의 경계는 순식간에 무너졌다.

바로 그 순간 "엎드려."하는 이성근 중위의 고함소리가 갈대밭 일대를 흔들었다. 5소대는 제자리를 지키는 동시에 2·4소대는 오른쪽 신속히 이동해 '─'자에서 'ㄴ'자 대형을 만들라고 이성근 중위가 지시하였다. 5소대 전방에 북한군이 숨어 있다는 사실을 간파하고, 이들을 독안에 든 쥐로 만들기 위한 포석이었다.

포위망이 점점 좁혀온다는 사실을 직감한 북한군은 기관단총을 마구 쏘고 수류탄을 던지며 필사적으로 저항하였다. 아군의 소총사격과 함께 수류탄이 펑펑 터지는 상황에서 북한군들이 수류탄 투척으로 맞섰다. 북한군이 던진 수류탄은 지상 1-1.5m 일정한 높이에서 대부분 폭발하였다고 한다. 수류탄 안전핀을 뽑은 뒤 파편이 분산되는 각도까지 계산해 투척시간을 조절하도록 훈련 받은 결과였다.

강변에 대기하던 미2사단 지원 병력이 M79 유탄발사기를 연달아 쏘아댔고, 갈대밭에서는 '펑', '펑', '펑'하는 소음과 함께 검붉은 화염이 구름마냥 피어올랐다. 미2사단 최정예 부대들이 전원 출동해 북한군 침투조와 교전을 벌이면서 한국전쟁 이후 가장 치열한 전투상황이 연출되었다.

북한군과의 거리를 좁혀가던 제5소대 4분대장 김상훈 병장이 오전 9시께 북한군을 발견하고 돌진해 대검으로 상대방 가슴을 찔렀다. 북한군이 그 자리에서 사망하였으나, 김상훈 병장은 주변의 다른 북한군이 쏜 흉탄을 맞고 절명하였다. 이날 9·19 대간첩작전에서 아군의 첫 번째 희생자였다.

이에 이성근 중위는 궁지에 몰린 북한군의 저항이 갈수록 극렬해지는 상황을 직감하고, 'ㄴ'자형에서 'ㄷ'자형 작전으로 변경하였다. 제4소대는 우회해 북쪽에서 강변으로 밀고 내려오는 한편, 제2소대는 서쪽에서 동쪽으로, 제5소대는 남쪽에서 북쪽으로 치고 올라가면서 포위망을 조금씩 압축해 나가는 방식이었다.

오전 10시께 제2소대장 김종태 중위는 빽빽한 갈대숲으로 인해 시야 확보가 어렵다고 판단해 대원 8명을 이끌고 강변의 고지대를 점령하고 포위망을 좁혀가던 중 웅크리고 숨어있던 북한군 1명을 찾아내었다. 제2소대 이수섭 상병이 재빠르게 북한군보다 높은 언덕으로 올라가 위협사격을 가해 아군의 접근을 수월하게 만들었다. 북한군이 이수섭 상병의 총격에 신경 쓰느라 정신을 못 차리는 사이에 다른 소대원들이 침착하게 접근해 사살하였다. 세 번째 북한군을 사살하였다는 보고가 무전기를 통해 들어왔다. 순간 아군 지휘소에서는 환호성이 터져 나왔다.

하지만 안타깝게도 5소대 임동휘 선임하사는 강변을 수색하던 박만득 병장이 적의 총탄을 맞고 즉사하였다고 숨 가쁘게 보고하였다. 대간첩 중대원 2번째 전사자였다. 5소대가 북한군과 접근한 상태에서 포위망 압박 작전을 전개하였기 때문에 희생자들이 가장 많았다. 아울러 5소대는 휴대한 실탄이 바닥을 드러냈다며 긴급지원을 요청하였다. 이에 장갑차에 실린 실탄과 수류탄, 신호탄이 갈대밭 사이로 헤집고 들어가 곧바로 전달되었다.

포위망이 점점 좁혀지자 북한군은 비무장지대 방향, 곧 북쪽으로 퇴로를 잡았다. 북한군이 남하하는 제4소대장 송선찬 중위를 발견하고 수류탄을 필사적으로 던졌으나, 소대원들이 침착하게 엄폐물을 확보한 뒤 반격해 네 번째 북한군을 사살하였다. 이제 마지막 1명만 남았다.

그러나 포위망 거리가 점점 좁혀지면서 아군끼리 교전할 가능성이 높아지자 부대원 전체에게 제자리에 멈추도록 지시를 내렸다. 각자 자리에서 휴대한 수류탄을 의심 지역에 던지고 집중사격을 가하였다. 그리고 나서 장갑차가 갈대밭을 뭉개고 들어가 수색작업을 벌였다. 하지만 그 순간 북한군 1명은 포위망을 유유히 빠져나가 군사분계선을 향해 북쪽으로 숨 가쁘게 달려가고 있었다.

숨 막히는 갈대밭 총격전은 이날 오전 11까지 계속되었다. 급기야 이성근 중위가 "사격 중지" 명령을 내렸고, 교전현장에 대한 대대적인 수색작업이 이뤄졌다. 수색대원 앞에는 눈 뜨고 볼 수 없는 처참한 광경이 펼쳐졌다.

샛노란 갈대 줄기 사이로 검붉은 핏물이 끊임없이 흘러내렸고, 폭발력에 날아간 북한군의 살점과 군복, 무기, 개인 장비들이 여기 저기 흩어져 있었다. 수색대원들은 현장에서 북한군이 휴대한 기관단총 4정과 실탄 1천50발을 수거하였다.

무장공비 4명의 시체들이 현장에서 발견되었고, 부상당한 1명이 작전지역을 빠져나와 군사분계선 방향으로 도주하였다. 피를 흘리며 북쪽으로 도주하던 무장공비는 남방한계선 인근 지뢰밭에서 폭사한 채 발견되었다. 북한군 침투조 전원이 사망하는 순간이었다. 당시 북한군 침투조가 군사분계선을 넘어와 전멸한 유일한 사례로 기록되었다.

안타깝게도 아군 병력 가운데 박만득·김상훈 병장이 갈대밭 사이에서 차가운 시체로 발견되었고, 크고 작은 부상을 입은 카투사 7명이 미2사단 야전병원과 부평 소재 121후송병원 등으로 긴급 후송되었다. 정전협정 체결이후 카투사 요원들이 참여한 전투 중 사상자들이 가장 많이 발생하였다. 지원 병력으로 외곽 경계를 벌이던 미군 가운데 8명이나 부상당하였다.[22]

이 과정에서 5소대 무전병 나의균 일병은 다리에 관통상을 입었으나 무전으로 강변 고지대와 갈대밭 사이에서 정보를 제공해 아군의 효율적인 작전수행을 도왔다. 같은 소대 박화선 병장은 총탄에 맞아 피를 흘리는 상황에서도 후배들을 먼저 후송하도록 양보

---

22) Robert V. Hunts Jr., Borderline Warfare(trafford, 2012), p.166.

〈그림 VI-13〉무장공비 소탕 시상식
캐그윈 미2사단장이 캠프 하우즈에서 무장공비 4명을 사살한 대간첩 중대원들을 시상하
고 있다.   사진=미2사단 공보실

하다 결국 기절하고 말았다.

　당시 상황 지원반으로 현장에 출동하였던 윤창식 예비역 병장
은 "대간첩중대 카투사들이 얼마나 힘들고 위험한 군대생활을 하
였는지 상상하기 힘들 것"이라면서 이름 없이 스러져 간 부대 동료
들의 죽음을 안타까워하였다. 윤씨는 카투사들로 구성된 CAC의
필요성은 미군이 잘 알고 있었다면서 묵묵히 임무를 수행하였던
부대원들의 활약이 제대로 평가받지 못한 데 대한 아쉬움을 표시
하였다.

　이튿날 파주 봉일천 캠프 하우즈 연병장에서 캐그윈 미2사단장
이 CAC의 노고를 치하하면서 공로 표창장과 임진스카웃 배지를

〈그림 VI-14〉 김상훈·박만득 병장의 동작동 묘지
임진강 갈대밭에서 벌어진 대간첩작전 도중 산화한 김상훈·박만득 병장의 묘비에는 꽃 대신 갈대가 놓여져 있다.　　　　　　　　　　　　　사진=필자촬영 2021.4.1

수여하였다.[23] 당시 사단장으로부터 표창을 받은 한국군 명단은 다음과 같다. 아쉽게도 장렬하게 산화한 박만득·김상훈 병장의 이름은 보이지 않았다.

> "중위 이성근(제5소대장)·송선찬(제4소대장)·김종태(제2소대장), 하사 민병진(제2소대 선임하사)·우갑년(제4소대 선임하사)·임동휘(제5소대 선임하사), 병장 박왕남(제4소대)·박화선(제5소대)·이정신(제5소대)·최승채(제2소대), 상병 박종성(제4소대), 일병 나의균(제5소대), 이병 박재근(제4소대)"

우리 정부는 9·19대간첩작전에서 CAC 공로를 인정해 8일 만에 이성근·송선찬 중위 2명에게 화랑무공훈장을 수여하였고, 김종태 중위와 민병진·우갑년 하사, 김상훈·박만득·박왕남 병장 및 박광식 이등병 등 7명의 장병에게 인헌무공훈장을 안겨주었다. 카투사 제

---

23) 미제2보병사단 유일한 한글판 기관지 『2사공보』 1968년 9월 25일자 참조.

도 창설 이래 가장 많은 훈장들이 쏟아졌다.[24)]

박만득과 김상훈 병장은 임진강변 갈대밭에서 산화해 서울 동작동 국립서울현충원 50묘역 언덕에 나란히 묻혔다. 이들은 지리산 일대에서 성장하면서 어릴 적부터 빨치산 잔당들의 약탈과 만행을 전해 들었기 때문에 최전방 무장공비 섬멸작전에서 적극성을 보였다고 한다.

이들은 전역 준비로 사실상 '열외' 상태였지만 스스로 총을 들고 죽음의 현장으로 달려간 살신성인의 정신을 보여주었다. 당시 카투사 전사자의 경우 한국군 부대가 아니고 미군부대에서의 죽음이라 장례 절차가 제대로 치러지지 않았다고 한다.

---

24) https://www.sanghun.go.kr/nation/participation/sangopen/sangInfoOpen.do(검색일: 2021.10.1)

제 7 장

눈물 젖은 임진강

사진=구와바라 시세이(눈빛출판사)

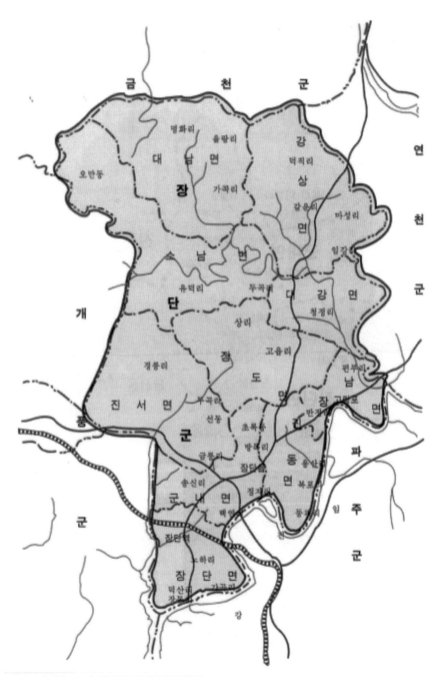

〈그림 Ⅶ-1〉 장단군 행정구역 변천도
남쪽에 위치한 진서면·군내면·장단면·진동면·장남면 등 5개면이 이남 지역으로 편입되기
이전의 장단군 전체의 모습이다.

출처=파주문화원, 『파주 지명 유래와 전설지』(1997), p.183.

쪼개진 장단군·흩어진 강릉김씨

1) 대성동 마을의 유래

고려시대 강릉(江陵) 김씨를 비롯해 교하 노씨, 진주 강씨, 청주 경씨, 청주 사씨, 청주 한씨 등이 경기도 파주 지역에 뿌리를 내렸다. 개성과 한양 사이에 위치한 파주 지역은 고려에서 조선 시대를 거치는 동안 벼슬에서 물러난 사족들이 별서나 택지를 조성해 집성촌을 형성하였다. 지리적으로 한강과 임진강을 끼고 풍치가 수려한 탓에 파주 고을을 찾아오는 발길이 끊이지 않았다.[1]

강릉 김씨가 집성촌을 이뤘던 경기도 장단군의 10개면은 미국과 소련 간 한반도 분할점령 합의에 따라 1945년 9월 2일 장단면과 군내면, 장남면, 진동면, 진서면은 미군정 관할 아래, 강상면과 대강면, 대남면, 소남면, 장도면은 소련 군정의 수중에 각각 넘어

---

[1] 파주시, 『파주 이야기: 한 권으로 읽는 파주』, p.159.

〈그림 Ⅶ-2〉 대성동 마을 공회당 자유의 집 대성동 마을 공회당 '자유의 집'은 당시 최신식 벽돌 건물로 각광 받아 주민들의 다양한 행사들이 개최되었다. 강릉 김씨 시제를 모시는 장소로 활용되었다.　　　　　　　　　　　사진=38보병1대대 박기수 예비역 병장

갔다. 일가친척들이 수백 년 동안 함께 가꾸고 지켜온 삶의 터전이 이념의 잣대에 따라 하루아침에 둘로 쪼개져 버린 것이다.

　서슬 퍼런 분단의 칼날이 8년 만에 다시 더 찾아왔다. 1953년 7월 27일 조인된 정전협정에 따라 장단군 전체가 민간인 출입통제구역으로 설정되면서 행정 기능을 상실하였다. 이제 분단도 모자라 조상 대대로 태를 묻고 자라온 고향산천을 모두 떠나야 하였다. 진서면 대부분이 북한 땅으로 편입되는 대신, 대강면과 장도면 일부가 남한 땅으로 수복되었다. 남한 대성동(자유의 마을)과 북한 기정동(평화의 마을)이 군사분계선을 사이에 두고 졸지에 '갈 수

〈그림 Ⅶ-3〉 초기의 대성동 마을 　　　　　　　　사진=구와바라 시세이(눈빛출판사)

없는 나라'로 바뀌었다.[2]

　이처럼 장단군 전체에 고루 분포되었던 강릉 김씨 일가는 해방 이후 38선에 의해 한 차례, 정전협정 이후 군사분계선에 의해 한 차례 등 총 두 차례에 걸쳐 분단의 아픔을 치러야 하였다. 삶의 터전인 고향 마을이, 생계 수단인 비옥한 농토가, 조상님을 모셨던 선산묘역 등에 군인들이 몰려와 철조망을 치고 출입을 통제하였다.[3]

2)　엄대용, "민북마을의 통제 완화에 따른 사회·공간적 변화: 철원군 대마리 사례를 중심으로", 서울대학교 석사학위논문, 2002, pp.16-17.

3)　장단군의 진동면과 장단면, 진서면이 1972년 12월 파주군에 편입되면서 장단군은 폐지되었다.

대성동은 행정구역상 경기도 파주시 군내면 조산리[4]에 해당하며, 행정관할 책임이 대한민국 정부가 아닌 유엔군사령부에 있다. 대성동은 한국전쟁이 발발하기 직전의 주민들에게만 거주권을 허용한다[5]는 정전협정 합의에 따라 1953년 8월 27일 조성되었다. 판문점을 중심으로 2km 이내 마을은 그대로 남겨둔다는 정전협정 조항에 따른 것이었다.

초기에는 〈그림 Ⅶ-3〉에서 보는 것처럼 초가집이 옹기종기 모여 있는 평범한 시골마을로 조성되었고, 1959년 초가지붕을 허물고 기와집을 짓기 시작하였다. 1965년부터 네모반듯한 문화주택 단지를 조성하는 과정에서 마을회관 자유의 집을 건축하였다. 1972년 제1차 대성동종합개발 계획에 따라 벽돌집 10여 채를 건축하였고, 마을 진입로와 하수구 등을 정비하였는가 하면, 농경지를 깔끔하게 정비하였다.

현재의 대성동 주택 40채는 대부분 1979년부터 2년 동안 시행된 제2차 대성동종합개발계획으로 건축된 건물들이며, 나머지 10여 채는 1990년 추가로 세워졌다. 대성동 마을은 체제의 우월성을 선전하기 위해 북쪽을 바라보는 주택단지로 조성되었기 때문에 겨

---

4) 조산리는 북한 개성군 동면 백동리의 사철 내개울 모래가 쌓여 산을 만들었다는 의미다. 고려 말기에 대홍수가 발생해 개울 모래가 내려와 마을 앞에 높은 성처럼 쌓였다는 의미로 대성동이라 불렀다. 파주문화원, 『파주 지명 유래와 전설지』 (1997), p.192.

5) 대성동 주민들은 주거 및 주거 이전의 자유를 제한받기 때문에 1년 8개월 이상을 대성동에 실제 거주해야 주민권을 유지할 수 있다. 대성동 남성이 외지인 여성과 결혼하면 주민으로 남게 되지만, 여성이 외지인 남성과 결혼하면 마을을 떠나야 한다. 예외적으로 외지인 남성 2명이 대성동 마을에 데릴사위로 입주하였다.

울은 물론 한여름에도 전기장판을 틀어놓고 자야할 정도라고 한다.

대성동 마을의 전체 부지 495만㎡ 가운데 취락지가 2.6%, 농경지가 97.4%를 차지한다. 주민들은 480만㎡ 논과 밭에서 벼와 콩, 고추 등을 재배해 생계를 유지한다. 최근에는 마을공동사업으로 참게장과 청국장 제조에 눈을 돌려 짭짤한 부수입을 올리고 있다.

정전협정 체결 당시 대성동 인구는 30세대 160여 명이었고, 2020년 12월 기준 51세대 150여 명이 살고 있으며, 이 가운데 절반가량이 강릉 김씨들이다.[6]

과거 남북 관계가 순탄한 시절에는 대성동 마을과 기정동 마을 주민들이 농사일을 하다 보면 우연히 마주치기 쉬웠기 때문에 간단한 담소를 나누거나 담배 정도 주고받았을 정도였다.

마을 주민 김태호 씨는 남북통일이 되고나면 가장 먼저 하고 싶은 일을 묻자 "할아버지가 이북에 계세요. 고향에도 한 번 가보고 싶고 그런 마음이 있죠."라면서 말끝을 흐렸다.[7] 이들에게 남북통일은 쪼개진 장단군이 합해지고 흩어진 강릉김씨 일가족들이 다시 모여 사는 것을 의미한다.

1951년 열두 살 때 아버지가 살고 있던 대성동에 들어온 김복순(여, 81) 할머니 고향은 개성 시내 선죽교 근처였다. 노무현 정부 시절 개성관광이 반짝 실시되자, 김 할머니는 원주민 아닌 관광객 자

---

6) 박기수 38보병 1대대 예비역 병장은 "대성동 초등학생들이 방과 후에 미군 감시초소에 찾아와 놀다가곤 하였다"면서 "카투사들이 미군 부대에서 지급된 개인 비상식량을 나눠주곤 하였다"고 회상하였다. 2020년 11월 12일 인터뷰.

7) 『KBS』 「다큐멘터리 3일」 출연. 2008년 6월 28일 방송분.

〈그림 Ⅶ-4-1〉 초기의 대성동 태극기 〈그림 Ⅶ-4-2〉 대성동 태극기와 기정동 인공기　　　사진=연합뉴스
사진=박기수 38보병1대대 예비역 병장

격으로서 개성 고향집을 둘러보고 왔단다. 선죽교 주변에 이층집
이 몇 개 들어선 것을 제외하면 고향 마을은 반세기 넘도록 달라진
게 거의 없었다고 쓸쓸한 표정을 지었다.[8]

　마을 주민 홍승순(여. 당시 67세)씨 모자는 1997년 10월 18일
오전 도토리를 줍기 위해 대성동 인근 야산에 올라갔다 무장한 북
한군에 납치되는 사건이 발생하였다. 홍씨 모자는 눈을 가린 채
북한 개성 시내까지 끌려갔다 5일 만에 무사히 풀려났다. 죽은 줄
로만 알았던 홍씨 모자가 살아서 돌아오자 마을이 울음바다를 이
뤘다고 한다. 환송 나온 북한 군인들이 홍씨에게 감나무 묘목 한

---

8)　파주시, 『파주 이야기: 한 권으로 읽는 파주』, p.166.

그루를 선물로 건네주었으나 강추위에 얼어 죽고 말았다.[9]

우리 당국이 1982년 높이 85m 대성동 태극기 게양대를 아파트 33층 높이인 99.8m로 높이고, 가로 19m, 세로 12m 대형 태극기로 바꾸었다. 대성동 마을의 태극기가 2002년 한·일 월드컵축구대회 때 붉은악마 응원단이 초대형 태극기를 들고 나오기 전까지 남한에서 가장 큰 태극기였다고 한다.

북한이 이에 뒤질세라 높이 80m에서 165m로 인공기를 높이 세웠다.[10] 대성동 태극기보다 높이 뿐만 아니라 크기도 부풀려 가로 30m, 세로 15m 인공기를 설치하는 등 한 때 남북한이 양쪽의 국기를 놓고 '더 높게, 더 크게 경쟁'에 몰두하였다.

대한민국 최북단 행정구역인 경기도 파주시 진서면은 어룡리와 금릉리, 선적리 3개 마을로 구성되었다. 한국전쟁 이후 정전협정에 따라 대성동 마을을 제외하고 비무장지대에 존재하였던 모든 마을의 주민들을 비무장지대 외곽 지역으로 철수시켰다. 어룡리 마

---

9) 파주시, 『파주시지 제4권 파주사람』(파주문화원, 2009), p.265.

10) 1972년 정부의 대성동 개발계획에 따라 마을 뒷산 상단부에 85m 게양대 철탑을 세우고 평일에는 가로 12m, 세로 8m 경축일에는 가로 18m, 세로 12m 크기의 태극기를 달도록 하였다. 문제는 그만한 크기의 태극기를 제작하는 개인이나 회사가 없었기 때문에 논의 끝에 국방부 군수납품처에 의뢰해 낙하산 천을 제공 받았다. 서울 방산시장 상인들이 제작에 참여하였는데, 방학 동안 방산초등학교 강당을 빌어 초대형 태극기를 제작하였다. 당시 가격으로 100만원이었다. 리모컨을 조작해 태극기를 철탑에 게양하였는데 철탑 꼭대기까지 올라가는데 1분30초가 걸렸다. 이 과정에서 태극기가 철탑 사이에 끼어 오르지도 못하고 내리지도 못하는 상황이 자주 연출되었다. 정부는 고민 끝에 철탑을 99.8m 높이로 재설계하기에 이르렀는데, 그 내막을 모르는 북한이 165m 높이 인공기를 게양하였다. 기정동 인공기는 세계에서 가장 높은 국기 게양대로 알려졌다. 송달용 전 파주시장, 「이슈 파주이야기」 "제23화 대성동의 태극기, 누가 더 높은가?" http://www.pajuiyagi.com/(검색일: 2021.3.16)

〈그림 Ⅶ-5〉 북한 기정동 마을 풍경
기정동 마을 주민들이 소달구지를 끌고 밭농사에 여념이 없다.
언덕 위에는 북한군 경비초소가 있다.   사진=연합뉴스

을 입구에는 높이 16피트(4.8m), 너비 4피트(1.2m), 두께 3피트
(0.9m) 크기의 검은색 화강암 추모비가 그대로 남아 과거 삶의 흔
적을 보여줄 뿐이다.

　파주 사람들은 임진강 북쪽 민통선 지역을 흔히 '강 건너'라고
부른다. 스스로 피난민(避難民) 또는 실향민(失鄕民)이라고 부르지
않는다. 자신들은 군 당국의 조치에 따라 잠시 고향을 떠났던 '소
개민(疏開民)'이라고 규정한다.　언제든지 고향 땅에 돌아갈 수 있
다는 기대와 염원이 깔려 있다. 대성동과 통일촌, 해마루촌이 들어
선 파주 강 건너에는 주민 800여 명이 거주하면서 농사를 짓고 있
다.

　대성동에서 군사분계선을 넘어 서북쪽 1.8km 지점에는 북한의
선전마을인 기정동이 자리잡고 있다. 판문점리는 동쪽으로 경기도
파주군 군내면·진서면과 접해 있으며, 서쪽으로 평화리·전재리, 남

쪽으로 동창리, 북쪽으로 선적리가 있다. 북한 당국이 1967년 10월 판문군 평화리 일부를 분리해 판문점리를 만들었다.

판문점리는 처음에는 백 개의 동, 모두 100 가구가 살았다는 의미에서 백동이라고 부르기도 하였다. 판문점리에서 농사짓는 땅은 한 해 농사를 지으면 3년은 놀고먹을 수 있다는 말이 나올 정도로 비옥한 지대로 손꼽혔다. 하지만 대부분 농산물이 북한군에 군량미로 바쳐지고, 자식처럼 기르는 가축 역시 군인들을 위해 헌납해야 하기 때문에 정작 주민들은 하루 한 끼 죽을 먹고 살 정도라고 한다.[11]

대성동과 기정동 사이에 흐르는 사천강은 북한에서 시작해 판문점리를 통과한 뒤 남쪽 대성동으로 흘러갔다 계곡을 통해 북쪽으로 흘러 임진강으로 나가게 되었다. 하천 길이는 37.5km. 연평균 강수량이 1,300-1,400㎜에 달해 우리나라에서 비가 가장 많이 내리는 지역이다.[12]

1990년대 여름 장마철에 귀순을 결심한 북한군 민경대원이 동료들이 잠든 사이에 사천강에 뛰어들었는데 물살이 급하고 날씨가 어두워 방향 감각을 상실하는 바람에 대성동 마을을 지나 다시 북한군 초소 방향으로 휩쓸려 갔다고 한다.

북한군 초병이 "누구얏! 손들엇!"라고 외치자, 한국군 경계병으로 착각한 나머지 벌떡 일어서서 "대한민국 만세! 만세! 만세!"라고 만세 삼창을 힘차게 외쳤다고 한다. 불쌍한 민경대원은 동료들이

---

11) 주성일, p.139.
12) 평화문제연구소, p.241.

지켜보는 가운데 총살당해 형장의 이슬로 사라졌다는 웃지 못 할 에피소드가 존재한다.[13]

파주 탄현 출신 통일운동가 김낙중(당시 24세)씨가 1955년 6월 25일 고무 튜브를 타고 임진강을 건너 황해북도 개풍군 월정리 땅을 밟는 바람에 남북한 경계병들이 기절초풍할 뻔한 사건이 발생하였다. 이에 앞서 김낙중씨는 1955년 2월 자신이 구상한 「통일독립청년공동체수립안」을 경무대에 제출하였으나 정신병자 취급을 받아 청량리 뇌병원에 강제 입원하였다.

서울대 사회학과 3학년 김낙중씨는 "(한국전쟁에서) 피투성이가 되어 싸워 온 남북의 어버이들이 지금 와서 의좋게 마주앉아 양보와 타협으로 민족의 살 길을 찾아 주리라는 것은 상상조차 할 수 없는 일"이라며 "자라나는 (남북의) 새 세대들이 그 임무를 맡아야 한다."고 청년공동체 수립 방안을 내놓았다.

김씨는 이 같은 내용을 담은 호소문을 2통 작성해 한 통은 남쪽 위정자(이승만 대통령)에게, 다른 한 통은 북쪽 위정자(김일성 수상)에게 각각 전달하기 위해 목숨을 걸고 과감한 '민간인 튜브 월북'을 감행한 것이었다.[14]

재미있는 사실은 김낙중 씨 역시 평양을 가기 위해 경기도 파주군 탄현면 오금리 벌판을 빠져 나가는 과정에서 임진강 이남지역을 이북 지역으로 착각하는 해프닝을 겪었다고 한다. 본격 장마로 불어난 강물에 순간적으로 방향 감각을 상실하였던 것이다.

---

13) 주성일, p.139.
14) 김낙중·김남기, 『굽이치는 임진강』 (서울: 삼민사, 1985), pp.135-166.

북한 당국은 판문점리에 가장 토대가 나쁜 사람들을 강제 이주시켰다. 물론 기존의 판문점리 출신들도 살고 있지만 멀리 자강도, 량강도, 함경남도, 함경북도에서 끌려온 사람들이 많이 살게 되었다. 이들 가운데 다수는 월남자 가족들이었다.

얼핏 보면 이들이 비무장지대에서 수월하게 월남하지 않겠는가 라는 의문이 생길 수 있지만 민경대원 수백 명이 철통같은 경비를 서고 있으며, 복수의 보위부원과 분주소[15] 요원들이 마을 주변에 촘촘히 배치되었다. 주민들이 비무장지대 밖으로 벗어나려면 출입증과 농장에서 확인증을 발급받아야 가능한 일이다.

분주소 소장은 토대가 나쁜 사람들을 남측과 가까운 판문점리에 이주시킨데 대해 "전쟁이 일어나면 한꺼번에 죽으라고 이곳에 가두어 놓는다."고 태연하게 진술하였다고 한다. 같은 지역 주민끼리 결혼하는 사례가 많으며, 비무장지대 밖 주민과 결혼할 경우 무조건 판문점리에 입주해야 승인이 떨어진다.

한마디로 동화 속 지상낙원처럼 꾸며졌다고 하지만 실제로 기정동 선전마을 생활은 철조망 없는 수용소와 다를 다 없다는 자조 섞인 푸념이 나올 정도다.[16] 판문점 일대에서 복무한 카투사들은 기정동에 대해 어떠한 환상과 동경을 가지고 있지 않다며 오히려 대한민국 '제일부촌'으로 유명한 대성동과 삶의 질에서 크게 차이 난다고 평가하였다.

---

15) 사회안전기관의 하부 말단 단위. 북한은 우리 경찰청에 해당하는 인민보안성이 직할시·도에 보안국을, 시·군에 보안서를 각각 운영한다. 보안서 산하에는 분주소를 설치한다.

16) ibid.

2) 대성동 출신 카투사의 병영 일기

"단결. 이병 김상래는 미2사단 민사과 근무를 명(命) 받았습니다. 이에 신고합니다."

김신조 일당의 청와대 기습 미수 사건으로 떠들썩하였던 1968년 1월 하순 판문점 미군부대에서 '국방 의무가 없는 마을' 대성동 출신 신병이 등장하였다. 대한민국 남자라면 누구나 가야하는 군대이지만, 대성동 남자는 비무장지대 최전방 선전마을에서 생활한다는 이유로 '열외' 혜택을 누렸다.

군인들과 매일 일과를 같이 하지만 본인은 정작 군인이 될 수 없는 마을이다. 그러나 본인이 군 입대를 희망하는 경우에는 열외 혜택을 반납하게 된다. 보기 드물게 미군부대 신병이 해당 사례가 되었다.

강릉 김씨 36대손 상래(당시 21세) 씨는 1967년 12월 논산훈련소에서 기초 군사훈련을 마치고 경기도 부평 소재 애스컴[17] 카투사교육대에서 자대배치 명령을 받았다. 인솔 나온 고참 병사를 따라 더플백을 메고 헐레벌떡 뛰어간 곳이 대성동 민사행정을 담당

---

[17] 미군이 1945년 9월 한반도에 진주하면서 일본육군조병창을 개조해 제24군수지원사령부(Army Service Command 24th Corps, 약칭 애스컴)를 설치하였다. 한국전쟁 인천상륙작전이후 부평에 미군 캠프 마켓과 캠프 하이예스, 캠프 그란트, 캠프 타일러, 캠프 해리슨 등이 들어와 '애스컴 시티'를 형성하였다. 신병보충대와 보급창, 야전병원, 공병대, 화학창, 비행장, 병기대대, 헌병대들이 주둔하였고, 주한미군 전체의 군수 보급을 담당하였다. 상당수 부평 미군기지는 1960년대 말과 1973년까지 용산과 평택 등으로 이전하였다. 『경인일보』 2019년 12월 23일자.

〈그림 Ⅶ-6〉 대성동 민사과 사무실과 직원   사진= 박기수 38보병1대대 예비역 병장·국가기록원

하는 미2사단 본부중대 민사과(G5)[18] 사무실이었다.

　자신이 나고 자란 대성동 집에서 불과 100m 떨어진 곳에서 슬기로운 병영생활을 하게 되었다. 이로써 대성동 마을 조성 이후 최초로 대성동 주민 출신으로서 대성동을 지키는 현역 군인이 탄생하였다.

　김씨는 대성동 초등학교[19]를 졸업하고 중학교 진학을 위해 파주

---

18) 대성동마을 민사행정은 1963년 제1기병사단 민정반이 마을 중심에 사무실을 차리면서 시작되었다. 원래 민정반 사무실은 북한과 가장 가까운 현재의 팔각정 주변에 위치하였으나 제2차 대성동종합개발계획에 따라 현재의 위치로 이전하였다. 365일 마을에 군인이 상주하면서 외부인 대성동 출입 절차는 물론 주민들의 영농작업 신변보호, 주민 안전보호 업무 등을 담당한다. 파주시, 『다시 고향마을로 돌아온 사람들: 경기도 DMZ 자유의 마을 대성동』(2014), p.47.

19) 대성동초등학교는 1954년 2월 1일 대성동 마을 자치학교로 개설되었다. 당시 전교생은 22명이었다. 1968년 5월 3학급 규모의 대성동초등학교 승격하였고, 1986년 6학급 편성 인가를 받았다. 2020년 1월 제51회 졸업생 5명을 배출해 현재까지 졸업생이 총 206명에 달한다. 유엔사는 대성동초등학교의 학생정원을 35명으로 규정하였다.(2011년 12월 1일 기준). 만약 학생 정원을 늘리고자 한다면 대성동초등학교 교장 또는 상위 직급의 교육청 관계자가 유엔사 군정위 비서장에게 서면으로 신청서를 제출해야 하며 비서장은 승인에 앞서 해당 사항을 유엔사 군정위 수석대표와 참모장에게 보고해야 한다.

문산읍으로 호적을 옮겨놓은 바람에 덜컥 입대영장이 나왔다고
한다. 대성동 주민들은 거주지를 대성동에 유지해야 하며, 최소한
8개월(240일) 거주하는 경우에만 주민 자격을 유지할 수 있다. 공
동경비구역 유엔사 경비대대장이 4개월 이상 입원 치료와 대성동
외부 학교에 재학, 외부학교 재학 중인 자녀를 양육하는 경우에 한
해 예외를 허락하지만 대부분 편의상 주소지를 문산 지역으로 옮
겨놓았다.[20]

김씨는 "대성동 주민이 파주 병무청에 가서 경위를 설명하면 (입
대를) 면제 받을 수 있었다"면서 "하지만 기왕에 입대 영장이 나왔
고 나 역시 국가를 위해 봉사할 수 있는 기회라고 생각하였다"고
논산행 입영열차를 타게 된 경위를 설명하였다.[21]

김씨는 대성동에서 고향집과 미군부대 사무실을 걸어서 오가며
군복무를 하였다. 눈을 감고도 대성동 어느 집 숟가락이 몇 개인
지, 젓가락이 몇 개인지 알 수 있을 정도니 주민 친화형 대민작전
을 담당한 민사과 요원으로서 안성맞춤이었다.

김씨는 "아침에 일어나면 대성동 마을 뒷산에 태극기를 게양하
였고, 해질 무렵 국기 하강식 행사를 하면 하루 일과가 끝났다."면
서 "일가친척 대성동 주민들의 개인 사정을 잘 알기 때문에 찾아
가는 민사행정 업무를 펼 수 있었다"고 설명하였다.

---

20) 유엔사 규정 525-2 대성동 민사행정 5조c항.

21) 김 씨는 호적상 1946년 6월 25일생이지만 실제로 1943년생이라면서 일곱 살 때 북
한군 남침 행렬을 멀리서 지켜보았다면서도 이제는 기억마저 가물가물하다고 털
어놓았다. 제대하기 직전에 이모님 소개로 파주 금촌읍에서 결혼식을 올리고 대성
동 마을에 신접살림을 차렸다고 파란만장한 자신의 군대생활을 소개하였다.

〈그림 Ⅶ-7〉 대성동 출신 대성동 근무 김상래 상병

김상래 상병(가운데)과 미2사단 민사과 동료 병사들이 대성동에서 단체사진을 찍으며 망중한을 즐기고 있다. 왼쪽부터 운전병(성명 미상), 신원 미확인1, 김상래, 김문규 태권도 교관, 신원 미확인2.   사진=김상래, 대성동 주민

　당시 총 8명으로 구성된 민사과 병사들은 대성동 마을 소재 사무실에서 근무하였고, 일과가 끝나면 캠프 리버티벨로 복귀해 숙식을 해결하였다. 하지만 김씨는 부대장의 허가를 받고 미군 숙소 대신 대성동 자신의 집에서 종종 머물기도 하였다. 주민들의 밤샘 동향을 살피는 차원에서 보면 오히려 부대에서 환영할 만한 외박이었다.

　이들은 군사보안상 외부 출입이 자유롭지 못한 대성동 주민들

〈그림 Ⅶ-8〉 초기 대성동 초등학교 풍경
1968년 5월 설립된 대성동초등학교. 초기 기와지붕으로 만든 학교 본관과 체육관 모습
을 볼 수 있다.　　　　　　　　　　　사진=박기수 38보병연대 1대대 예비역 병장

을 위해 이발사와 소형 발전기 수리기사, 태권도 교관, 트럭 운전병
역할 등을 수행하였다. 대표적으로 매월 1일과 6일 금촌 장날이
서는 날이면 대성동 주민들이 미군부대 제공 2.5t 트럭을 타고 임
진강 자유의 다리를 건너 왕복하였다. 당시 북한군이 도로에 지뢰
를 매설해 미군 트럭을 공격하는 일이 빈번하였기 때문에 긴장을
늦출 수 없었지만, 모처럼 외출하는 주민들의 표정이 무척 밝았다
고 김씨는 기억하였다.

　분단의 상징지역으로 인구에 회자되고 있지만 정작 대성동 주민
들은 1.8km 거리에 사는 북한 기정동 마을 주민들과 체육대회를
개최해보는 것이 꿈이라고 한다. 남한과 북한에서 가장 가까운 마
을 주민들이 공을 차고 씨름판을 벌일 수 있다면 총을 들고 마주
서 있던 남북의 군인들도 잠시 군복을 벗고 사천강에서 함께 물놀
이를 할 수 있을 것이라고 대성동 마을이장 출신 김동현 씨는 강조

체육관에서 태권도 교육을 실시한 김문규 카투사가 간판 앞에서 포즈를 취하였다.　사진=박기수 38보병연대 1대대 예비역 병장

하였다.[22]

　　영화 '웰컴 투 동막골' 판문점 버전이며[23], 알고 보면 판문점에서 개최하는 강릉김씨 문중 체육대회가 되는 셈이다. 대성동-기정동 체육대회가 강릉김씨 합동시향제를 비롯한 다양한 주민교류 행사로 이어지고 민간 차원을 넘어선 남북한 교류협력의 물꼬를 틀 수 있다. 그야말로 마을공동체 행사가 남북관계를 오솔길에서 대통로로 인도하는 길잡이 역할을 할 수 있다.

---

22) 현행 유엔사 규정은 사령관의 승인을 받지 않고 북한군 측 인원 혹은 이들과 같이 근무하는 인원들과의 친교 혹은 비공식적 소통을 엄격히 금지하고 있다. 유엔사 대성동 민사행정 규정 525-2 4조b항.

23) 영화는 1950년 11월 태백산맥의 외딴 마을 동막골에 국군과 인민군, 연합군 등이 모여 펼치는 휴먼 드라마. 파주문화원, 『파주이야기: 한 권으로 읽는 파주』(경기 파주: (주)역사만들기, 2009), p.166.

고엽제 피해보상 사각지대

　베트남전쟁이 본격화되면서 미군은 베트콩들의 은신처인 숲을 고사시키고, 식량보급을 차단하기 위해 논을 쑥대밭으로 만드는 차원에서 '악마의 화학물질'로 통하는 다이옥신계 제초제를 무차별 살포하였다. 제초제가 담긴 55갤런 드럼통은 오렌지 색깔 띠를 둘렀기 때문에 'Agent Orange'로 불렸다.

　에이전트 오렌지는 2,4-D(2, 4-dichlorophenoxyacetic acid)와 2,4,5-T(2, 4, 5-trichlorophenoxyacetic acid)가 동량 혼합된 합성물질이다. 이 중 2,4,5-T에 소량(30mg/kg 정도)이지만, 인체에 치명적 독성을 지닌 TCDD 또는 다이옥신(2, 3, 7, 8-tetrachlorodibenzo-p-dioxin)이 포함되었다.

　예를 들어 다이옥신계 제초제를 살포하면 불과 몇 시간 만에 낙엽이 시커멓게 타들어갈 정도로 독성이 강하였다. 미국은 1960년대 초부터 1971년 살포가 중지될 때까지 항공기를 이용해 7,600만 리터의 다이옥신계 제초제를 베트남전쟁 주요 작전지역에 살포

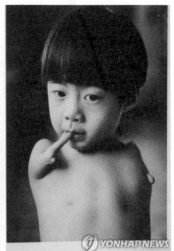

<그림 VII-9> 무시무시한 고엽제 후유증
고엽제 후유증에 시달리는 베트남 주민들
사진=연합뉴스

하였다. 366kg의 다이옥신이 포함되었기 때문에 무서운 고엽제 저주가 시작된 것이었다.

1969년 동물실험을 실시한 결과 초미량 다이옥신이 인체에 흡수되고 5-10년이 지나면 각종 암과 신경계 마비를 일으킨다고 보고되었다. 인체에 축적되어 혈관을 손상시킬 경우 심장 질환이나 손발 저림, 운동신경 손상 등의 증상이 나타난다는 것이었다. 논란 끝에 2년이 경과한 1971년 다이옥신이 포함된 제초제 살포가 중단되었고, 유엔은 고엽제를 제네바 의정서에서 금지한 화학무기에 해당한다는 결론을 내렸다.

전쟁이 끝나고 상당수 베트남 참전용사들이 원인 모를 두통과

현기증, 가슴 통증, 각종 피부질환에 시달렸고, 폐암과 전립선암 등으로 사망하였다. 고엽제 노출로 인해 각종 후유증과 신체장애가 속출하자 미국의 베트남재향군인오렌지희생자회는 1979년 9월 제조회사인 다우케미컬을 포함한 7개 기업을 상대로 집단 손해 배상을 청구하기에 이르렀다.

정글속 베트콩과의 전투 상황보다 더 치열한 법적 분쟁이 시작된 것이었다. 베트남전쟁 참전용사 마이클 해버트 전 공군 중사를 비롯한 미국인 4명이 종전 이후 최초로 1981년 12월 베트남 현지를 방문해 구엔 코 탁 베트남 외교담당 국무상 등과 고엽제 후유증 문제를 논의하였다.[24]

미국 국가보훈처는 2011년 1월 25일 연방 정부 공보(Federal Register)를 통해 한국 비무장지대에서 고엽제에 노출되었던 주한미군 출신 예비역들을 돕기 위한 최종 규정을 발표하였다. 미국 보훈처는 1968년 4월 1일부터 1971년 8월 31일 사이에 보훈처와 국방부가 고엽제가 살포된 비무장지대 내부 또는 인근에서 작전에 참여하였던 예비역들이 고엽제에 노출된 것으로 추정한다는 것이다.

이전에는 1968년 4월과 1969년 7월 사이에 비무장지대 일부에서 근무한 예비역에 한해서 고엽제 노출을 인정하였다. 이는 다시 1967년 9월 1일부터 1971년 8월 31일로 재조정되었다.

실제로 보훈처가 고엽제 노출과 연관되었다고 인정하는 특정 질

---

24) 『연합뉴스』 1981년 12월 26일자.

환을 앓는 예비역들은 군 복무 경력과 자신들의 질환 사이의 연관성을 입증할 필요가 없다. 보훈처와 국방부가 소속부대가 비무장지대에서 작전을 수행했는지, 군인이 신체적으로 현지에 근무하였는지를 결정한다. 미국 보훈처가 고엽제 노출로 인해 발병할 수 있다고 인정하는 '추정 질환(presumptive disease)'은 다음과 같다.[25]

▶ AL 아밀로이드증
▶ B-세포형 만성백혈병
▶ 염소성 여드름(또는 유사한 여드름 모양의 질환)
▶ 제2형 당뇨병
▶ 호지킨병
▶ 허혈성 심장질환
▶ 다발성골수종
▶ 비호지킨림프종
▶ 파킨슨병
▶ 말초신경병
▶ 만발성 피부포르피린증
▶ 전립선암
▶ 기관암(폐암 포함)
▶ 연조직육종암(골육종, 연골육종, 카포시 육종, 중피종 제외)

---

25) 대한민국 국가보훈처는 비호지킨임파선암과 연조직육종암, 염소성여드름, 말초신경병, 만발성피부포르피린증, 호지킨병, 폐암. 후두암, 기관암, 다발성골수종, 전립선암, 버거병, 당뇨병, B-세포형 만성백혈병, 만성골수성백혈병, 파킨슨병, 허혈성심장질환, AL 아밀로이드증, 침샘암, 담낭암 등 20개 질환을 고엽제 후유증으로 분류한다.

지긋지긋한 고엽제 저주는 당대에서 멈추지 않고 후손들에게까지 영향을 미친다. 보훈처는 한국 비무장지대에서 근무한 군인들의 후손들이 다음의 신체 질환을 앓는 경우 보훈 대상으로 혜택을 누릴 수 있다고 밝혔다.

▶ 척추이분증(은폐성척추이분증 제외)
▶ 선천성 결함

미국 보훈처는 루게릭병이 고엽제 노출과 연관성이 없지만 90일 또는 그 이상 군 복무를 수행한 예비역들이 루게릭병 진단을 받은 경우 군 생활과 무관하지 않은 것으로 추정한다. 안타까운 사실은 총을 들고 적과 대치한 군인들이 스스로 신체적 결함을 증명하기 위해 자국 정부를 상대로 기나긴 법정싸움까지 벌어야 한다는 것이다.

미 대법원은 2003년 6월 베트남 참전군인 2명이 에이전트오렌지 제조회사를 상대로 피해보상을 요청할 수 있는지에 대한 판단을 요구하는 소송을 제기한데 대해, 찬성 4, 반대 4, 기권 1로 찬성도 아닌 반대도 아닌 애매한 결론을 내려 비난을 샀다. 정부는 치명적 해독성과 후유증을 사전에 충분히 알면서도 취급시 주의 사항을 공지하지 않았고, 본인들이 아픔을 호소할 때까지 나 몰라라 모른 체하였다는 점은 비난을 벗어나기 쉽지 않은 대목이다.

미국에서 베트남 참전용사들이 1978년부터 정부가 아닌 제조기업들을 대상으로 소송을 제기하였다. 피해자들은 에이전트 오렌

〈그림 Ⅶ-10〉 한국 비무장지대 고엽제 노출 화면 캡처 사진=미국 국가보훈처 홈페이지

지가 수은류와 같이 독성이 사라지지 않은 잔류 독극물(2378 사
염화)을 함유해 독극물이 호흡기 계통과 피부 접촉, 식수 음용 등
의 경로를 통해 체내에 흡수되면 신체조건에 따라 5-10년 뒤에 각
종 암과 기형아 출산, 정신 질환 등의 후유증을 유발한다고 주장
하였다.

　해당 소송에서 제조회사들은 에이전트 오렌지의 후유증을 인정
하지 않으면서도 정상을 참작해 보상한다는데 합의해 1984년 5월
소송을 종결지었다. 대한민국고엽제전우회는 1994년 7월 다우케
미컬 등 6개 제조회사를 상대로 제소하였지만 모두 패소하거나 기

각되었다.

주한미군사령부가 1968년 미국 화생방사령부에 보낸 '고엽제
살포작전 평가보고서'에 따르면 주한미군은 같은 해 1월 1·21사태
이후 '식물통제계획 1968'[26]이라는 작전계획을 세웠다. 본스틸 주

---

26) 주한미군 출신 퇴역군인이 한국에서 근무할 당시 고엽제에 노출된 바람에 임파선
암을 앓았다고 주장하면서 미국 정부를 상대로 보훈혜택을 얻어내는 과정에서 정
보공개법에 따라 해당 주한미군 보고서를 입수하게 되었다. 『연합뉴스』 1999년
11월 16일자. 보고서 내용은 다음과 같다.

『1967년 초 정전협정을 위반하지 않으면서 DMZ 지역의 우거진 수풀을 잘 관리
할 수 있는 방법을 연구하게 됐다. 그 일환으로 일부 지역에 고엽제(herbicides)를
시험적으로 사용했다. 이 시험결과를 바탕으로 나중에 DMZ 남방한계선과 민통선
사이 지역에 전면적 살포계획이 준비됐다. 한국에서 고엽제를 시험 사용한 계획은
미 국무부가 타당성을 검토해 승인한 것이다. 1967년 9월 미 국무부는 한국정부와
이 계획을 논의할 것을 승인했고 이런 논의과정을 거쳐 67년 9월20일 한국국무총
리가 이 계획을 허락했고, 한국정부로부터 고엽제 시험사용을 승인받았다.

1968년 3월31일 미 8군사령관은 '식물통제계획 1968년'을 68년 4월 15일 이전에
본격 실행하도록 지시했다. 살포는 68년 4월15일 고엽제인 모뉴론을 우선 순위 1
급 지역에 뿌리면서 시작됐다. 살포방법은 살포지역을 여러 길로 나눈 다음 군인
들은 자신에게 주어진 길을 따라 손으로 살포하거나 미리 표시된 5m쯤 되는 길을
따라 손으로 살포하거나, 기계를 이용해 뿌리면 됐다. 모뉴론을 살포하는 군인들에
게 추가분이 계속 공급됐다.

고엽제인 에이전트 오렌지와 에이전트 블루의 살포는 잎이 돋아나기 시작하는
68년 5월 중순부터 시작됐다. 에이전트 오렌지는 3갤런과 경유 50갤런의 비율로
섞어 사용하도록 돼 있다. 에이전트 블루는 3갤런과 물 50갤런의 비율로 섞어 만든
다. 에이전트 블루가 살포된 지역은 대부분 도로 주변처럼 쉽게 접근할 수 있는 곳
이었다.

고엽제를 살포할 때 헝겊 마스크나 장갑을 사용하고 살포한 뒤 바로 물로 씻어
주면 부작용을 최소화할 수 있었다.

한국 육군 1군 화학장교는 이번 계획을 전체적으로 감독했고, 군단과 사단 화학
장교는 연대 화학장교와 함께 고엽제 작업을 직접 감독했다. 한국군이 고엽제를
살포할 때마다 미 군사고문단 소속 대표가 기술지원과 지도를 위해 현장에 있어야
한다고 미 8군 사령부는 지침을 내렸다. 미 2사단 지역에서 고엽제 살포는 한국군
98전투연대가 수행했다.

68년 1월 12일 한국 국방부 보도 자료에는 DMZ에서 고엽제를 살포하려는 한국

한미군사령관이 미국 행정부에 건의해 딘 러스크 미 국무장관의
승인을 얻어냈고, 정일권 국무총리의 재가를 거쳐 고엽제 살포작전
이 실행되었다. 이에 따라 한미 양국군이 서부전선에서 동부전선
까지 비무장지대 남방한계선 이남 민간인 통제구역 2천200만평
일대에 고엽제를 집중 살포하였다.[27]

살포된 고엽제는 에이전트 오렌지와 에이전트 블루, 모뉴런 등 3
가지 종류로 2만1000 갤런(315 드럼) 분량의 원액을 3대 50비율
로 섞어 뿌린 것으로 확인되었다. 고엽제는 비무장지대 철책선 전
방 100m 관측초소와 전술도로 주변 30m에 집중적으로 뿌려졌

정부의 의도가 공개적으로 나타나 있다. 비록 유엔군이 살포를 승인하지는 않았지
만, 이 보도자료는 한국군과 북한군, 제3국의 반응을 알아보기 위한 것이었다. 고
엽제 살포부대는 북한군 초소의 감시를 피하기 위해 위장술과 암호를 사용했다.
모뉴론을 '옥수수'로, 에이전트 블루를 '쌀'로, 에이전트 오렌지를 '콩'으로 부르면
서 농작물을 심고 있다는 인상을 주도록 했다.
　살포 범위는 당초 계획은 총 2만4천115에이커였지만 공급된 고엽제의 양 등으
로 모두 1만8천150에이커 정도만 살포됐다. 한국에서 사용된 고엽제는 이미 미군
에서는 20년 전부터 사용됐고, 미군 생물학연구소에서 대규모로 사용할 수 있게
허가한 것이다. 이 가운데 일부 고엽제는 베트남에서 6년 동안 성공적으로 사용했
다. 결국 베트남 고엽제 작전 기록과 한국에서의 현장실험 결과, 미군 생물학연구
소의 권고사항을 바탕으로 에이전트 오렌지, 에이전트 블루, 모뉴론 등과 같은 고
엽제가 한국에서 사용되기로 결정된 것이다.』
27) 연합뉴스 전신인 합동통신은 1980년 4월 25일 워싱턴발로 "미군이 월남전 때 사용
해 물의를 일으켰던 고엽제 에이전트 오렌지가 지난 60년대 후반에 한국에서도 북
한 스파이들의 대남침투 견제를 위해 휴전선에 다량으로 살포되었다는 사실이 미
국방성 문서에서 밝혀졌다"고 보도하였다. 하지만 군사정권 계엄사령부 합동검열
반은 해당 기사에 대해 '전면삭제'로 제한해 국내 신문과 방송에는 보도되지 않았
다. 『연합뉴스』 1999년 11월 25일자;
1984년 중앙일보에서 고엽제 문제를 보도하였으나, (제5공화국 정부는) 제보기자
를 해고시키(도록 영향력을 행사하)고, 다른 언론사에서 보도하지 못하도록 통제
하였다. 대한민국고엽제전우회 홈페이지

으며, 실제 살포작업은 대부분 한국군 장병들이 실시한 것으로 드러났다. 당시 작전에 투입된 장병들은 아무런 사전교육을 받지 않았고, 방독면과 화생방 장비 등 보호장비를 착용하지 않은 채 고엽제를 살포하였다.

한미 양국은 1995년 미국 상원의 증언을 통해 DMZ 일대에 고엽제가 살포되었다는 사실이 확인되면서 1968년 4월 15일부터 5월 30일까지, 1969년 5월 19일부터 7월 31일까지 두 차례 고엽제가 살포되었다는 공식 입장을 내놓은 바 있다.

미국 정부는 1978년 베트남참전용사를 대상으로 국가보훈처에 에이전트 오렌지 등록소를 설치하였고, 한국 비무장지대에 고엽제가 살포되었다는 언론보도가 나간 지 1년이 지난 2000년 9월 5일 주한미군 출신을 상대로 정밀 신체검사를 실시한다고 발표하였다. 고엽제에 노출되었을 가능성이 높은 주한미군은 약 8만여 명으로 추정되었다.

주한미군 부대에 배속된 카투사들에 대한 고엽제 피해 보상은 2010년 전후에 시작되었다. 미국 정부가 국가보훈처를 중심으로 고엽제 피해 보상작업을 벌인 것과 대조적으로 한국의 보상 실태는 개인적으로 알아서 신고하는 방식으로 진행되었다.

그나마 카투사 출신 가운데 미국으로 이민을 떠난 예비역이 피해보상의 물꼬를 텄다. 김평석 23보병3대대 출신 예비역 병장은 "미국에 살고 있는 부대 선배로부터 연락을 받고 비무장지대 근무자에 대한 보상 혜택을 알게 되었다"면서 "베트남전쟁 고엽제 피해보상에 비해 비무장지대 피해보상은 주먹구구식으로 이뤄지는데

〈표 VII-1〉 주한미군 고엽제 노출 부대

소속	단위 부대	비고
	38보병1대대	
	38보병2대대	
	23보병1대대	
	23보병2대대	
	23보병3대대	
	31보병2대대	
	32보병3대대	
	9보병1대대	
	9보병2대대	
	72전차1대대	
	72전차2대대	
	12포병1대대	
	15포병1대대	
	17포병7대대	
	38포병5대대	
	37포병6대대	
2사단 기동타격대	7기병4대대	
	대간첩중대	
미7사단	17보병1대대	
	31보병1대대	
	32보병1대대	
	10기병2대대	
	17보병2대대	
	31보병2대대	
	32보병2대대	
	32보병3대대	
	73기병1대대	
기타	제2헌병중대	
	13전투공병대대	
	유엔사 경비대대 -공동경비구역	
	푸에블로호 승무원	

안타까울 따름"이라고 정부 차원의 대책 마련을 촉구하였다.

고엽제 사용에 대해 별다른 지침이나 주의사항이 없었기 때문에 인류 역사상 가장 독성이 강한 물질인 다이옥신이 함유되었다는 사실을 전혀 알지 못하였다. 부대 주변에서 제초작업을 하는 병사들이 철모에 고엽제 가루를 담아 맨손으로 뿌렸고, 모기에 물리지 않는다는 소리에 항공기 살포 지역을 쫓아다니는 촌극을 빚었다.

현재 1968년 카투사 입대동기 모임인 '68동지회'와 23보병연대 출신 카투사모임에서 극소수 카투사 예비역 병장들이 귀동냥으로 고엽제 피해 보상정책을 전해 듣고 보훈처에 등록한 상태다. 국가가 나서 일일이 개인의 복지혜택을 챙겨줄 수는 없지만 행정 편의주의 간판 뒤에 숨어 안일한 보훈행정을 펼치고 있다는 인상을 지울 수 없다.

국방부와 병무청, 국가보훈처, 미8군 한국군지원단 등이 고엽제 살포 업무에 연관되었던 카투사 출신 예비역들을 찾아내 해당 사항을 주지시키고 보상작업에 착수하여야 한다.

아울러 전방 지역에 거주하는 민간인들의 고엽제 피해보상 문제를 짚고 넘어가고자 한다. 대한민국 국가보훈처는 현재 1967년 10월 9일부터 1972년 1월 31일까지 남방한계선 인접지역에서 근무한 군인과 군무원에 한해 고엽제 노출 피해를 인정하고 있다.[28]

정부는 1959년부터 1973년까지 북한의 선전촌 건설에 대응해 99개 자립안정촌, 12개 재건촌, 2개 통일촌을 각각 조성하였다.

---

28) 『연합뉴스』 2015년 1월 13일자.

〈그림 Ⅶ-11〉 고엽제 환자 증명서

같은 예비역 병장들이지만 고엽제로 고통 받는 관리 주체와 대상, 증상 등이 천차만별이다.

사진=김종환·박기수·오필환 카투사 예비역 병장

이 가운데 통일촌 생창리는 1970년 10월 제대 군인 100 가구가 이주해 세워졌다. 원주민은 3가구에 불과하였다.

정부는 제대군인들에게 당초 논, 밭 3천평씩 제공한다는 약속을 하였지만 실제로 논 900평과 밭 500평을 나눠주었다. 이에 주민들은 고철을 팔아 생계를 유지하면서 스스로 삽과 낫을 들고 농지를 넓히는 개간 작업에 착수하였다. 이 과정에서 농토 곳곳에 뿌려진 고엽제로 피부 발진과 천식 등에 시달렸고, 매설된 지뢰가 터지는 바람에 발목이 잘리거나 사망하는 경우도 속출하였다. 하지만 민간인에 대한 고엽제 피해보상 논의 자체가 불가능한 현실이다.[29]

강원도 민통선 지역에 사는 일부 주민은 녹색연합과 인터뷰에서 "1971년 DMZ 시야 확보를 위해 불모지 작업을 하면서 고엽제를

---

29) 고엽제 후유의증 등 환자지원 및 단체설립에 관한 법률은 남방한계선 인접지역에서 병역법과 군인사법 또는 군무원 인사법에 따른 군인이나 군무원으로서 복무하였거나 고엽제 살포 업무에 참가하고 전역·퇴직한 자를 대상으로 한다. 하지만 정전협정 등에 따라 비무장지대에 거주하는 대성동 주민들은 고엽제에 노출되었을 가능성을 배제할 수 없다.

살포하는 작업을 진행하였고 목책 주변으로 풀이 자랄 때마다 수시로 작업을 지원하였다"며 "지역 군부대 요청으로 주민들이 고엽제 살포에 동원되었고, 현장에서 미군이 고엽제 이동과 살포를 감시하였다"고 주장하였다.[30]

주민 김모(86) 씨의 경우 1973년부터 온몸이 가렵고 새빨간 점이 생기면서 진물이 나는 이상한 피부병을 앓았다고 한다. 그는 돼지고기나 닭고기, 술을 입에 대면 온몸이 가려워서 밤새 잠을 이루지 못하는 고통에 시달린다고 호소하였다.

당시 마을 주변에 근무하면서 제초제를 철모에 담아 휴전선 초소 주변에 뿌렸던 군인 가운데 일부는 폐병이 걸리거나 심지어 눈이 먼 경우까지 발생하였다고 한다. 이에 따라 나병 환자를 전문적으로 치료하는 피부과 전문병원을 전전하면서 연명하다 엄청난 치료비를 감당 못해 스스로 목숨을 끊는 경우도 발생하였다.

이에 따라 정부가 대성동과 통일촌, 재건촌, 자립안정촌 등 비무장지대 일대에 거주하였거나 거주 중인 민간인들의 고엽제 피해 실태를 조사해야 하며, 상응한 보상작업이 이뤄져야 한다. 고엽제 피해에서 민간인이라고 예외일 수 없다. 민간인과 군인을 가리지 않고 인간의 육신과 영혼을 파괴한 고엽제 악몽에서 벗어날 수 있도록 대책 마련이 이뤄져야 한다.

---

30) 『연합뉴스』 2011년 5월 25일자.

버림받은 영혼들의 안식처
— 파주 적군묘지

오호, 여기 줄지어 누워있는 넋들은
눈도 감지 못하였겠구나.

어제까지 너희의 목숨을 겨눠
방아쇠를 당기던 우리의 그 손으로
썩어 문드러진 살덩이와 뼈를 추려
그래도 양지 바른 두메를 골라
고이 파묻어 떼마저 입혔거니

죽음은 이렇듯 미움보다도, 사랑보다도
더 너그러운 것이로다.

　　　　　　　　　- 구상, 적군묘지 앞에서. 초토의 시 8 -

<그림 Ⅶ-12> 북한을 바라보는 적군묘지 전경   사진= 유영호

　한국전쟁이 끝나고 전국 곳곳에 북한군과 중공군 전사자들의 유해를 묻은 '적군묘지'가 조성돼 있었다. 대표적으로 대전광역시 서구 괴곡동 시립 공설묘지와 경기도 남양주시 백석면 복지마을, 강원도 인제군 인제읍 광치령 등을 꼽을 수 있다. '북괴군 소위 김덕만' 등 신원이 확인된 묘 4기와 무명인 묘 6기 등이 대전 시립공설묘지에 잠들어 있었고, 북한군 제124군부대 29명은 복지마을 양지 바른 언덕에 누워 있었다. 같은 부대 소속으로 울진·삼척 지구에 침투하였다 숨진 공작원들은 광치령 고개를 안식처로 삼았다.[31]

---

31) 김중태 장편소설 설촌별곡(실천문학사, 1990)은 북한군 병사 한 명이 적군묘지에 묻힌 아버지의 묘를 방문하고 북한으로 돌아가던 중 자신을 추격하다 낙오된 국군 병사와 대화를 나눈다는 내용이다. 소설의 소재가 된 적군묘지가 광치령 고개 묘지다.

하지만 뿌리 깊은 반공의식과 행정 기관의 관리소홀, 지역 주민들의 민원청구 등으로 그럴 듯한 관리는 고사하고 정확한 실태 파악조차 쉽지 않았다. 이에 따라 국방부는 1996년 6월 남방한계선에서 불과 5km 떨어진 경기도 파주시 적성면 답곡리 산 55번지 일대에 '북한군·중국군 묘지'(일명 적군묘지)를 조성하였다. 전국에 흩어져 있던 북한군과 중공군 유해 109구를 780평 규모의 적군묘지에 안장한 것이었다.

한국전쟁 이후 무장공비 시신 51구, 임진강과 한강으로 표류한 북한 주민의 시신 9구, 대한항공 폭파범 시신 1구 등 모두 61구가 한국전쟁과 무관한 시기의 북한군과 공작원들로 확인되었다. 비록 적군이라도 사망하였을 경우 매장한 후 봉분을 세워 존중해야 한다는 제네바협정 추가의정서 34조에 따른 조치였다.

특히 양지 바른 남향에 묘역을 조성하는 통상적 개념과 달리 적군묘지는 임진강 건너 북녘 땅을 바라보게 배치하였다. 북한군 또는 남파 공작원들이 살아서 돌아가지 못한 고향 땅을 죽어서라도

〈표 VII-2〉 적군묘지 북한군 안장 실태(2018년 4월 기준)

구 분	묘지 조성 이후	묘지 조성 이전	한국전쟁 이후 전사자	합 계
1 묘역	33	60	61	154
2 묘역	689	0	0	689
계	722	60	61	843

자료 제공: 익명의 공익 제보자

바라볼 수 있도록 배려한다는 발상에서 비롯되었다. 임진강이 북한군 또는 공작원들에게 생과 사의 갈림길로 작용하였고, 육신이 한 줌 재로 임진강 아래에 묻힐지라도 혼이라도 강을 건너 고향으로 돌아가도록 조치한 것이었다.

파주 적군묘지 조성을 입안한 이광길 3군사령부 군수처장(육군 소장)은 연합뉴스와 인터뷰에서 "제네바협정에 따른 인도적 차원과 통일에 대비한 민족 공동체 입장에서 이 같은 계획을 세웠다"면서 남파간첩의 사체 안장에 대해 "우리사회 정서와 맞지 않을 수 있지만 애꿎은 목숨만 희생시키는 등 더 이상 무모한 행동을 해서는 안 된다는 점을 북한 측에 인식시켜주기 위해 안장하고 있다"고 설명하였다.[32]

인근에 주둔한 육군 제25보병사단 70연대 3대대가 묘역 관리를 담당하였고, 2000년 6월에 제2묘역을 조성하였다. 2018년 국방부는 묘지 관리 업무를 경기도청에 이관하였으나 묘지 관리가 제대로 이뤄지지 않는다는 지적이 잇따랐다.[33]

---

32) 안장된 사체 중 신원이 밝혀진 북한군은 조명환, 권호선(권호신), 송동수, 한수재(현수재), 김순국, 김일태, 김덕만, 박양조, 박기철, 김을식, 김봉환, 김수윤, 박양신(방양진), 김창국, 한수근, 곽재철, 최준일, 김달선(김달신), 유영호(유형호), 나정길, 김길수, 임용택, 강봉범, 한학섭, 김춘식, 김시응 등이다. 『연합뉴스』 2000년 2월 13일자. 적군묘지 무덤에는 무명인 4명 포함되었고, 생존자 김신조씨를 감안하면 총 31명이다. ()안 표기는 적군묘지 묘비에 실제로 새겨진 이름들이다. 연합뉴스 보도 내용과 실제 표기가 다른 이유를 확인하기 어렵지만 참고를 위해 남겨 놓는다.

33) 적군묘지 관리 주체가 국방부에서 경기도로 이관된 이후에 부실 관리 논란이 끊이지 않고 있다. 남북관계의 특수성을 감안해 각종 인도주의 사업을 진행한 대한적십자사가 맡아야 한다는 게 필자의 입장이다. 대한적십자사는 북한의 조선적십자회와 함께 적군묘지 유해 송환에 대해 논의를 시작해야 한다. 2014년 이후 5년 동

민간 차원에서는 천주교 의정부교구는 매년 인도주의적 차원에서 위령 미사를 집전하고 있으며, 2000년 6월 남북정상회담 개최와 한국전쟁 발발 50주년을 맞이해 불교 단체가 해원 천도재를 거행한 바 있다.

북한은 1968년 1·21 사태 이후 20여 차례에 걸쳐 무장간첩 및 공비를 남파하였으나, 매번 자신들과 무관한 일이거나 남한의 '자작극'이라고 우기는 바람에 북한군 시체 송환이 제대로 이뤄지지 않았다. 이로 인해 남파공작원들은 자신들이 생전에 꿈꾸었던 평양 대성산 '혁명 렬사릉'이 아니고 남한 파주의 적군묘지에 안장되는 상황이 벌어졌다.

이례적으로 북한은 1996년 12월 29일 동해안 잠수함 침투사건에 대해 유감을 표명하면서 재발방지 노력을 약속하는 사과성명을 발표하였다.[34] 북한 인민무력부는 대변인 성명을 통해 "북한 해역에서 정기훈련을 하던 중 엔진고장으로 표류해 (남한의) 강릉 해안의 암초에 좌초됐으며 승무원들은 무력 충돌의 위험이 있었지만 남한 땅 상륙 이외에 다른 선택 방안이 없었다."며 잠수함과 승무원 시신 송환을 요구하였다.

안 중공군 유해는 중국 측에 모두 송환되었듯이 이제 남은 북한군 유해들을 북한의 가족 품에 돌려줘야 한다. 아울러 북한 지역에 묻혀 있는 한국전쟁 전사자 유해 송환도 동시에 추진되어야 한다.

34) 북한이 외교부 대변인 명의로 내놓은 사과성명의 주요 내용이다. "조선민주주의인민공화국 외교부 대변인은 위임에 의하여 막심한 인명 피해를 초래한 96년 9월 남조선 강릉 해상에서의 잠수함 사건에 대하여 깊은 유감을 표시한다. 조선민주주의인민공화국은 그러한 사건이 다시 일어나지 않도록 노력하며 조선반도에서의 공고한 평화와 안정을 위해 유관 측들과 함께 힘쓸 것이다." 『연합뉴스』 1996년 12월 29일자.

이로 인해 이튿날 잠수함 침투사건으로 사망한 무장공비 유해 24구가 사고 잠수함과 함께 판문점을 통해 북한에 송환되었다. 북한이 먼저 승조원과 무장공비 명단을 유엔사 측에 넘겨주고, 생포된 무장공비 이광수가 작성한 공비 명단과 대조한 뒤 일체의 의장행사를 생략한 채 유해를 인도하였다. 이로써 정전협정 체결이후 처음으로 무장공비 유해를 북한 측에 넘겨주는 공식 사례를 기록하였다.

한편 박근혜 대통령은 2013년 6월 중국을 방문하던 중 청화대학 연설을 앞두고 파주 적군묘지에 묻혀있던 중공군 유해들을 넘겨주고 싶다는 의사를 밝혔고, 2014년 437구, 2015년 68구, 2016년 36구, 2017년 28구, 2018년 20구 등이 압록강을 60여년 만에 다시 건너 중국 랴오닝성 선양(瀋陽) '항미원조(抗美援朝) 열사능원' 부지에 안장되었다.

이로 인해 중공군 유해들이 모두 송환되었고 북한군 유해들만 남아 있기 때문에 북한군·중공군 묘지에서 북한군 묘지(北韓軍墓地, Military Cemetery for North Korean Soldiers)로 공식 명칭이 바뀌었다. 중공군이 묻혀 있을 당시 적군묘지를 찾아오던 중국인 관광객들의 발길이 눈에 띄게 뜸해졌다고 지역 주민들은 전하였다.

하지만 아직도 일반인과 국내 언론 등은 통상 적군묘지로 부르고 있다. 외형상으로 보기엔 적군묘지는 크게 변화하지 않았다. 특이한 점은 묘지 입구의 간판에는 한글과 영어, 중국어 등 3개 국

<그림 Ⅶ-13> 눈처럼 꽃처럼 지는 운명　　　　　사진= 와인대사 휴고 안

어로 묘지조성 경위와 실태를 소개하고 있다.[35]

　이제 파주 적군묘지 공은 북한으로 넘어갔다. 북한이 과거 불행하였던 시절에 감행한 여러 무력도발을 통 크게 인정하고 재발 방지를 약속하면서 공작원들의 시신을 받아들여야 한다. 지령을 받고 침투한 북한군들이 생존자이든지, 유해이든지 엄연히 증거물로

---

35) 중국은 한국전쟁에 참여한 주체가 정규군인 인민해방군이 아니라 지원병인 중국 인민지원군이었다며 전쟁 참여에 대한 책임에서 한발 물러서 있었다. 민간인들이 스스로 자원해 전쟁터로 달려갔기 때문에 중국 정부 차원에서 사과를 하거나 책임을 질 수 없다는 입장이었다. 하지만 한국 정부가 중공군의 시신을 수습해 공동묘지를 조성한 뒤 한·중 정상회담을 통해 정중하게 유해반환을 제의하니 더 이상 '나 몰라라' 할 수 없게 되었다. 중국 정부는 한국에서 넘겨받은 유해들을 한국과 가장 가까운 랴오닝성 선양에 조성한 '항미원조 열사능원'에 안치하였다. 사실상 한국전쟁 참여를 인정한 셈이고, 한국 정부의 화해 방식을 받아들인 것이라 볼 수 있다. 『진도투데이』 2020년 12월 17일자.

〈그림 VII-14〉 북한의 성묘 풍경   사진=연합뉴스

존재하는 마당에 언제까지 '모르쇠'로 일관할 수 없는 일이다.[36]

    산 설고 물 선 남한 땅에서 정처 없이 떠도는 북한군 원혼들을 하루 빨리 북한 가족들의 품으로 돌려보내야 하기 때문이다. 구상 시인의 시구에 나오는 것처럼 돌아가야 할 고향 땅을 삼십 리 앞두고 눈도 감지 못하고 줄 지어 누워 있는 북한군 넋들을 진정으로 위로해 주어야 한다.

    무엇보다 유해 송환을 비롯한 인도주의 사업을 정치적 사안과 분리해 진행시켜야 한다. 파주의 적군묘지에 묻혀있던 한국전쟁 전

---

36) 김태광 대한적십자사 사무총장은 국방부와 경기도가 적군묘지 관리 문제로 마찰을 빚고 있다면서 "한적이 인도주의 차원에서 북한군 묘지를 관리할 의지가 있다"고 밝혔다. 『연합뉴스』 2021년 3월 7일자.

〈그림 Ⅶ-15〉 파주 적군묘지

성모 마리아가 적군묘지에서 북한군 무명용사의 안식처를 내려다보고 있다. 미2사단 출신 카투사 예비역들이 적군묘지를 둘러보고 있다.

사진=필자 촬영, 2021년 2월

사 중공군의 유해 589구가 압록강을 건너 중국 땅에 안장되었다. 북한과 함께 조·중 연합사령부를 구성하였던 중국이[37] 유해인수를 통해 한국과 새로운 관계를 모색하고 있다.

중국과 동맹 관계를 만들었던 북한이 다른 명분을 내세워 한국전쟁 유해 인수를 거절할 명분이 없어진 셈이다. 남북 분단과 한국전쟁으로 발생한 상처를 보듬고, 상호 비방과 대결 구도에서 화해와 용서의 마당으로 가는 해법을 이곳 적군묘지에서 찾아야 한다.

---

37) 문관현, "한반도 평화체제 논의에 따른 유엔군사령부 변화에 관한 연구", pp.162-166

제 8 장

맺음말

– 임진스카웃과 CAC의 재평가를 위한 제언

사진=연합뉴스

임진스카웃과 CAC의
재평가를 위한 제언

제2차 세계대전이 끝나고, 미국과 소련이 국제무대에서 양극체제를 형성하였다. 미소 양국은 핵무기와 운반수단의 질적, 양적 발달을 이뤘지만 실제론 핵공격의 가능성이 반비례해 줄어들었다. 이로 인해 상호억제에 의한 핵교착 상태(Nuclear Stalemate)가 조성되었고, 공산주의자들은 핵전쟁에 의한 파멸을 피하면서 세력팽창을 추진하는 혁명전쟁, 해방전쟁이라는 제3의 전쟁형태를 발전시켰다.[1]

북한은 대남혁명전략 3단계를 완성하였다. 제1단계(1953-1962)는 북한을 혁명기지로 삼고 정치·경제·군사적 역량을 강화해 나가기로 하였다. 제2단계(1962-1969)는 남한에서 혁명역량을 강화하는 방안이었다. 구체적으로 1967년을 전쟁준비 완료와 대한민국 분쟁 조성을 위한 시험의 해로 선정하고 대대적인 준비에 착수하였다. 1968년과 1969년을 대대적인 침투 및 베트남전쟁과 같

---

1) 임동원, p.34.

〈그림 Ⅷ-1〉 경의선 철도연결 사진= 국가기록원

은 후방교란 작전을 감행해 전쟁도발의 기운을 성숙시키고, 1970
년을 전후해 속전속결에 들어간다는 계획을 세워놓았다. 마지막
제3단계는 1970년 이후로 국제적 혁명역량 잠재력과 남한 주민의
혁명 잠재력을 결합시키고자 하였다.

　최영희 국방부 장관은 1968년 3월 제63회 국회 국방위원회에
참석해 "장차 북괴가 기도하는 전쟁양상은 6·25와 판이한 전후방
이 없는 전쟁양상이 전개된다"고 북한의 달라진 전쟁음모를 소개
하였다. 그는 "특히 중공, 월맹, 북한 등은 미국, 소련이 전면전쟁을
극력 회피하고 있음을 시기적절하게 역이용하면서 적들은 월남에
서 행하고 있는 것처럼 자기들이 원하는 장소와 시기에 첫 단계의

침략시도로서 전후방 구분 없이 세균처럼 파고들어 점차 확대시키는 일면 세균작전 또는 표면화되지 않은 전쟁을 우리에게 강요하면서 정규전을 계획적으로 회피하고 우리를 극도로 교란시켜 무력에 의한 강점의 기운이 성숙되면 정규 및 비정규전을 동시에 병행하여 대거 강점해버리는 전략을 기본으로 삼고 있다"고 주장하였다.

구체적으로 베트남과 라오스 기타 지역에서 분쟁이 확대되거나 격화돼 미군 지상군 증원역량이 한국에 즉각적으로 도달하지 못한다고 판단되면, 부산을 교두보로 삼고 호남과 호서 지역에 무장공비와 공수 또는 상륙부대를 투하하거나 상륙시켜 기습공격을 감행하면서 동시에 휴전선을 넘어 대거 남침한다는 속전속결의 전략을 간파한 것이었다.

한국전쟁의 포성이 멈춘 지 13년 만에 한반도는 또 다른 '3년 전쟁'의 소용돌이에 휘말렸다. 비무장지대에서 저강도 분쟁이 일상화되었던 1966년 10월 5일부터 1969년 12월 3일까지를 '소(小)전쟁', '제2의 한국전쟁' 또는 '한반도 비무장지대 분쟁', '조용한 전쟁' 등으로 표현한다. 한국군 299명이 희생되었고 미군은 75명이 전사하였으며 북한군은 397명이 숨지는 등 사상자가 무더기로 발생하였다.

주한미군은 1966년 9월 초 찰스 본스틸 사령관의 취임을 계기로 한국방위계획(Defense of the Republic of Korea)에 코페르니쿠스적 전환을 맞이하였다. 기존의 고리타분한 미 육군 교리로는 긴박하게 전개되는 한반도 저강도 분쟁에 대처하기 어렵다고 판단하였다. 이전에는 북한군 정규 병력이 비무장지대를 통과해 남침하는 것을 저지하는데 주력하였지만, 새로운 비정규 게릴라전에 대비하지 않으면 안 되었다.

본스틸 사령관은 1966년 11월 2일 북한군 비무장지대 습격을 계기로 주한미군에 다수의 희생자들이 발생하자 특별근무단을 구성하였다. 그는 무엇보다 한국이 스스로 한국 방위를 책임져야 한다고 생각하였다. 본스틸 사령관은 제2의 한국전쟁에 대비한 방안을 수립하는 과정에서 한국군이 방위계획에 반드시 참여해야 한다는 제1원칙을 내세웠다

1967년 1월 완성된 유엔군사령부의 '대침투 게릴라 개념 요구계획(Counter Infiltration-Guerrilla Concept Requirements

〈그림 Ⅷ-2〉 이승만 대통령 한미연합군 부대시찰 　　　　　　　사진= 국가기록원

plan)' 보고서와 한국의 대통령 훈령 18호는 북한의 비정규전 압박에 맞서는 미래연합작전 과정을 보여주었다. 박정희 대통령은 간첩에 대한 개인 식별부터 지역사회의 소요사태까지 일체의 사건을 담당할 지휘계통을 공식화하였다.

　미국 태평양사령부는 같은 해 11월 27일 유엔군사령부의 대침투 계획을 승인하였고, 한국 정부는 12월 중순 미국이 무엇보다 대침투 계획을 철저히 시행한다면 베트남에 한국군 경(經)사단을 추가 파병할 수 있다는 입장을 피력하였다. 유엔군사령부 대침투 계획에 대한 한국 정부의 반응이 예사롭지 않았다는 사실을 확인할 수 있다.

본스틸 사령관은 감시초소를 지원하기 위해 철책선과 백그라운드를 조합한 새로운 '통합장벽시스템'을 도입하였다. 유엔사는 북한군 침투를 막기 위해 4단계 방어망을 구축한 것이었다. 즉 DMZ 순찰 활동과 감시초소(Guard Post) 설치, 새로운 장벽시스템, 침입자를 탐색하고 저지시키며 격파하는 새로운 기동타격대(QRF) 가동 등 4단계로 요약할 수 있다.

비무장지대 남방한계선 이남 지역에는 정전협정이 적용되지 않았기 때문에 유엔군사령부는 북한군 침투요원들을 탐색과 지연, 무장해제하기 위해 모든 수단과 방법을 동원하였다.

1968년 중순을 계기로 248km 휴전선 일대 전체에 대해 철책선 공사를 마무리하였다[2]. 3m 높이의 철책선은 상부에 3중 윤형 철조망이 설치되었다. 바닥에는 콘크리트로 기초를 다졌고, 철재 말뚝으로 지지대를 만들었다. 침입자의 발자국을 추적하기 위해 철책선을 따라 입자가 고운 모래를 깔아놓았다.

모래밭 아래쪽에는 쟁기와 전기톱, 도끼, 고엽제 등을 동원해 너비 120m 개활지를 만들어 일명 '킬존(Kill Zone)'을 조성하였다. 킬존에는 지뢰와 철사망(tanglefoot wire) 등을 전면에 깔아놓았고, 최후의 보루로서 기관총 진지를 배치하였다. 포격 요청이 들어오면 언제든지 박격포와 야포 공격까지 퍼부을 수 있도록 조치하였다.

---

2) 한국군 3사단이 1967년에 이어 1968년 7월 3일부터 10.7㎞, 미7사단이 16㎞ 구간에 대해 철책선 공사를 실시해 총 32.4㎞ 구간에 대한 철책선 설치공사를 마무리하였다. 제5군단, 『승진30년사(1953.10.1~1983.10.1)』 이규연의 스포트라이트, 「DMZ 요새화 비사 추적!」, JTBC 2020년 6월 25일 방송.

한국 정부는 한강을 중심으로 한 수도권 방위선을 임진강까지 북상시켰다. 휴전선에서 수도 서울까지 견고한 5중 방어선을 구축하기 위해 미국이 추가군원 1억 달러 이외에 상당액을 별도로 지원하기로 합의하였다.

만약 한반도에서 전면전이 발발하면 천연장애물이 있는 한강 이남으로 전략적 후퇴를 했다가 반격하는 기동방위전술을 폐지하기로 하였다. 대신 기존의 주둔지를 그대로 지키며 싸우는 고수방어전술을 채택한 것이었다.[3]

그러나 한국군 또는 미군 해군시설 주변에 소수의 해상 레이다 기지가 설치되었을 뿐이었고, 한국 해군과 공군 모두 장거리 정찰 항공기와 고성능 레이다, 적절한 통신시설 등을 제대로 갖추지 못하였다.

한국의 해상 장벽 시스템은 야심작이었지만 실제로 북한의 침투를 막아내기에는 역부족이었다. 1967년 4월 한국 해군 순시선과 공군 전투기들이 북한 간첩선을 침몰시킨 합동작전이 유일한 성과로 기록되었을 정도다.[4] 오히려 군인보다 민간인들의 기여도가 훨씬 두드러졌다.

향토예비군들이 지역에서의 정규군 공백을 훌륭하게 메웠다. 박정희 대통령은 1967년 5-6월 선거철에 서울에서 데모와 소요 사태가 잇따르고 북한 게릴라부대의 활동이 두드러졌지만 군사력 동원을 자제하였다. 대신 육군 병력과 예비군, 백여 명 단위로 구성

---

3) 『조선일보』 1968년 6월 18일자.
4) Finley, US Military Experience in Korea, p.117

된 전투경찰 중대들로 구성된 군 기동타격대를 이용하였다.

한국의 대간첩작전은 열정이나 규모에서 부족함이 없었지만, 오히려 북한에 동기를 부여하였다. 북한군과 접전 횟수가 많지 않고 북한의 정규전 위협에 제대로 대응하기 어려울 때 정규군과 경찰 병력을 잇따라 대간첩작전에 투입해도 문제가 없었다.

1967년 1년 동안 진행되었던 대간첩작전으로부터 교훈이 기록되었고 분석되었다. 한미 양국은 1967년 연말까지 중요한 2개의 문건을 발간하기로 합의하였다. 유엔사의 '대침투게릴라 개념요구 계획'과 한국의 대통령령 18호는 북한의 비정규전 압박에 맞서는 미래연합작전과정을 보여주었다.

유엔사 계획은 해당 연도의 성공적인 임기응변 내용들을 성문화하였고, 비무장지대와 해안선, 내륙 등을 다뤘다. 계획의 핵심내용은 헬리콥터와 무전기, 제논 탐조등, 야시경, 철책선 등을 열거한데 있었다.

미국은 돈을 필요로 하였고, 한국은 시간을 벌어야 하였다. 학습 단계에서 엄청난 희생에도 불구하고, 한국은 온전하였고 강하였다. 본스틸 사령관은 순조롭게 진행되고 있다고 생각하였다. 하지만 제2의 한국전쟁이 1월의 눈발 속에서 최악의 상황을 맞이하는데 시간이 오래 걸리지 않았다.

본스틸 사령관은 주한미군 병력들을 대간첩작전에 기동타격대로 투입하는 대신 평범하지만 중요한 DMZ 경계 업무에 전념함으로써 화력 사용을 최대한 자제하였다. 이로 인해 첨단 장비로 무장한 미군들이 철책선과 소부대 전술을 적절하게 배합해 북한군 침입자들을 저지하기 위한 중요한 실험을 해보는 계기가 되었다.

미군이 완성한 수색기법은 한국군에도 기준으로 적용되었다. DMZ 업무는 미군의 전통적인 수색기법과 아주 유사하였고 미군의 역할 확대를 엄격하게 통제하는 대신 한국군에 전투 능력을 대거 부여하였다. 1966년부터 3년 동안 비무장지대 수색에 직접 참가한 자들은 경험을 통해 알게 되었다. 한국군 입장에서는 이후 비무장지대에서 교전이 발생할 경우에 대비해 유용한 자료가 될 것이다.

이 같은 비무장지대 방어 구상은 미2사단이 만든 임진스카웃 프로그램으로 더욱 구체화되었다. 미2사단은 1965년 가을 해외 분쟁 현장에서 최초로 '고급전투훈련교육대(ACTA)'를 설립한 뒤 150명을 대상으로 유격훈련과 탐색전술, 산악훈련, 수색연습, 외국무기 브리핑, 비무장지대 이론과 실습 등에 대한 교육을 실시하였다.

ACTA는 총 262시간 3주 교육을 마치면 임진스카웃 자격을 부여하면서, 특유의 패치를 착용하도록 허용하였다. 임진스카웃들이 비무장지대에서 근무하면서 보다 체계적이고 효율적인 방어망을 구축하였다.

매년 1,800명 안팎의 임진스카웃이 배출되었고, 이들이 비무장지대에 투입되면서 북한군 침투조들이 설 땅을 잃어갔다. 한미 양국의 통합장벽시스템에 따라 지상군 침투가 힘들어지자 북한군은 공수 및 상륙 경보병부대를 창설하는 등 주요전력에 대한 증강계획에 착수하였다.

북한군은 1965년 말부터 12개 연대·여단 규모의 비정규전 부대를 양성하였다. 북한은 1967년 비정규전과 게릴라전을 수행하기 위해 특수부대인 제124군부대와 제283군부대를 각각 창설하였다.

하지만 1968년 한 해 동안 청와대 기습 작전과 울진·삼척 침투 사건 등이 비참한 실패로 귀결되자 1969년 1월 기존의 2개 특수부대를 해체하고 특수8군단을 창설하기에 이르렀다. 북한의 특수부대는 방어 목적이 아니고 한국을 공격하기 위해 창설되었다.

북한은 특수8군단 비정규전 병력을 투입해 무력도발을 일삼고, 주한미군은 임진스카웃 프로그램으로 맞서는 한국판 '창과 방패 대결'이 벌어졌다. 이로 인해 제2의 한국전쟁은 주한미군 임진스카웃과 북한군 특수8군단의 대결 구도로 압축될 수 있다. 김신조는 "북한에 특수8군단이 있는 한 남침의 가능성이 상존하며, 이 부대가 해산될 때 비로소 한반도에 평화를 기대할 수 있다."고 주장하였다.[5]

오늘날까지 지속되는 비무장지대의 대치구도가 1960년대 후반 체계화되었고, 북한이 비정규군을 동원해 게릴라전을 전개하는 양상은 당시 도입되었다. 북한은 세계 최대 규모로 알려진 특수부대를 양성해 실전에 투입할 준비 태세를 갖추고 있다. 이처럼 남북 분단과 대결 구도가 모두 제2의 한국전쟁을 거치면서 틀을 갖추게 되었다.

---

5) 북한연구소 편집부, 『북한총람』 (북한연구소, 1983), p.853.

주한미군의 비무장지대 방어 임무는 1991년 10월 초 한미 간 10대 주요 임무 전환 합의를 계기로 주한미군에서 한국군으로 넘어갔다. 한미동맹은 한국전쟁과 비무장지대 분쟁을 거치는 과정에서 기반을 조성하였고, 임진스카웃은 양국에 대해 연결고리 역할을 수행하였다.

한국과 미국이 한국전쟁 전면전에 이어 임진강 일대에서 벌어진 저강도 분쟁에서 혈맹(Blood Alliance)과 전우(Comrade)로서 역할을 성공적으로 수행하였다. 그 중심에 주한미군에 증원된 한국군 요원, 카투사들이 자리 잡고 있다.

하지만 임진스카웃은 북한의 악명 높은 특수8군단에 비해 제대로 알려지지 않았다. 당시 여론의 관심이 온통 베트남전쟁에 집중되었고, 한국군에 대한 작전통제권이 미국의 수중에 넘어간 상태였기 때문으로 분석된다. 1960년대 후반 경기도 파주라는 시간적, 공간적 영역이 한반도 역사에서 사라졌고, 북한군 특수부대의 도발침투를 막기 위해 싸우다 희생당한 우리 군경의 노력이 빛을 잃었다.

얼빠진 한국의 지방자치단체들은 북한군 침투조가 통과한 휴전선 철조망 주변에 역사공원을 조성하였고, 김신조 일당의 침투 루트를 관광자원화하였다. 심지어 서울지방경찰청은 김신조 일당이 은신하였던 장소에 조형물을 설치하는 등 김신조 일당의 침투행위를 부각시키고 있다.

북한의 무력도발에 대해 경각심을 일깨워야 한다는 당초 취지는 사라지고, 오히려 북한군 띄우기 작업에 골몰하는 인상을 던져준다. 그야말로 주객이 전도된 상태로 안타까움을 넘어 서글픔을 금할 수 없다. 누구를 추모하며 무엇을 기억해야 하는지 엄중히 묻고 싶다.

북한군 특수부대 31명이 청와대 기습공격을 감행하였다는 사실을 누구나 알고 있지만, 이들의 침투도발을 막아내는 과정에서 민간인 5명을 포함해 모두 31명이 안타깝게 희생하였다는 점을 떠올리는 국민들은 좀처럼 찾아보기 힘들다.[6] 함께 간첩소탕작전에 동참한 미2사단 병사 4명이 전사하고 10명이 부상당하였다.

우리들이 카투사들로 구성된 미2사단 기동타격대 CAC 존재와 활약을 기억해야 하는 이유는 따로 있다. 미군부대에 한국군 별동대를 창설해 최전방 기동타격대로 운영한 사례는 없다. CAC가 북한군 침투조를 전원 몰살시킨 9·19 대간첩작전의 전과는 주한미군 역사에서 좀처럼 찾아보기 어렵다.

'올라운드 플레이어'로서 맹활약한 CAC는 대대별로 지역방어 임무를 수행한 임진스카웃과 함께 미2사단이 비무장지대 최전방을 지키는데 양대 축을 형성하였다. 임진강 이북에서 군사분계선 이남까지 한반도 분쟁과 대결의 공간을 방어하는데 CAC-임진스카웃이 '쌍끌이' 역할을 수행하였다.

임진스카웃의 역사적 존재를 재조명함으로써 땅에 떨어진 한미

---

6) 1968년 1월 20일부터 2월 3일까지 15일 동안 한국군 16개 부대 19,186명이 참여한 소탕작전에서 장교 5명과 병사 21명이 전사하였고, 51명이 크고 작은 부상을 입었다. 국방부 군사편찬연구소, 『국방사건사 제1집』(2012), p.119; 『대침투작전사 전사연구 제6집』 p.370; 국방군사연구소, 『대비정규전사 II(1968~1980)』, pp.46-47.

〈그림 Ⅷ-3〉 1·21 역사공원　　　　　사진= 임재현 38보병1대대 예비역병장

동맹의 가치를 되새겨보고자 하였다. 한국과 미국이 제2의 한국전쟁에 공동 대처해 북한군의 무력도발 망상을 깨트렸고, 한미동맹의 중요성을 확인하는 성과를 올렸다.

　더 이상 늦기 전에 한미 공존의 그늘에 가려져 있는 임진스카웃과 CAC에 대한 재평가 작업이 이뤄져야 한다. 아울러 방치된 전투현장을 복원해 역사의 공간으로 공유하지 않으면 안 된다. 바로잡지 못한 역사는 반드시 되풀이된다는 사실을 명심해야 한다.

이제 칼과 창을 버리고 보습과 낫을 만드는 한반도 평화체제 구축작업에 나서야 할 시기가 도래하였다. 전쟁의 골짜기에서 벗어나 평화의 바다로 가기 위해선 어떠한 무력도발도 용납해서는 안 된다. 한반도 무력분쟁이 재발할 경우 언제든지 제압할 수 있도록 '제2의 임진스카웃', '제3의 임진스카웃'을 양성해 나가야할 시점이다. 급변하는 한반도 정세는 "평화를 원하거든 전쟁에 대비하라(Si vis pacem, para bellum)"는 라틴 속담처럼 유비무환의 자세를 요구하고 있다.

부록

〈부록 1〉 본스틸 장군 회고록

〈부록 2〉 북한의 도발 연표(1966-1969)

〈참고문헌〉

〈인터뷰 대상자 명단〉

사진= 국가기록원

〈부록 1〉 본스틸 장군 회고록

미 육군 전쟁대학과 미 육군 군사연구소가 1973년 공동 주관한 고위급 장교 구술사(史) 프로그램에 따라 로버트 세인트루이스 중령이 본스틸 예비역 육군대장을 인터뷰하였다. 다음은 인터뷰 내용 가운데 1966년부터 1969년 주한미군 시절을 발췌 요약한 것이다.

본스틸 장군 인터뷰 1966-1969[1]

질문자: 그럼, 화제를 돌려 미8군사령관과 유엔군사령관, 주한미군 사령관을 지냈던 1966년부터 1969년까지 시기에 대해 질문해 보겠다. 이 시기에 북한은 한국형 게릴라전이 '남조선 해방'에 성공적으로 적용될 수 있는지 여부를 집중적으로 시도해 보았다. 이 시기의 개인적

---

1) Lieutenant Colonel Robert St. Louis, 「General Charles H. Bonesteel Ⅲ Oral History transcript」(U.S. Army War College/U.S. Army Military History Institute's Senior Officer Oral History Program Project 73-2, 1973), pp.327-358.

경험들을 떠올려볼 수 있나요?

본스틸: 매우 도전적이었고, 엄청나게 보람 있는 시간들이었다. 이 방향에서 보면 그들은 약간의 허세를 부렸다. 나는 1966년 8월인가 9월에 부임하였고[2], 김일성은 10월부터 비무장지대에서 과거의 몇년과는 판이하게 달라진 '헌터 킬러'(hunter killer) 기습 공격을 수차례 저질렀다. 지난 가을에는 드물게 기습 공격을 감행하였지만, 이번에는 꽤 악랄하고 도발적이었다.

나는 미리 충분한 검토작업을 마쳤다. 비무장지대를 통해 남파한 간첩들이 (비무장지대 북쪽) 통문에 표시된 부대의 명칭 등을 그대로 적어올 정도로 어리숙한 '촌놈' 스타일에서부터 선동가, 북한에서 밀봉교육을 시킨 뒤 남파해 암약 활동하는 남한 출신 고정간첩을 양성하는 정치조직원까지 다양한 부류라는 사실을 알았다. 정보부서(G-2) 요원들을 일일이 접촉해 북한의 최근 정세를 파악하게 되었다. 이에 따라 과감한 조직 개편을 단행해 정보 분야를 보다 더 직접적인 기반 위에 올려놓았다.

나는 개인적으로 김일성의 지난 2년 동안 연설문을 구해 독파하였다. 대부분 공개된 내용이 많았지만 비밀 자료들은 별도의 방법을 통해 입수하였다. 흥미롭게도 김일성은 장래에 대한 전략들을 보여주면서 자신만의 '나의 투쟁'(Mein Kampf)을 완성해 나갔다. 공산주의자 시각에서 해석하면 그들이 진행하거나 최소한 추구하려는 것이 무엇인지 분명해졌다.

---

2) 본스틸 사령관은 1966년 9월 1일자로 유엔군사령관과 주한미군사령관, 미8군사령관 등에 부임하였다.

이에 따라 우리는 즉각적으로 비무장지대 침투에 대한 방어망 구축에 착수하였다. 다시 말해 우리는 한국군에 책임을 부여하기를 원하였다. 내가 알기론 DMZ와 전술 등에 대해 연구하는 조직을 운영하였고, 한국군 장교들을 스터디 멤버로 참여시켰다. 그들은 도대체 작전을 어떻게 하는지조차 몰랐다. 한국군 제1야전군사령부 지휘관들은 언급된 단어를 모두 검토하고자 하였다. 여하튼 꽤나 유용한 경험이었다. 여기서부터 우리는 행동 방침을 수립하였고, 그 무렵에 몇몇 간첩들과 소규모 특공부대를 체포하는 개가를 올렸다. 그런데 이들의 입으로부터 최악의 스토리들이 쏟아져 나왔다. 그들의 말을 전적으로 믿을 수 없었지만 자신들의 특수부대 조직 개편에 대해 사실을 말하였다.

김일성은 1964년 말 이른바 '대남공작' 사업을 집중적으로 육성하였다. 조국해방전쟁과 게릴라전의 장점을 극찬하였고, 훈련에 착수하였다. 동시에 재래식 전력을 정립해 나가는 한편, 지하 격납고와 무기공장 등을 설립하는데 북한의 전력을 강화하는데 엄청난 노력을 기울였다. 이와 함께 정규 기반시설 개발을 포함해 게릴라 방식 특공대 요원에 대한 훈련을 시작하였다. 북한은 남한과 마찬가지로 9개 행정구역으로 개편하였다. 각 도별로 500명 규모의 훈련팀을 운영하였다. 남한의 특정 지역을 염두에 두고 이들에 대한 훈련이 실시되었고, 실제로 사회 기반시설과 도지사, 유사 정부의 관료 등을 양성하였다.

실제로 북한은 침투요원을 양성한다는 목표로 특공대 방식으로 교육훈련을 시켰다. 북한은 또 초고속 공작선을 개발한 결과 길이

24-27m, 최고속도 35내지 40노트, 러시아제 디젤엔진 장착, 레이다 추적 방지를 위한 목재 선체, 특이하게 정교한 프로펠러 등을 갖추게 되었다. 공작선은 아르키메데스의 나선처럼 생긴 대체 날개를 장착한 초고속 공동방지 프로펠러들을 사용하였다.

이 같은 종류의 선박을 1-2척 체포하였을 때, 작전정보계는 실사팀을 파견하였다. 이들은 북한의 선박을 둘러보고 깜짝 놀랐다. 외관상 고기잡이배로 보이지만, 내부적으로 초고속 디젤엔진 3개를 나란히 장착하였다. 2개의 디젤엔진은 직접 연결된 샤프트를 통해 바깥쪽 회전날개들을 작동시켰고, 가운데 1개 엔진은 순항을 위해 사용되었다. 해당 엔진은 변속기를 장착하였고, 평범한 회전 날개를 구동하였다. 소음기를 설치해 마치 1개의 디젤엔진이 통통거리는 것처럼 들리도록 하였다. 해당 선박은 보통 어선처럼 수천 마일을 6노트 속도로 유유히 운항할 수 있으며, 3개의 엔진들을 동시에 풀가동하면 3분 이내에 무려 40노트까지 속도를 끌어올렸다. 유체 역학적으로 보면 선체 구조는 기발하였다.

정보 요원들이 나에게 선체 검토 결과를 설명하였다. 그들이 모두 떠나자 중위는 혼자 남아 "장군님, 끔찍하군요. 미 해군에서는 이러한 장비를 찾아볼 수 없습니다. 장군께서 평양에서 역외조달할 수 있을까요?"라고 살짝 농담을 던졌다. 어쨌든 우리는 각자의 업무에 복귀하였다.

나는 비무장지대에서의 교전수칙을 일부 개정하였다. 북한은 우리의 비무장지대 절반을 일종의 보호구역으로 활용하였다. 북한군은 비무장지대에 투입될 경우 3일 또는 4일 숙영하면서 미군 감시초소와 비무장지대 남단의 조그만 한국군 초소들을 정찰하다 기습공격을 퍼부었다. 이에 따라 우리는 규칙을 일부 수정하였다. 부대 운영에 대한 중요한 책임 가운데 일부를 극히 제한된 방법으로 합동참모본부에 돌려보냈다. 그들에게 승인을 요청하지 않았지만 반대할 기회를 부여하였다. 그래서 우리는 3천만 달러에 달하는 신청 명부를 작성하였다. 비록 시간이 오래 걸렸지만 국방부는 3천만 달러 상당의 물품을 제공하였다. 이 자금을 이용해 스타라이트를 포함해 다양한 야시경[3], 제논 탐조등, 감지장치, 해·공군용 통신장비 등을 구입할 수 있었다.

그 무렵 한국군과 함께 책임 소재에 대한 논의를 매듭지었다. 한국군이 전국적으로 대간첩작전에 대해 유엔군사령부가 책임지기를 원하였지만, 한국이 주권 국가임을 상기시키면서 유엔군사령부는 비무장지대와 해상침투만 책임진다는 사실을 주지시켰다. 한국군이 내륙지역 안보에 대해 책임져야 한다고 보았다.

나는 가능한 모든 방안에 대해 조언을 아끼지 않겠다고 말하였지만, 내륙 안보는 엄연히 한국군의 몫이었다. 한국군은 처음에 어쩔 줄 몰라 당혹감을 감추지 못하였지만, 나중에 엄청난 열정으로 받아들였고 맹렬히 업무를 수행하였다. 그들은 사소한 실수를 저질렀으나 결과적으로 그럴듯한 지휘통제 체계를 갖추었다.

한국군과 미군은 통신기기와 헬리콥터를 공유할 정도로 긴밀하

---

3) 미 육군은 1965년 야간이나 폐쇄된 공간에서 군사작전을 위해 AN/PVS-2 스타라이트 스코프를 채택하였다. 미약한 빛을 증폭시키는 1세대 방식이었다. 베트남전쟁에서 M16 소총에 장착한 조준경 형태의 나이트 스코프 덕분에 야간작전에 획기적 도움이 되었다. 이후 1975년 2세대에 해당하는 AN/PVS-4로 교체되었다.

게 협조하였다. 내가 1966년 9월 1일자로 부임하였을 때, 남한 통틀어 불과 4-5대 휴이(huey) 헬리콥터를 보유하였을 정도로 장비가 열악하였다. 나는 그들에게 신뢰를 표시하였고, 믿음을 유지하려고 노력하였다. 내가 비무장지대 연구팀에 한국군을 포함시킨 이유라고 할 수 있다.

한국군은 자신들의 비무장지대 담당 구역에 철책선을 설치한 상태였다. 철책선을 설치할 의도는 없었지만, 북한군의 침투행위를 저지하기 위해 고안되었고, 비무장지대 전체에 대한 가시거리도 충분히 확보되었다. 언제든지 투입 가능한 기동타격대를 외부에 대기시키는 등 적극적인 비무장지대 수색을 위한 전체 전술을 완성하였다. 동시에 비무장지대 160마일 전체 구간에 대해 철책선을 구축하였다. 일부 펜타곤 인사들은 "본스틸의 어리석은 행동"이라고 비아냥거렸고, 철책선이 제대로 작동하지 못하였다면 비난을 서슴지 않았을 것이다. 흔적을 남기지 않고 감쪽같이 비무장지대를 침투하기는 어려웠다.

그리고 언급한 바처럼 기동타격대를 비무장지대 외곽 지역에 배치하였고, 내부에서는 완전히 다른 개념들이 적용되었다. 한국군은 열정적으로 비무장지대를 관리하였고, 후방 지역에 배치된 예비사단과 제2야전군사령부를 활용하였다. 매일 야간에 8천여 명의 병력을 투입해 해안경계작전을 펼칠 수 있도록 전투경찰제를 도입하였다. 청와대 기습사건과 푸에블로호 납치사건이 발생한 이후 한국군과 협조체제에 들어갔으며, 한국 정부는 향토예비군 제도를 도입하였다.

〈표〉 비무장지대 무력충돌 횟수

연도	1966	1967	1968	1969-70
충돌횟수	30	250	350	18

Lieutenant Colenel Robert St. Louis, 「General Charles H. Bonesteel Ⅲ Oral History transcript」(U.S. Army War College/U.S. Army Military History Institute's Senior Officer Oral History Program Project 73-2, 1973), p.334.

　박정희 대통령은 6개월 이내에 재향군인 2백여만 명으로 6만 개 부대를 창설해 게릴라와 간첩, 기습부대에 대비한 훈련을 실시하였다. 이로 인해 최종적으로 북한을 제압하였다는 것이 내 생각이다. 실체가 드러나지 않은 규모는 별로 중요하지 않았지만, 이들이 총격전에 투입되었다. 총격전은 상황 변화를 보여주는 지표라고나 할까. 1966년 비무장지대 군사분계선 이남지역 또는 비무장지대 내부에서 총 30여 차례 총격전이 발생하였다. 이듬해에는 무려 250차례로 급증하였고, 1968년에는 350차례를 기록하였다. 1969년과 1970년에는 불과 18건으로 급격히 줄어들었다.

　북한군 무력도발을 저렇게 빠른 속도로 제압할 수 있을지 몰랐지만 향토예비군이 가장 중요한 변수로 작용한 것이었다. 이제 더 이상 북한군이 조직화된 대규모 특공부대를 비무장지대 내부에 침투시키지 않았지만, 만약 침투시킬 경우에는 모든 수단을 확보한 한국군이 곧바로 추격 작전에 돌입하였다. 국민들의 든든한 지지도 한 몫 하였다. 남한 정세에 대한 오판으로 인해 북한이 먼저 도발할 경우 승산이 거의 없었다.

　그렇지만 나로서는 기쁨을 주는 다양한 전술 개발이야말로 도

전해볼만하고 짜릿한 일이었다. 국방예산으로부터 3천만 달러를 추가 배정받았고 국방부 연구기술국장(DDR & E)의 도움을 크게 받았다. 국방부 장관과 다른 가능한 인맥까지 모두 동원하였다. 베트남으로부터 한국에 터럭 만큼이라도 빼돌리지 않으려고 노력하였다. 나는 조금이라도 베트남 상황에 심각한 영향을 끼쳐서는 안 된다고 생각하였다. 베트남에서 전쟁이 벌어지고 있었고, 한국에서 또 다른 전쟁이 발발하지 않도록 평화 상태를 유지하려고 노력하였다. 이에 따라 우리는 비무장지대에서 실행할 전술과 노력들을 개발하였고, 나는 아이디어를 찾고 있었다. 구두닦이부터 노병까지 사람을 가리지 않고 좋은 의견을 구하는데 급급하였다.

나는 비무장지대에서 미2사단을 주력부대로 활용하였고, 산악지대와 비무장지대에 배치된 한국군 사단들은 새로운 도전을 시도해 보기 위한 테스트 대상에 불과하였다. 한국군 21사단은 매우 용맹스러웠고, 한국전쟁 기간 북한군 대대 병력을 이끌고 귀순한 지휘관이 사단장을 역임한 바 있다.[4] 그는 공산주의자들의 성향을 증오하였고, 게릴라전술에 대해 해박한 지식을 보유하였다.

글쎄 나는 비무장지대 후방에 철책선을 설치하고 지반공사를 완료한 이후에 현장을 방문하였다. 해당 시설을 점검하였고, 가능하면 최대한 감시체제를 가동하려고 노력하였지만 그들은 온갖 잔꾀를 부렸다. 한국군은 철책선이 절단되었다거나 침입자 발자국이

---

4) 본스틸 사령관이 언급한 인물은 정봉욱 전 인민군 포병중좌로서 한국전쟁 당시 인민군 1개 대대 병력과 함께 귀순하였다. 그는 육군 제7사단장과 육군3사관학교 초대 교장, 육군제2훈련소장을 지냈다. 본스틸 사령관이 한국군 제21사단과 제7사단을 혼돈한 것으로 추정된다.

있는지 여부를 매일 수차례 점검해야 하였다. 알다시피 발자국 표시를 확인하기 위해 비무장지대 내부에 모랫길을 조성하였다. 미2사단이 자율적으로 이 같은 조치를 시행하였다. 그들은 최대한 간단하게 일을 처리하였다. 철책선을 따라 12m 간격으로 고리가 달린 나무 명판을 걸어놓았는데 한쪽에는 파란색, 다른 쪽에는 노란색 페인트를 각각 칠해 놓았다. 그래서 아래쪽으로 이동할 경우 파란색이 일제히 남쪽을 향하도록 돌려놓았다. 명판 상태를 보면 시설을 점검했는지 여부를 금방 확인할 수 있었다. 다음에 철책선 주변을 점검할 경우 명판을 노란색으로 모두 돌려놓았다. 만약 이러한 방식에 대해 꼼수를 부린다면 당장 확인할 수 있었다.

글쎄 현장을 방문해 보니 철책선을 따라 한국인이 즐겨 먹는 메밀을 심어놓은 사실을 발견하였다. 수차례 시도 끝에 메밀이 자라는 동안 꽃이 피고 소금을 뿌린 듯이 흰색이라는 사실을 확인하였다. 이로 인해 달빛과 별빛 같은 미세한 불빛을 증폭시키는 스타라이트 야시경으로 살펴보면 강렬한 대조 효과를 나타내었다. 다시 말해 흰색 배경을 지니지 않은 경우보다 3배 거리에서도 물체를 인식할 수 있었다. 이는 나에게 흥미를 불러일으켰다. 과학자를 현장에 동반할 때마다 현장을 보여주면서 오래된 민간상식이 첨단기술과 어우러질 수 있다는 사실을 강조하였다. 물론 한국군은 메밀을 수확해 식량으로 이용하였다.

내가 우려한 대로 그들은 전기 철책선을 개발하였다. 우리는 프랑스군이 북아프리카에서 사용한 전기철책선과 이스라엘 장벽들을 검토해 보았다. 내게 배당된 총예산은 베트남에서 소요되는 예산의 이틀 분에 해당하였고, 전기 철책선은 다소 비싼 편이었다. 더욱이 나는 기술적 해결을 도모하지 않았다. 나는 비무장지대 50만 병력에 대한 작전통제권을 지니고 있었고, 침투를 막기 위한 최고의 무기는 깨어 있는 미군의 눈과 귀, 두뇌 등이라는 사실을 깨달았다. 물론 한국군은 상상할 수 있는 모든 도구를 갖고자 하였다. 그들은 첨단기술을 높게 평가하였지만 이 같은 형태의 전기 철책선을 개발하였다.

나는 그들에게 분발하도록 격려를 아끼지 않았다. 이에 대해 그들은 상당한 자부심을 갖고 있었다. 다소 가격이 비싸고 취약점을 지니고 있다는 사실이 밝혀졌다. 공병부대 요원들을 현장에 파견해 철책선을 통과하고 잘려나가거나 뛰어넘을 수 있는지에 대해 철저히 조사하도록 지시하였다. 그들은 VIP들이 종종 현장을 방문하면 고의적으로 돼지를 전기 철책선으로 몰아 감전사시키고, 점심 식사용으로 대접하였다. 한국군이 관리부실로 인해 감전사하는 경우도 발생하였으나 미군에 보고하지 않았다. 여하튼 공병부대원들이 복귀해 전기 철책선은 훌륭한 시설이라고 말하였다. 취약점이 많았지만 효율성과 디자인에서 보면 주목할 만하였다.

이후 내가 현장을 방문하였을 때 "그런데 김 장군, 도대체 누가 전기 철책선을 개발하였나요?"라고 물었더니, "내 형제입니다"라고 답변하였다. 그래서 "당신 형제라고요. 그는 어디에 있나요. 무슨 일을 하는 분인가요. 전기 철책선에 대한 칭찬이 자자합니다"라고 되물었다. 그는 "미국 칼텍에서 전기공학과 정교수로 재직 중입니다"라고 설명하였다.

현장을 방문하고 나서 한국군에 훈련 프로그램을 인계하였다. 드와이트 비치[5] 사령관이 해당 프로그램을 시작하였다. 주한군사고문단(KMAG)과 고문들이 한국군에 대해 시시콜콜한 자문 활동을 중단하였기 때문에 상당히 중요한 임무였다. 한국군은 이에 대해 대대적으로 추진하였고, 책임을 맡았다.

글쎄 한국군이 대침투작전 임무를 단독으로 수행하였고, 무난하게 처리하였다. 한국군은 놀랍도록 현명하였다. 근본적으로 한국군이 아무래도 미군보다 북한군을 잘 파악하였고, 이들의 능력을 활용하고자 하였고, 실제로 활용하였다. 특히 포로를 다루는 실력이 출중하였다. 아마 당신은 한국군이 포로들을 마구 폭행해 만신창이를 만들 걸로 생각하겠지만 사실은 전혀 달랐다. 포로를 생포하자마자 휴식을 취해 긴장을 해소하도록 하면서 무리한 협박도 하지 않았다. 포로들을 서울로 압송해 환심을 사려고 노력하였다. 통상적 절차는 해질 무렵에 그들을 남산으로 데려가 서울의 밤 풍경을 구경시켰다. 당시 서울인구는 5백만 명에 육박하였고, 야경은 그야말로 장관이었다. 포로들은 대부분 아는 것을 모두 털어놓았고 우리에게 엄청난 사실들을 진술하였다. 내가 말한 것처럼 이들을 믿기 어려웠지만 이들의 말을 근거로 조치를 취하였고, 행운을 누렸다.

청와대 기습사건은 매우 흥미로운 사건이었다. 이미 30명으로

---

5) 드와이트 E. 비치(Dwight Edward Beach, 1908-2000) 장군은 미시간 출신으로 1965년부터 이듬해까지 사령관을 지휘하였고, 이어 1968년까지 미태평양육군사령관을 역임하였다. 미8군 산하 45사단 그리고 82공수사단 사단장을 맡았고, 베트남 전쟁 기간 미육군전투발전사령관을 지냈다.

이뤄진 특수부대 구성에 대한 진술을 들은 바 있었다. 북한군 특수부대원들은 미2사단 지역을 통과하였고, 1군단 한국군 관할구역으로 이동해 야산에서 나무꾼 형제들을 조우하는 실수를 저질렀다. 그들을 사살하는 대신 공산당에 대해 사상교육을 실시한 다음 북한의 열성당원 수천 명이 '남조선 해방'을 돕기 위해 내려올 것이라고 강조하였다. 그리고 만약에 신고할 경우 가족들을 몰살시킬 것이라고 위협하였다. 하지만 나무꾼들은 풀려난 지 10분 만에 경찰에 신고하였다.

이들은 모두 30명이었다. 나중에 알고 보니 이들은 60-80파운드 모래를 가득 채운 군복을 입고 80파운드, 40kg 장비를 멘 상태에서 3개월 동안 특수훈련을 받았다. 험준한 한국의 산악지형에서 이들은 산속에서 야간에 시속 5km로 달릴 수 있었다. 한국군은 이들을 직접 맞닥뜨리거나 저지하기 시작하였다. 다시 말해 이들이 통신 도청에 의한 정보수집, 이른바 코민트(COMINT) 임무를 수행하였고, 한국군 부대 이동을 지시한 전술무전 내용을 모두 감청한다는 사실을 알게 되는데 오래 걸리지 않았다. 이를 근거로 북한군 특수부대원들에게 한국군 부대를 회피하도록 유도하였다. 어쨌든 이들은 서울에 잠입하였고 청와대에 근접하기 전에 계획을 드러내었다. 31명 가운데 28명이 사살당하였다. 1명은 생포당하였고, 우리는 도주를 시도하였으나 비무장지대에 도착하지 못하고 사살당한 이들의 시신을 목격하였다.

빌어먹을 푸에블로호 피랍 사건이 이틀 뒤에 발생하였다. 도저히 용납할 수 없고 분노를 금치 못할 사안이었다. 우리는 푸에블로호에 대해 아무런 조치를 취할 수 없었다. 나는 최대한 '로키(low key)' 상태를 유지하면서 비슷한 성격의 과거 사례로 미뤄볼 때 푸에블로호 사건의 민감성에 대해 북한 측에 경고하였다. 북한의 영해는 북한이 군사적 능력을 최대한 활용해야 할 정도로 먼 거리에 있었다는 점은 분명하였다. 미국이 대응조치에 항공모함이 포함될 정도로 매우 흥미로운 시기였다.

질문자: 푸에블로호가 납치되었다는 소식을 언제 처음 들었는가?
본스틸: 사건이 발생하였을 당시에 들었다.

질문자: 어떻게 이 사건에 관여하게 되었는가?
본스틸: 꽤나 높은 단계의 비상 상태에 돌입하였다. 내 생각으로 매우 빠른 속도로 여기가 기밀 지역으로 분류되었다. 나는 당신이 어떻게 대처하기를 원하는지 모른다. 아마 우리는 그냥 지나치지 않을까 싶다. 그에 대해 말씀을 드리겠다.

글쎄 여기서 이 부분을 정리해 보자. 여기에는 정말로 환상적인 국면이 있었다고 본다. 우리는 수년 동안 한국의 훌륭한 시긴트(SIGINT) 성과를 지지해 왔다. 그들은 능숙하였고, 그들로부터 일관성 있게 좋은 성분만 뽑아내곤 하였다. 해군이 그랬다. 알다시피 이 특별한 문제에 있어서 지휘통제는 공군, 제5공군과 심리전 항공기들에 비해 한국 또는 유엔사령부를 통하지 않고 워싱턴에서 태평양사령부를 거쳐 곧바로 하달되었기 때문에 정형이 없었다. 명령과 지시들을 거칠게 주고 받았고, 공군은 응답하려고 노력하였지만, 한국에 주둔한 항공기들은 적재량을 줄이지 않으면 안 되었다. 그때까지 상황에서 늦었고 어둠이 내려앉고 있었다.

이 사건은 2월에 발생하였다. 누군가 한국 공군을 동원하는 방안을 언급하였지만 명령을 받지 않는다면 몰라도 승인할 생각이 없었다. 왜냐하면 한국 공군기가 미국의 비밀작전을 지원하기 위해 출격해 미그기들, 특히 원산 상공을 맴도는 미그 21들과 대적한다면 평화를 깨트릴 가능성이 크기 때문이었다.

게다가 한국군은 당시 조그만 '자유의 전사(Freedom Fighter)' F-5와 비행 반경이 충분하지 않은 F-86 기종들을 보유하고 있었다. 일단 기지에 복귀하면 그들은 다시 궤도에 오르기 어려웠다. 공군에 무슨 일이 벌어졌는지 또는 공군을 동원해 무엇을 해야 할지에 대해 전혀 몰랐다. 나는 워싱턴에 소재한 국가지휘센터로부터 공군에서 조치를 취하도록 하라는 명령을 받았다. 그러나 공군은 내가 지휘권 밖이었고, 정말로 뒤죽박죽이었다.

질문자: 당신은 무언가 해야 하는데 무엇을 하라는 지침을 못 받았군요?

본스틸: 글쎄 참으로 서글픈 상황이었다. 다시 한 번 말하지만 현실적인 준비 태세와 연관되었다. 그들은 아무런 대비를 갖추지 않았다. 나는 준비를 해 왔어야 하고, 내 자신이 일부 책임을 져야 하였다. 나는 보다 더 분명하게 관심을 기울었어야 하였다. 나는 사안들을 애매하게 알고 있었고, 이전에 내가 내렸던 경고조치들이 완전히 단계가 낮았고 비형식적이었기 때문에 효과를 발휘하지 못

하였다는 것을 알았다. 그러나 대통령 암살 직전과 한국의 북진 주장이 임박할 때까지 이 같은 태도를 지녔다. 그래서 나는 그 해군 작전에서 약간 비껴서 있었던 것이다.

글쎄 참 서글픈 사안이었고, 복수할지 말지에 대한 의문이 남았다. 나는 보복을 반대하였다. 어떤 의미로는 북한은 우리가 복수에 나서기를, 내 생각으로는 실제 전쟁을 개시하는 것을 노렸을 수 있다. 강대국 미국이 인구 1천200만 명의 작은 국가를 상대로 적대 행위를 벌이게 함으로써, 미국의 어머니들이 주한미군 철수를 요구하도록 할 수 있었을 것이다.

도대체 왜 미군이 북한에 보복하도록 만들려고 노력하는지에 대해 많은 논란이 있었다. 나는 한국군에 상당한 군사력을 제공하는 방법으로 보복해야 한다고 제의하였다. 이 방안은 점차적으로 실행되었고, 역시 북한을 어느 정도 제압할 수 있다고 생각하였다. 특별한 정보 수집 부서에서 꽤 어리석은 행동(a pretty dumb action)을 저질러 놓고 전쟁에 돌입하는데 동의할 수 없었다. 정보부서는 전쟁 억제에 필요한 역할을 수행해야 하며, 도발행동(a provocative action)으로 전쟁의 소용돌이에 몰아넣어서는 안 된다고 생각한다. 하지만 실제로 그러한 상황이 벌어지고 말았다.

질문자: 캘리버 50 기관총 2-3정으로 무장한 푸에블로호가 북한군과 전투를 벌였어야 한다고 생각하는가?

본스틸: 결단코 사기의 문제는 아닐 것이다. 요즘 세대로 봐서는 아니라고 본다. 영웅처럼 죽는 거 말고는 할 수 있는 게 없었고, 그

마저도 어려웠다. 북한군이 푸에블로호를 끌고 갈 예정이었다. 푸에블로호는 분명히 요청하였는데도 불구하고 긴급 침수시스템도 보유하지 않았다. 나는 그들이 아마 당시 상황에서 가능한 모든 노력을 기울였으리라 생각한다. 꽤나 슬픈 사건이었다.

질문자: 정보수집 활동을 벌일만한 가치가 있었다고 보는가?
본스틸: 정보수집 방법에는 동의할 수 없다. 안 된다고 생각한다.

질문자: 모험을 걸만한 가치가 있었다고 보는가?
본스틸: 아니다. 위험, 위험의 정도로 봐서는 전적으로 불필요하다고 보았다. 나는 정보를 원하였다. 북한이 돌발행동을 벌일 것이라고 조기에 경보를 울려줄 빌어먹을 정보, 진짜 정보를 갖고 있지 않았다. 불필요한 코민트 정보는 필요하지 않았다. 개가 꼬리를 흔든다는 정보 수준이었다. 이러한 행동과 주변 비행, 소련에 연관된 모든 사항, 심지어 어느 정도 중국에 대한 사항, 대륙 간 행동에 나설 수 있는 미세한 위험, 미국 대륙에 대한 위협 등은 모두 별개의 사안이었다. 그러나 북한은 미국 대륙에 대해 심각한 위협이 아니었다. 이제 경기가 끝난 후에 경기내용에 대해 촌평을 늘어놓는 것도 아니었다. 위기 평가 실패의 좋은 사례라고 본다.

이 지역의 민감성은 잘 알려졌다. 북한은 오사급·코마급 미사일 보트를 보유하였고, 주변 정찰에 대해 민감한 반응을 보인다는 사실을 알고 있었다. 북한은 항공기를 추적해 영역 침범을 결코 용납하지 않겠다는 의지를 보여주었다. 해양 국제법만 믿고 며칠 동안 북한 주변에 체류하는 것은 나 잡아먹으라고 요청하는 꼴이었다. 북한 측의 의도된 행위라고 보지 않는다. 나는 우리의 행동이 너무 노골적이었고, 그들이 우리의 (도발) 유혹을 참지 못하였다고 생각한다.

질문자: 복잡하게 얽힌 지휘구조 때문에 대기 중인 기동타격대와 선박 또는 항공기를 제대로 동원하지 못하였다고 생각하는가? 아무도 책임을 지려고 하지 않는다.

본스틸: 책임질 위치에 있는 이들이 철저하게 북한의 실제 상황과 동떨어져 있었다. 위기 상황에 대한 본질적 결정이 현지에 있는 우리와 아무런 협의도 거치지 않고 워싱턴에서 이뤄졌다.

많은 것을 한국으로 옮기고 난 이후에 정말로 흥미로운 사건들이 벌어졌다. 전술항공부대를 한국으로 이동하는 것보다 더 장엄한 것을 본 적이 없다. 신이시여, 이들이 한국 이전을 결정하였을 때 환상적이었다. 베트남에서 작전 임무를 수행하기 위해 비행하던 이들이 이동 명령을 받고 수 시간 만에 열대 지방 옷차림으로 한국에 도착하였다. 그리고 그들은 그곳에서 방한복을 제외하곤 쓰고 싶은 무기는 죄다 사용해볼 수 있었다.

북한은 지대공 미사일과 총기류를 사용해 공항을 경비하였고, 지하 격납고를 보유하였다. 우리는 항공기를 위한 옹벽시설도 확보하지 못하였다. 여러 공항에는 F-4 전투기들이 활주로에 줄지어 서 있었다. 만약 북한이 모험심이 발동해 5일 전쟁에 돌입한다면 평생 잊지 못할 끔찍한 장면을 보게 될 것이었다. 북한이 우리를 부산항 밖으로 몰아내겠다는 의도를 가지고 도발한다면 이들과 전쟁행위를 언제든지 재개할 수 있다고 보았다.

5일 전쟁 시나리오는 상당한 흥미를 불러일으켰다. 그들이 우리의 공군력을 혼내줄 수 있다면 그 방법은 전투기들이 빠져나갈 수 없는 상태에서 혼돈에 빠진 활주로를 파괴하면 가능할 것이었다. 그리고 나서 임진강 이북 지역을 점거하기 위해 국지 공격을 시도하면, 유엔은 사격중지 명령과 함께 도발행위를 중단하라고 촉구할 것이다. 그들은 미국의 코를 납작하게 만들어주고 끔찍한 타격을 입히게 되었다. 또한 결과적으로 남한 정권의 정치적 위상에 타격을 입히게 될 것이었다. 그리고 남한의 서울을 공격한다면 미국에 의해 보호받는 것은 좋지 않다는 것을 남한이 깨닫도록 도와주었을 것이다.

매우 흥미로운 시나리오를 만들 수 있게 되었다. 그렇기 때문에 우리는 심리전을 통해 그들에게 우리가 충분히 이러한 가능성에 대비하고 있다는 사실을 알려주었다. 예를 들면 미 육군은 방공포를 확보하지 못하였다. 무전을 끈 상태라면 호크 미사일로 방어하는 어떤 비행장이라도 침투가 가능하였을 것이다. 엄밀하게 말하면 우리는 5일 전쟁이 아니라 '5분 경보'(five minutes warning) 시나리오를 생각해 볼 수 있었다. 그래서 공항 주변에 한국군의 낡은 방공포 무기체계 Quad-50[6]와 40 twin 여러 대를 설치하도록

---

6) 캘리버 50 기관총(M2)을 4정 탑재한 시스템을 Quad-50이라고 부른다. 벌지전투(Battle of the Bulge)를 비롯해 제2차 세계대전에서 미군이 주로 사용하던 방공무기체계다.

조치하였다. 항공기와 자동차 등을 보관하기 위해 옹벽과 덮개를 설치할 때까지 4개월 동안 밤낮으로 병력을 배치해야 하였다.

나는 미7사단을 미2사단이 관할하는 문산 지역에 배치하였다. 표면적으로 보면 또 다른 야전 전투력을 배치하는 것처럼 보일 수 있지만, 실제론 미7사단의 1개 여단 병력을. 임진강 이북에 배치해 기동타격대 역할을 기대할 수 있었다. COFRAM[7)](탄약통제시스템)에 따라 풀려난 탄약들을 전투부대에 배당하였기 때문에 만약 북한군이 철원계곡 또는 임진강 이북 지역에서 무모한 도발을 감행한다면, 어니스트존과 COFRAM을 동원해 완전히 박살낼 수 있었다. 탄약을 (로켓 또는 미사일) 발사 장치에 장착하는 대신에 발사장치를 탄약저장고에 보관하면서 언제든지 장착이 가능하도록 조치하였다. 그야말로 흥미진진한 상황을 맞이하였다.

질문자: 1968년 '구정'(TET) 공세는 대도시들을 공격함으로써 남베트남과 미군의 사기를 꺾어놓으려는 의도를 배경으로 하였다. 시기 또는 목표물로 보았을 때 한국에서도 비슷한 사례를 찾을 수 있는가?

본스틸: 글쎄, 그 부분에 대해 논쟁을 벌였고, 주장을 입증할만한 자료를 찾기 위해 백방으로 노력해 보았다. 내 생각으로는 베트콩과 북한을 나란히 연상해 볼 수 있지만 통합된 계획에 의해 진행된 거는 아니라고 본다. 서로 상대방의 대체적인 목표를 어느 정도 파악하고 있었다고 본다. 알다시피 당시 북베트남에서 북한군 조

---

7) Controlled Fragmentation Munition

종사들이 전투훈련을 받았기 때문에 상당한 연관성을 배제할 수 없지만 은밀하게 작전을 조율해 공식적으로 다루기 어렵다.

북한은 1년 동안 전시에 가까운 태세를 유지하였다. 내가 생각하기론 북한군은 우리가 전술공군사령부를 배치하고 항공모함을 끌어들이는데 대해 엄청난 공포심을 갖고 있었다. 동시에 그들은 그런 상황을 만들어낸 데 대해 자부심을 느끼고 있었을 것이다. 그들은 평양으로부터 상당한 규모의 인원을 대피시켰다. 구체적으로 말하면 외교관 가족들을 북한에서 내보냈다. 그리고 모든 상황에 대비하였고, 고요하고 냉정하며 침착하게 상황을 관리한 사실을 주목해야 한다. 그들의 쓸데없는 이야기에 현혹되지 않으며 사태를 혼란스럽게 만드는 보복조치에 말려들지 않는다는 점을 그들에게 주지시키지 않으면 안 되었다.

김일성 주석은 세 가지 전략을 세워놓고 있었다. 첫째, 한미 우호관계를 깨트려 미국이 지배하는 현실을 제대로 파악하게 만드는 것이다. 둘째, 남한에서 자생적으로 결성된 것처럼 보이지만 사실은 북한에서 파견되었고 북한 사투리를 구사하는 게릴라 단체 '남조선 애국자'를 남파하는 것이다. 이들은 투쟁 기지를 건설하고 남한 주민들로 지지 세력을 확보하며 전쟁 위기를 조장하도록 지시받았다. 인플레이션을 잡기 위해 필요한 외국인 투자와 국내 투자를 위축시켜 남한의 경제성장을 둔화시키거나 중단시키려는 의도가 깔려 있었다. 이로 인해 유발된 경제적 고통은 박정희 정권에 대한 정치적 저항을 불러오고, 남한 내 괴뢰 정부 건설을 촉진할 것으로 예상되었다. 괴뢰 정부는 북한에 지원을 요청하고, 북한은 가능한 모든 지원을 아끼지 않을 예정이었다.

2천 년 전 중국 춘추전국시대의 전략가 손자(孫子)의 제자로서 나는 김일성 주석이 상대방의 전략을 무너뜨리는 것을 자신의 기본 개념으로 삼고 있다는 사실을 간파하였다. 나는 이 같은 개념을 바탕으로 북한이 두 번째 전략에 착수하면 남한의 경제성장이 더뎌지거나 멈추게 될 것이라며 남한이 북한에 보복하지 못하도록 노력하였다. 만약 비무장지대에서 북한에 보복조치를 취하면 전쟁위기를 불러와 큰 혼란을 초래하고 공산주의자들 농간에 휘말려 외국인 투자가 위축될 것이다. 빌어먹을, 그러한 의도는 제대로 먹히지 않았다.

본스틸: 다소 흥미로운 사안이 발생하였다. 남한 내 전술핵무기 배치에 대해 우리는 긍정도, 부정도 안하는 태도를 유지하였다. 그러나 나이키-허큘리스 미사일 기지가 서해에 인접해 있었기 때문에 해상침투 요원들에게 노출될 위험을 안고 있었다. 허큘리스 미사일 기지 습격과 일부 탄두의 폭파는 상당한 정치적 파장을 불러올 것으로 예상되었다. 이에 따라 미군이 직접 관리하였고, 레일 양쪽으로 벙커를 만들어 언제든지 덮개 내부에 보관할 수 있었다. 미사일 기지를 건립할 때 철책선을 설치해 RPG-2 또는 RPG-7 공격을 막아내도록 하였다.

그러나 이는 미사일을 어떻게 할지에 대해 눈을 뜨게 해주었다. 여기는 베트남이 아니었다. 상대는 토착 게릴라 또는 베트콩이 아니었다. 비무장지대 건너편에서 넘어왔고, 고난도 훈련을 받아 전투적이었다. 당시로서는 북한이 RPG-7을 보유하지 않았으나 언제든지 확보할 가능성을 배제할 수 없었다. 나는 북한이 막판에 구매하였을 것으로 보았다. 그러나 북한은 탄두가 동일한 구식 RPG-2을 보유하였다. 북한이 호크 미사일 기지를 공략할 가능성을 검토해 보면, 미사일 기지는 고립돼 있으며, 기지 요원이 부족하고 보안요원들이 제대로 확보되지 않았다. 우려스러웠다. 북한군은 비무장지대를 통과하거나 해상 침투를 통해 접근하고 심지어 침투요원 10여 명이 탑승한 An-2를 이용해 접근할 수 있었다. 고공침투훈련을 받은 특수부대원들이 즐비하였다. 이에 따라 우리는 엉터리 지상감시단을 운영하였다. 미군 내 한국군을 배치하고, 한국군과 전방공중감시단을 운영해 공중경보망을 가동하였다. 북한군은 이밖에 헬리콥터를 상당수 보유하고 있었다.

질문자: 한국 경찰이 보안에 도움이 되었나요?

본스틸: 그들의 최선을 다하였고 연안에 상륙한 침투조를 추적하기 위해 전투경찰 30개 중대를 편성하였다. 해상 침투를 막을 수 있는 방안을 마련하였다. 해안선 거리가 2천 마일을 넘었고 업무용 무전기가 제대로 연동되지 않기 때문에 상황이 쉽지 않았다.

나는 한국 공군이 참여하도록 문호를 개방하였고 그들은 엄청난 열정으로 임하였다. 한국 공군 수송기 C-46을 주력 기종으로 선정하였다. 한국 해군 정찰선이 수상한 무언가를 발견한다 할지라도 항공기를 지휘할 방법이 없었다. 한국 공군이 지리적 위상을 표시하기 위해 다른 좌표를 사용하였기 항공기들이 제대로 복귀하기 어려웠다. 우리는 사제 무선응답기를 만들어 문제해결에 나섰다. 해군 선박의 함교에 무선응답기를 놓고 켜놓으면 C-46 수송기가 깜빡이 등을 사용할 수 있을 정도로 가까운 지점까지 올 수 있도록 유도할 수 있었다.

그리고 나서 이는 매우 민감한 사안이지만 한국군은 북파공작원들을 "이중간첩"으로 활용하였다. 그들은 북한의 간첩선이 내려오도록 요청해 간첩들을 태우고 북한으로 데러가거나 기습공격을 감행하도록 유도하였다. 그리고 모든 한국군 육·해·공군이 그들을 공격하기 위해 기다리고 있었다. 우리는 이 같은 방법으로 상당수 북한의 공작선들을 잡아내었다.

질문자: 글쎄 그러한 방법이 효율적이었다니 다행이군요. 그러나 북한이 항상 저지를 만행에 대해 미리 암시하였는데, 1968년 푸에블로호 피랍사건이 발생하였는데, 1969년에는 북한군이 우리 항공기를 추락시키도록 하였는지 이해가 가지 않네요. 그런 상황이 발생하도록 방치한 부분에 대해 알 수 없네요.

본스틸: 미국 국가안전보장국(NSA)이 개입한 믿기지 않은 보안조치와 해당 지역에서 작전들로 인해 나는 어찌할 바를 몰랐고, 스트레스 받기를 원하지 않았다. 그래서 나는 이 부분에 대해 기밀로 유지되기를 바랐다. 나는 항공기가 격추당하기 전에 나흘 전에 각별히 주의하라고 태평양사령관에게 경고를 보냈다.

나는 특별히 공군 항공기 비행에 대해 언급하였지만 한국군이 의심스러운 행동을 한다는 것도 알고 있었다. 나는 (한국군 동태를) 주의 깊게 관찰하거나 레이다를 항상 켜놓고 한국군 항공기가 활주로에서 급발진하는지를 살펴야 한다고 충고하였다. 그런데 빌어먹을 이 항공기는 한국 해안가를 이리저리 오르락내리락 비행하였다.

질문자: 낡은 4기통 엔진을 장착한 록히드의 컨스텔레이션 시리즈 EC-121 말이죠?

본스틸: 그것은 살인행위였다. 끔찍한 일이었다. 글쎄 알다시피 너무나 많은 중앙 집중화가 있었다. 항공기와 푸에블로호 둘 다 지휘체계가 나뉘었기 때문에 항공기 앞부분과 뒷부분에서 서로 통화할 수 없었다. 우리가 추진하고자 하는 역내 평화와 안정을 유지하는 사업에 도움이 되지 않았기 때문에 끔찍할 따름이었다.

질문자: 북한군의 공격을 막아내는 당신의 능력에 대해 어떻게 생각하는가? 보유한 전술핵무기를 사용하는데 어떤 생각을 지니고 있는가?

본스틸: 내 생각으로는 상당한 억제 작용을 하였으리라 본다. 우리가 핵무기를 사용해야 하는 상황을 경멸하지만, 억제재로서, 경쟁할 다른 설계가에게 불확정성의 요인으로서 보다 많은 가치를 부여하게 만들었다고 본다.

〈부록 2〉 북한의 도발 연표(1966-1969)

〈1966〉

■ 11월 2일 - 미2사단 23보병 1대대 수색대, 비무장지대 이남에서 북한군 매복에 걸려 미군 6명 사망, 카투사 1명 사망, 미군 1명 부상. 북한군 피해 미상. 같은 날 한국군 수색대 피습 당해 2명 사망. 제2의 한국전쟁 개시일.

〈1967〉

■ 2월 12일 - 미2사단 23보병 3대대 수색대, 비무장지대 이남에서 매복에 걸려 미군 1명 사망. 북한군 피해 미상

■ 4월 5일 - 미2사단 566호 감시초소, 비무장지대 이남에서 북한군 침투조와 교전. 미군 희생 없고 북한군 5명 사살

■ 4월 29일 - 미2사단 수색대, 비무장지대 이남에서 북한군 매복에 걸렸으나 미군 피해 없고 북한군 1명 사살, 1명 부상, 1명 생포

■ 5월 22일 - 북한군 침투조, 비무장지대 이남지역 미2사단 23보병 1대대 막사에 폭탄테러. 미군 2명 사망, 미군 17명 부상, 북한군 피해 없음

■ 7월 16일 - 비무장지대 이남지역 미군 23보병 3대대 감시초소 피습. 미군 3명 사망, 미군 2명 부상, 카투사 안성국 상병 부상, 북한군 1명 사살

■ 8월 10일 - 미7사단 31보병 2대대 B중대 비무장지대 이남지역에서 백주에 피습. 미군 3명 사망, 미군 16명 부상, 북한군 피해 미상

■ 8월 22일 - 미2사단 지프차량 비무장지대 이남지역에서 매설 지뢰에 폭발 사고. 미군 1명 사망, 미군 1명 부상, 북한군 피해 미상

■ 8월 28일 - 미8군 제76공병대대, 공동경비구역 근처이자 비무장지대 이남 지역에서 매복 걸려 미군 2명 사망, 카투사 2명 사망, 미군 14명 부상, 카투사 9명 부상, 민간인 3명 부상, 북한군 피해 미상

■ 8월 29일 - 미2사단 지프차량 비무장지대 이남지역에서 발생한 지뢰 폭발 사고로 미군 3명 사망, 미군 5명 부상, 북한군 피해 미상

■ 10월 7일 - 미2사단 9보병1대대 순찰보트, 비무장지대 이남지역 임진강에서 매복 걸려 미군 1명 사망, 북한군 피해 미상

〈1968〉

■ 1·21 사태로 북한군 124군부대 29명 사망, 1명 생포, 1명 도주.

■ 1월 22일 - 미2사단 감시초소 북한군 침투조와 교전. 미군 3명 부상, 북한군 피해 미상.

■ 1월 23일 - 푸에블로호 나포 사건 발생. 미군 1명 사망, 82명 피랍.

■ 1월 24일 - 미2사단 23보병 1대대, 방어 태세에서 북한군 제124군부대 침투조 습격 받아 미군 2명 사망, 북한군 3명 부상

■ 1월 26일 - 미2사단 72전차 2대대, 방어 태세에서 북한군 제124군 침투조에 피습돼 미군 1명 사망, 북한군 피해 미상.

■ 1월 29일 - 미2사단 수색대와 감시초소, 북한군 4개 침투조 격퇴. 미군 피해 없고 북한군 피해 미상

■ 2월 6일 - 미2사단 감시초소 피격. 미군 피해 없고 북한군 1명

부상

■ 3월 27일 - 미2사단 기동타격대와 한국군 25보병사단, 북한군에 매복 걸려 미군 피해 없고 북한군 3명 사망

■ 4월 14일 - 미 육군 지원단 트럭 공동경비구역 이남 지역에서 대낮에 매복 걸려 미군 2명 사망, 카투사 2명 사망, 미군 2명 부상, 북한군 피해 미상

■ 4월 21일 - 미7사단 31보병 2대대 수색대, 비무장지대서 북한군 침투 중대와 교전. 미군 1명 사망, 미군 3명 부상, 북한군 5명 사살, 북한군 15명 부상

■ 4월 27일 - 미7사단 31보병 2대대 수색대, 비무장지대에서 매복 걸려 카투사 1명 사망, 미군 2명 부상, 북한군 피해 미상

■ 7월 3일 - 미2사단 수색대, 비무장지대에서 매복 걸려 미군 1명 부상, 북한군 피해 미상

■ 7월 20일 - 미2사단 수색대, 비무장지대에서 매복 걸려 미군 1명 사망, 북한군 피해 미상. 미7사단 32보병 1대대 수색대, 비무장지대에서 매복 걸려 미군 1명 사망, 북한군 피해 미상

■ 7월 21일 - 미2사단 38보병 2대대 수색대, 비무장지대에서 매복 걸려 미군 1명 부상, 카투사 1명 부상

■ 7월 30일 - 미2사단 23보병 3대대 수색대, 비무장지대에서 매복 걸려 미군 1명 사망, 미군 3명 부상, 북한군 피해 미상

■ 8월 5일 - 미2사단 38보병 1대대 수색대, 비무장지대 이남에서 대낮에 매복 걸려 미군 1명 사망, 미군 4명 부상, 북한군 1명 사망

■ 8월 18일 - 미7사단 32보병 1대대 수색대, 비무장지대 이남에서 매복 걸려 미군 2명 사망, 북한군 2명 부상

■ 9월 19일 - 미2사단 38보병 2대대 그리고 기동타격대(7기병4대

대 및 9보병 2대대, 미2사단 대간첩중대로 구성), 북한군 침투조를 고립시키고 섬멸. 카투사 2명 사망, 카투사 6명 부상, 북한군 4명 사망, 북한군 1명 부상(북한군 부상병은 북한으로 도주하다 철책선에서 사망. 지뢰를 밟았을 것으로 추정)

■ 9월 27일 - 미2사단 소속 지프, 비무장지대에서 매복 걸려 미군 2명 사망, 북한군 피해 미상

■ 10월 3일 - 미7사단 31보병 1대대 감시초소, 비무장지대 이남에서 북한으로 도주하던 북한군과 교전. 미군 피해 없고 북한군 1명 사망

■ 10월 5일 - 미2사단 수색대, 비무장지대에서 매복 걸려 미군 1명 사망, 미군 2명 부상, 북한군 피해 미상

■ 10월 10일 - 미2사단 수색보트, 임진강 도하 중이던 북한군과 교전. 미군 피해 없고 북한군 1명 사망

■ 10월 11일 - 미2사단 비무장지대에서 북한군 침투조 매복 걸려 미군 피해 없고 북한군 2명 사망

■ 10월 23일 - 미2사단 수색대, 비무장지대에서 북한군 침투조와 교전. 미군 1명 사망, 미군 5명 부상, 북한군 1명 사망

■ 10월 30일 - 북한군 제124군부대 울진삼척지구 침투, 110명 사망, 7명 생포, 3명 도주. 40명 한국 군인과 경찰 사망, 23명 부상, 민간인 23명 사망.

⟨1969⟩

■ 1월 23일 - 미2사단 감시초소, 북한군 침투조 격퇴. 미군 피해 없고 북한군 피해 미상

■ 2월 4일 - 미2사단 감시초소, 북한군 침투조 격퇴. 미군 피해 없

고 북한군 피해 미상

■ 3월 13일 - 미2사단 38보병 2대대, 철책선 수리 작업 중 북한군 총격 받아 미군 피해 없고 북한군 피해 미상

■ 3월 15일 - 미2사단 23보병 3대대, 군사분계선 팻말 교체 작업 중 북한군으로부터 총격을 당함. 미군 1명 사망, 미군 2명 부상, 카투사 1명 부상. 의무후송전용헬기 이륙 직후 추락해 승무원 5명과 부상자 3명 모두 사망.

■ 3월 16일 - 미2사단 수색대, 비무장지대에서 북한군 침투조와 교전. 미군 피해 없고 북한군 피해 미상

■ 3월 20일 - 미2사단 수색대, 비무장지대에서 북한군 침투조와 교전. 미군 피해 없고 북한군 피해 미상

■ 3월 29일 - 미2사단 수색대, 비무장지대에서 북한군 침투조와 교전. 미군 피해 없고 북한군 피해 미상

■ 5월 15일 - 미2사단 수색대, 북한군 침투조와 교전. 미군 1명 부상, 카투사 1명 부상, 북한군 피해 미상

■ 5월 20일 - 미2사단 감시초소, 북한군 침투조와 교전. 미군 피해 없고 북한군 1명 사망

■ 7월 21일 - 미2사단 감시초소, 북한군 침투조와 교전. 미군 피해 없고 북한군 피해 미상

■ 8월 17일 - 미8군 제59항공중대 OH-23 헬리콥터, 비무장지대 이북에서 표류하다 격추당함. 미군 3명 체포 당함. 12월 3일 석방

■ 10월 18일 - 미7사단 트럭, 비무장지대에서 매복 걸려 미군 4명 사망, 북한군 피해 미상. 제2의 한국전쟁에서 마지막 미군 피해로 집계

참 고 문 헌

- 국방군사연구소, 『대비정규전사 II(1961-1980)』, 군인공제회 제1문화사업소, 1998
- 국방군사연구소, 『한국전쟁(상)』, 1995.
- 국방부, 『국방백서 1968』·『국방백서 1988』·『국방백서 2004』·『국방백서 2008』·『국방백서 2020』
- 국방부 군사편찬연구소, 『국방사제3집』,1990.
- 국방부 군사편찬연구소, 『낙동강선 방어작전』, 국방부, 2008.
- 국방부 군사편찬연구소, 『한미 군사 관계사 1871-2002』, 신오성기획인쇄사, 2002.
- 국방부 군사편찬연구소, 『국방사건사 제1집』, 국군인쇄창, 2012.
- 권주혁, 『기갑전으로 본 한국전쟁』, 지식산업사, 2008.
- 김낙중·김남기, 『굽이치는 임진강』, 서울: 삼민사, 1985.
- 김성은, 『나의 잔이 넘치나이다』, 서울: 아이템플코리아, 2008.
- 김신조, 『실화수기 1·21의 증인』, 대한승공교육문화사, 1971.
- ───, 『나의 슬픈 역사를 말한다』, 동아출판사, 1994.
- 김일기·김호홍, 『김정은 시대 북한의 정보기구』, 국가안보전략연구원, 2020.
- 김정인, "한국에서 간첩이란"『간첩시대』, 서울: 책과 함께, 2020.
- 남북회담사무국 연락부, 『판문점수첩』, 서울: 웅고출판사, 1995.
- 대한민국정부기록사진집 1968
- 동아일보 특별취재반, 『철저해부 주한미군』, 동아일보사, 1990.
- 미8군 한국군지원단, 『카투사의 어제와 오늘』, 제6지구인쇄소, 1993.
- 문관현, "한국전쟁 시기 카투사제도 실태와 특성", 국방대 석사논문, 2008.
- ───, "한반도 평화체제 논의에 따른 유엔군사령부 변화에 관한 연구", 고려대학교 박사학위논문, 2020.
- 박동찬, 『통계로 본 6·25전쟁』, 국방부 군사편찬연구소, 2014.
- 북한연구소 편집부, 『북한총람』, 북한연구소, 1983.
- 송달용 전 파주시장, 「이슈 파주이야기」 "제23화 대성동의 태극기, 누가 더 높은가?"
- 서원식, 『북한전략사상 신론』, 서울: 도서출판 한울, 1990.

- 신우용, "대남적화를 위한 세계 최대 규모의 북한 특수부대", 『한국논단』 87권 0호,1996.
- 심흥선, "북괴 도발행위의 새 양상과 대비책",『국회보 76』, 국회 사무처, 1968.2.
- 어우양선, 박종철, 정은이(역), 『중국의 대북조선 기밀파일』, 서울: 한울, 2008.
- 엄대용, "민북마을의 통제 완화에 따른 사회·공간적 변화: 철원군 대마리 사례를 중심으로", 서울대학교 석사학위논문, 2002.
- 외무부 외교연구원, 『韓國外交의 二十年』, 외무부, 1967.
- 유엔사 규정 525-2 대성동 민사행정 5조c항.
- 육군 본부, 『육군인사역사: 제1집』, 서울: 육군본부, 1968.
- 이기윤, 『별』, 경기 파주: 북앳북스, 2006.
- 이명산, 『CIA 요원 마이클 리』, 서울: 조갑제닷컴, 2015.
- 이민룡, 『김정일 체제의 북한군대 해부』, 서울: 황금알, 2004.
- 이윤규, 「북한의 도발사례 분석」, 『군사』91호(2014.6).
- 이종석, 『조선로동당연구: 지도사상과 구조변화를 중심으로』, 역사비평사, 1995.
- ────, "북한 주둔 중국인민지원군 철수에 관한 연구", 『세종정책연구』 2014-19, 성남: 세종연구소, 2014.
- 이춘근, 『북한의 군사력과 군사전략: 위협현황과 대응방안』, 서울: 한국경제연구원, 2012.
- 이태호,『판문점과 비무장지대: 공동경비구역 JSA와 DMZ』, 눈빛출판사, 2010.
- 임동원, 『혁명전쟁과 대공전략: 게릴라전을 중심으로』, 탐구당, 1981.
- 정성임, 「조선인민군: 위상·편제·역할」, 세종연구소 북한센터 편, 『북한의 당·국가기구·군대』(서울: 한울아카데미, 2007).
- 정은용, 『그대 우리의 아픔을 아는가: 노근리 정은용 실화소설』, 파주: 다리미디어, 2007.
- 제5군단, 『승진30년사(1953.10.1~1983.10.1)』
- 조선로동당출판사, 『김일성저작선집 (5)』, 일본 도쿄: 구월서방, 1972.
- ────, 『김일성 저작집 18(1964.1-1964.12)』, 조선로동당출판사, 1982.
- ────, 『김일성 저작집(20)』, 평양: 평양종합인쇄공장, 1982.
- ────, 『김일성 저작집(24)』, 평양: 조선로동당출판사, 1983.
- ────, 『김일성 저작집 25(1970.1-1970.12)』, 조선로동당출판사, 1983.
- 조성훈, 『군사분계선과 남북한 갈등』, 국방부 군사편찬연구소, 2011.
- 주성일, 『DMZ의 봄: 비무장지대 인민군 병사의 수기』, 서울: 시대정신, 2004.
- 최상훈·찰스 헨리·마사 멘도사 지음 남원준 옮김, 『노근리다리』, 서울: 잉걸,

2003.

- 최영희 국방부 장관, 「제63회 국회 국방위원회 회의록 제4호」, 국회 사무처, 1968.3.
- 켄 겔드 외 지음, 정광제·김용필 옮김, 『후크고지의 영웅들』, 경기 고양: 타임라인, 2021.
- 파주문화원, 『파주 지명 유래와 전설지』, 1997.
- ────, 『파주이야기: 한권으로 읽는 파주』, 파주문화원, 2009.
- 파주시, 『다시 고향마을로 돌아온 사람들: 경기도 DMZ 자유의 마을 대성동』, 2014.
- 파주시, 『파주시지 제4권 파주사람』, 파주문화원, 2009.
- 평화문제연구소, 『조선향토대백과: 2 남포시·개성시·라선시』, 신흥 P&P, 2005.
- Antony Preston, "The Naval War in Vietnam," in the Vietnam War; An Almanac, Edited by John S. Bowman, New York: World Almanac Publication, 1985.
- Bernd Schaefer, "North Korean Adventurism and China's Long Shadow, 1966~1972, "CWIHP, Woodrow Wilson International Center for Scholars, Working paper Series#44.
- Colin Powell, 류진 역, 『콜린 파월 자서전』, 서울: 샘터, 1997.
- Daniel P. Bolger, 「Scenes from an Unfinished War: Intensity Conflict in Korea, 1966-1969」, Leavenworth Papers Number 19, United States Army Command and General Staff College, 1991.
- Danny J. Crawford·Robert V. Aquilina·Ann A. Ferrante·Shelia P. Gramblin, The 1st Marine Division and its Regiments, Washington D.C.: History and Museum Division Headquarters, U.S. Marine Corps, 1999.
- Douglas MacArthur, Reminiscences, NewYork: McGraw-Hill, 1964.
- EUSA, "Command Information Troop Topic," No. 5-67, October 1966.
- Glen Martin, "All Quiet on the DMZ: The history of the Cold War Didn't Always Make History", California Magazine, Spring 2016.
- Graham A. Cosmas, The Joint Chiefs of Staff and The War in Vietnam 1960-1968 Part3, Washington DC: Office of Joint History Office of the Chairman of the Joint Chiefs of Staff, 2009.
- Harold J. Noble, Embassy at War, Seattle & London: University of Washington Press, 1975.
- Headquarters United States Army Forces, Far East & Eighth U.S. Army(Rear), Logistics in the Korean Operations, Vol. 1, ch 3

- Headquarters, 2d Infantry Division, Experiences of Unit Engaged in Counterinsurgency Operations DMZ KOREA 1 February 1969 to 30 April 1969, Operational Report Lessons Learned, 14 May 1969.
- Information Section 1st Cavalry Division, 1st Cavalry Division "The First Team" Korea 1959 Yearbook, Tokyo: Tosho Insatsu, 1959
- James Binder, "On the Line in Korea: Porous War," Army 19, January 1969.
- James P. Finley, The US Military Experience in Korea, 1871-1982: In the Vanguard of ROK-US Relations, Command Historian's Office, Secretary Joint Staff, Hqs,USFK/EUSA APO San Francisco 96301, 1983.
- John Kerry King, "Kim Il-Sung's New Military Adventurism", 「Intelligence Report」, CIA DD/I Special Research Staff, 26 November. 1968, Approved for Release May 2007.
- Joseph S. Bermudez Jr., North Korean Special Forces, Naval Institute Press, 1998.
- Kenneth W. Myers, United States Military Advisory Group to the Republic of Korea: Part Ⅳ, KMAG's WarTime Experience, 11 July 1951 to 27 July 1953.
- Lieutenant Colonel Robert St. Louis, 「General Charles H. BonesteelⅢ Oral History transcript」, U.S. Army War College/U.S. Army Military History Institute's Senior Officer Oral History Program Project 73-2, 1973.
- Lyndon B. Johnson, The Vantage Point: Perspectives of the Presidency 1963-1969, New York: Holt, Rinehart, and Winston, 1971.
- Mark Heathco, Call Sign Purple Three: Patrolling the US Sector of the Korean DMZ, Lulu Publishing Service, 2018.
- Manny Seck, "The Quiet War: The US Army in the Korean Demilitarized Zone in 1953-2004", West Virginia: American Public University System, 1 June, 2011.
- Michael Anderson, "Shadows of War: Violence along the Korean Demilitarized Zone", Military Review, NovemberDecember 2019.
- Michael W. Rauhut, "Our Manchu History", 「2nd Battalion 9th Infantry Regiment History and Command Briefing」, 2008.
- Mitchell Lerner, "Mostly Propaganda in Nature: Kim Il Sung, The Juche Ideology, and the Second Korean War".
- Mobley, Richard A., Flash Point North Korea: The Pueblo and EC-121 Crises, Naval Institute Press, 2003.
- Narushige Michishita, "Signing a Peace Agreement: Issues for Consideration", International Journal of Korean Unification Studies, Vol. 19, No. 1, 2010, Seoul: KINU, 2010.

- Office of Public Information United Nations, Yearbook of the United Nations 1968 Volume 22, New York: United Nations, 1971.
- R. Ernest Dupuy and Trevor N. Dupuy, The Encyclopedia and Military History: From 3500 B.C. to the present, New York: Harper and Row, 1986.
- Richard Duke, "Dead End for Infiltrators." Army Digest 23, March,1968.
- Robert J. Davenport, "Barrier Along the Korean DMZ" Combat notes column. infantry 57(May-June 1967).
- Robert V. Hunts Jr., Borderline Warfare, trafford, 2012.
- Robert Perron, "The Blue House Raid and The Korean DMZ Conflict", ROK-U.S. Alliance Joural, Korea Defense Veterans Association, 2020.4.
- Samuel P. Huntington, "Guerrilla Warfare in Theory and Policy", Osanka,F.M.(ed). Modern Guerrilla Warfare: Fighting Communist Guerrilla Movements, 1941-1961, New York, 1962.
- Skaggs, David. C., "The KATUSA Experiment: 1950-1965", Military Affairs, Vol.38, No. 2.
- U.S. Marine Operations in Korea Volume Ⅴ Operations in West Korea, Washington D.C.: Historical Division Headquarters, U.S. Marine Corps, 1972.
- Vandon E. Jenerette, "The Forgotten DMZ", Military Review Vol.ⅨⅧ, U.S. Army Command and General Staff College, May.1988.
- Walter S. Poole, The Joint Chiefs of Staff and National Policy 1965?1968, Washington, DC: Office of the Chairman of the Joint Chiefs of Staff, 2012.
- William Frische Dean, General Dean's Story, New York: Viking Press, 1954.
- William R. Guthrie, "Korea: The other DMZ" Infantry Mar-Apr 1970, U.S. Army Infantry School, 1970.
- william Loomis, "Is a Renewal of the Korean Conflict Imminent?"DATA 13(June,1968).
- 塚本勝一, 『超軍事國家: 北朝鮮 軍事史』(東京: 亞紀書房, 1988)
- 『경인일보』 2019년 12월 23일자.
- 『국민일보』 2018년 1월 26일자
- 『국방일보』 2003년 4월 14일자
- 『매일경제』 2020년 12월 16일자
- 미 육군 홈페이지
- https://www.army.mil/e2/images/rv7/uniforms/badges/service/combat_infantry. jpg(검색일:2020.10.13)

- 박정희도서관 홈페이지
- http://library.presidentparkchunghee.org/search/detail/SPCTOT000000003850#se archInfoVideo(검색일: 2021.8.11)
- https://www.stripes.com/news/medal-of-honor-recipient-donlon-heads-training-academy-in-korea-1.23238 (검색일: 2020.10.24)
- 미1군단 홈페이지 https://www.army.mil/icorps/(검색일: 2020. 8. 8)
- 『동아일보』 1966년 11월 5일자.
- ────, 1966년 11월 6일자
- ────, 1968년 1월 7일자.
- ────, 1968년 2월 4일자.
- ────, 1968년 2월 14일자.
- ────, 1968년 7월 20일자.
- ────, 2004년 1월 17일자.
- 미제2보병사단 한글판 기관지 『2사공보』 1968년 9월 25일자.
- 『로동신문』 1962년 12월 16일자.
- ────, 1966년 8월 12일자.
- ────, 2004년 11월 6일자.
- ────, 2004년 12월 29일자
- ────, 2018년 1월 23일자.
- 『시사저널』 2000년 10월 12일자.
- 『신동아』 2008년 8월호
- 『연변일보』 2008년 10월 13일자
- 『연합뉴스』 1981년 12월 26일자.
- ────, 1996년 12월 29일자.
- ────, 1998년 5월 14일자
- ────, 1999년 8월 30일자
- ────, 1999년 11월 16일자
- ────, 2001년 1월 12일자
- ────, 2005년 7월 26일자
- ────, 2005년 12월 9일자
- ────, 2010년 5월 5일자.
- ────, 2011년 5월 25일자.

- ─────, 2013년 6월 5일자.
- ─────, 2015년 1월 13일자.
- ─────, 2020년 12월 24일자.
- ─────, 2021년 2월 26일자.
- ─────, 2021년 3월 7일자.
- 『오마이뉴스』 2000년 10월 4일자.
- 『월간조선』 2017년 2월호.
- 『인디언헤드』 1968년 9월 26일자
- 『전우신문』 1989년 11월 8일자.
- 『조선일보』 1968년 2월 1일자
- ─────, 1968년 6월 18일자.
- ───── , 2011년 1월 22일자.
- 『중앙일보』 1966년 11월 3일자.
- ─────, 1968년 1월 22일자.
- ─────, 1968년 1월 25일자
- ─────, 1968년 1월 26일자
- ─────, 1968년 2월 1일자
- ─────, 2004년 5월 18일자
- ─────, 2011년 2월 8일자
- 『중앙선데이』 2012년 2월 5일자.
- 『진도투데이』 2020년 12월 17일자
- 『한겨레』 2020년 12월 25일자
- 『한국일보』 1968년 11월 6일자.
- 중앙정보부, 『북한대남공작사 제2권』, 1973.
- OBS 2008년 국군의 날 특집 다큐멘터리 '카투사'
- https://www.youtube.com/watch?v=9A8vaNs9w2g(검색일: 2020.10.1)
- https://en.wikipedia.org/wiki/Korean_DMZ_Conflict(검색일: 2020.10.27).
- 한국기자협회기자협회보
- http://www.journalist.or.kr/news/article.html?no=28874(검색일: 2020.10.24)
- http://campsabrekorea.com/index.html
- http://www.2ida.org/koreaatourofduty/MixedPhotos/SitmanACTA_RC3.html.
- https://www.army.mil/icorps/(검색일: 2020.8.8)

- https://www.army.mil/article/76701/swcs_to_dedicate_kennedy_yarborough_statue(검색일: 2021.9.9)
- 임진스카웃(www.imjinscout.com) 홈페이지
- https://www.feelnumb.com/2017/03/07/feelnumb-the-man-who-gave-beatles-john-lennon-us-army-coat-military-jacket/#lightbox/2/(검색일: 2021.9.1)
- Glen Martin, "All Quiet on the DMZ: The history of the Cold War Didn't Always Make History", California Magazine, Spring 2016,
- https://alumni.berkeley.edu/california-magazine/spring-2016-war-stories/all-quiet-dmz-history-cold-war-didnt-always-make-history(검색일: 2021.10.1)
- Mitchell Lerner, "Mostly Propaganda in Nature: Kim Il Sung, The Juche Ideology, and the Second Korean War",
- http://www.wilsoncenter.org/sites/default/files/NKIDP_WP_3.pdf(검색일: 2021.10.1)
- Army Times, 10 April, 1968.
- Foxnews January 23, 2019.
- New York Times August 15, 1968.
- ―――, Oct. 14, 1977.
- ―――, May 24, 2019.
- Stars & Stripes, 30 May, 1967.
- ―――, November 28, 1984.
- ―――, 1 Oct, 1991.
- ―――, November 24, 2011.

⊙ 인터뷰 대상자 명단

1	가봉현	미2사단 38보병2대대(1968-1971).
2	권좌상	미2사단 503보병연대 2대대(1988-1990)
3	김상래	미2사단 민사과(1967-1970). 대성동 출신 최초의 카투사 복무자
4	민병돈	육군사관학교 15기. 육군 예비역 중장. 이춘근 CAC 초대 중대장의 사관학교 동기.
5	박기수	미2사단 38보병1대대(1968-1971). ACTA 교육 이수 자
6	박성용	미2사단 503보병1대대(2001-2003). 카투사교육대 (KTA) 수석 졸업. EIB·AASLT·GOLD TIGER·Senior KATUSA 4개 휘장 보유.
7	박정민	미2사단 506보병1대대(1988-1991). 한국군 해병대 연 합훈련 참가.
8	염재호	미2사단 72전차2대대(1989-1991). 스나이퍼 출신.
9	윤승준	미2사단 506보병 1대대(1990-1992). 506보병 1대대 A중대 근무
10	윤창식	미2사단 CAC(1967-1970). CAC 최초 제보자.
11	이문규	미2사단 CAC(1966-1969) 편의대 근무.
12	이성근	육군사관학교 21기. CAC 창설멤버. 한국군 15사단 소 대장. 9·19 대간첩작전 지휘 공로를 인정받아 화랑무공 훈장 받음
13	이승춘	JSA 경비중대 4소대(1997-1999)
14	장현근	미2사단 72전차 2대대(1987-1989). 스나이퍼 스쿨 졸 업.
15	마크 히스코	미2사단 38보병 TOW중대·31보병 1대대·17보병 1대 대·5보병 1대대·506보병 1대대·G-3(1978-1991). 비무 장지대 수색정찰 최다 기록 보유자(385차례).

●

잊혀진 전쟁 ··· 한국전쟁

●

잊혀진 전투 ··· 비무장지대 분쟁

●

잊혀진 전사 ··· 임진스카웃

임진스카웃 시절의 저자 – 개성 송악산 배경 1991.8

임진 스카웃 Imjin Scouts 1965-1991

처음펴낸날	2022년 1월 21일
지은이	문관현
펴낸이	박상영
펴낸곳	도서출판 정음서원
주소	서울특별시 관악구 서원7길 24, 102호
전화	02-887-3038 팩스 : 02-6008-9469
신고번호	제 2010-000028 (2010.04.08)호
신고일자	2010년 4월 8일
ISBN	979-11-972499-4-5
정가	25,000원